하나님의 음성으로 인도받는 삶

발 행 일 2019년 12월 25일 초판 1쇄 발행

지 은 이 서종한
발 행 인 이헌숙
윤문/교정 김건아
북디자인 김학용
발 행 처 주)휴먼컬처아리랑
경기 양평군 옥천면 용천로 37
전 화 070-8866-2220
전자우편 thethinkbook@naver.com
등록번호 132-81-87282

www.휴먼컬처아리랑.kr

ISBN 979-11-5967-576-8 03230

하나님의 음성으로 인도받는 삶

서종한 지음

서문

'주께 기쁘시게 할 것이 무엇인가를 시험하여 보라'

저는 불과 3년전 까지만 해도 하나님이 어떠하신 분인가 알기 위해 성경을 매일 가까이 대하여 읽거나 하나님과의 깊은 교제를 위해 열심을 다해서 기도에 임했던 적이 없었던 사람입니다. 또한 성경말씀에 담긴 뜻을 묵상하는 침묵의 시간을 갖지도 않은 채 무려 십 년간의 시간을 미지근한 신앙생활로 지내왔었습니다. 그렇게 십년의 세월이 흐른 뒤 어느 날 저에게 하나님의 만지심이 시작되었습니다. 갑자기 제 마음에 지나온 수 년 간의 신앙생활에 대한 반성과 후회가 밀려오기 시작했습니다. 앞으로도 이런 식으로 계속 갈 경우 하나님과 저와의 관계는 평행선을 그을 수밖에 없다는 생각이 들었습니다. 저는 이상한 나라의 앨리스처럼 돌파구를 찾기 위해 하나님을 내가 직접 만나봐야겠다는 결심을 하고 그 방법을 찾기 위해 여러 날을 고민하게 되었습니다.

그러던 어느 날 제 마음에 성경말씀 한 구절이 떠올랐습니다. 그 말씀구절은 에베소서 5장 10절에 나오는 '주께 기쁘시게 할 것이 무엇인가를 시험하여 보라'는 말씀이었습니다. 그 순간 저의 마음 깊은 곳에서 '바로 이거다!'라는 외침이 강렬하게 일어났습니다. 저는 즉각적으로 이 말씀에 기반을 두고 하나님께서 기뻐하시는 무언가를 이루고자 마음의 단단한 각오와 중대결단을 내리게 됩니다.

그 결단이란 하나님을 기쁘시게 할 동기로 성경말씀에 대한 본격적인 연구 활동과 신앙생활의 중심이 되는 기도 및 복음전파를 위한 전도용 선물로써 관련 기독서적을 집필해가겠다는 결심이었습니다. 또한 저는 하나님과의 유일한 대화통로인 기도의 본질과 실체에 관해 실증하려면 하나님의 음성에 대해 반드시 알아야 한다는 사실을 깨달았습니다.

그렇게 제가 추진하고자하는 동기와 목적, 방향이 세워지자 제 마음속에서 수많은 질문들이 쏟아지기 시작했습니다. 성경에 기록된 말씀은 진리의 말씀이며 이를 정말 믿어도 되는가? 오늘 날 현재에도 하나님이 살아 역사하시는가? 성경은 그분에 대해 어떻게 기록하고 있는가? 성경에 기록된 초자연적인 성령의 역사가 정말 사실인가? 하나님은 우리들(하나님의 자녀들)이 그분의 음성을 들을 수 있다고 하는데 정말 그것이 가능한 것인가? 그렇다면 어떻게 들리고 어떻게 듣는 것인가? 우리가 기도할 때에 정말 하나님은 각자의 기도를 들으시는가? 기도가 응답된다면 어떤 방식으로 응답을 보내주시는가? 성경의 말씀대로 하나님을 기쁘시게 할 무엇인가를 시험한다면 어떤 일이 일어나는가? 하는 의문들이 강하게 일기 시작했습니다.

그리고 이러한 의문들을 결과로서 확증하려면 내가 준비할 것은 무엇인가? 하는 질문이 저에게 던져졌습니다. 저는 앞서 제기한 질문들에 대해 며칠 동안 깊은 생각에 잠기다가 몇 가지를 전적으로 받아들이는(인정하는)결정을 내리지 않고서는 제가 원하는 해답을 얻기가 힘들 것이라는 잠정결론을 내리게 되었습니다. 그 결정이란 첫째, 성경에 기록된 말씀 그대로를 이의를 달지 않고 모두 믿어야만 한다는 점, 둘째, 사람의 시각으로 하나님의 모든 것을 이해할 수 없다는 점, 셋째, 그분은 인격체를 가지신 분으로 자신의 뜻과 생각을 성경말씀을 통하여 전하시고 있다는 점, 넷째, 기도의 본질을 정확히 꿰뚫지 않고서는 하나님께 가까이 다가갈 수 없다는 점, 다섯째, 하나님의 자녀들은 주의 음성을 알아듣는다는 점을 인정해야 한다는 사실이었습니다. 왜냐하면 하나님의 음성으로 기록된 말씀을 진리로 받아들이지 않으면 이 세상이 쌓아놓은 지식들에 의해 가차 없이 그 가치가 훼손되고 사장되어 잃어버릴 수도 있기 때문입니다.

이 책은 바로 저의 결단과 의문으로 시작된 실제적인 연구 성과의 결과물이기도 합니다. 저는 이 책을 집필하는 도중에도 수많은 질문들을 하나님께 묻는 기도와 듣는 기도로 병행해가며 수시로 묵상을 해왔습니다. 그러는 중에 떠오르는 생각이 있을 때마다 그 즉시 메모하여 집필하는데 반영하곤 했습니다. 또한 성경에 나오는 하나님의 음성과 직접적으로 관련한 말씀들을 이곳저곳에서 찾기 시작했습니다. 그리고 항상 책상 앞에서 원고 집필을 시작하기 전에 오직 하나님의 지식과 지혜를 제가 갈망하오니 제 마음으로 글을 짓지 않게 해달라는 기도를 거의 매일 드렸습니다.

이 책에는 각 주제와 관련하여 총 500개 이상의 하나님의 음성에 관한 말씀구절이 발췌되어 있으며 하나님의 음성에 관해 저자가 직접 경험한 실제적인 체험과 성경말씀에 의한 비교검증 사례가 각 주제별로 수록되어 있습니다. 또한 그 체험들을 통하여 깨닫고 알게 된 하나님의 성품과 의사소통방식, 묻는 기도와 듣는 기도, 기도의 응답과 화답, 하나님의 음성 인식과 분별 법, 하나님의 음성 듣기와 인도 등을 다룬 하나님의 음성 들음에 관한 실전서입니다.

먼저 이 책을 읽는 독자 분들께 전할 두 가지 전달사항이 있습니다.

첫 번째 전달사항은 용어와 그 의미에 관한 것입니다. 하나님의 '응답'이란 용어는 설교 말씀에서 자주 언급이 됨으로써 성도들에게는 매우 친숙한 용어입니다. 반면 하나님의 '음성'이란 용어는 성도들조차 그다지 친숙하지 않은 왠지 낯설고 거리감을 느끼게 합니다. 두 용어사이의 현격한 차이가 어디서 오는 걸까요? 제가 생각하는 원인은 두 가지입니다. 첫째 원인은 그동안 영적으로 깨어있지 못해 듣는 귀가 둔감해있어 주의 음성을 인식하고 자각(분별)하지 못한 채 지내왔다는 점입니다. 둘째 원인은 하나님의 음성을 들으려고 하는 뜨거운 갈망과 간절함이 없기 때문입니다. 그리

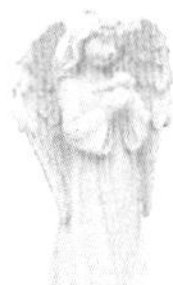

고 또 한 가지 원인으로는 하나님의 음성과 응답을 서로 다른 별개의 의미로 받아들이고 있다는 점입니다. 그러나 이 둘은 서로 의미가 같습니다. 하나님을 우리가 주님, 성령님으로도 부르듯이 같은 의미를 지닙니다. 정확히 말하면 주의 음성이 임함은 그분의 응답하심이 들음으로 또는 나타나심으로 임하신 경우를 말합니다. 그리고 주의 응답이 임함은 그분의 음성을 듣거나 나타나심으로 임하신 경우를 말합니다. 즉 주의 음성이란 그분이 응답하시는 모든 방식을 아우르는 총체적인 것을 말하며 이를 상징적인 의미로 '음성'이라 표현하는 것입니다. 다시 말해 그분의 음성은 듣는 것에 제한되지 않으며 우리의 외적인 감각기관들과 내적인 지각 인지능력을 통하여 인식되어지는 모든 방식에 적용되어 집니다.

두 번째 전달사항은 책을 읽어나갈 때 주의해야 할 사항입니다. 단순히 이 책을 하나님의 음성을 듣는 요령을 습득하는 것에 초점을 두고 읽지 말라는 것입니다. 물론 이 책은 하나님의 음성 듣기에 관하여 다방면에 걸쳐 집중적으로 깊이 있게 다루고 있습니다. 예컨대 그분의 음성이 전달되는 원리, 의사소통방식의 다양성, 주의 뜻인가를 분별하는 방법, 음성을 듣기위한 준비와 자세, 하나님의 음성으로 인도받는 삶이란 어떤 것인가에 대해 가이드하고 있습니다. 이 책은 궁극적으로 우리가 하나님의 음성을 들어야만 하는 진정한 이유를 생각하고 깨닫도록 합니다. 당신은 이 책을 통하여 주의 음성으로 인도하심을 받는다는 것이 얼마나 기쁜 것인지 또 주께 기쁨으로 화답되어지고 영광을 돌리는 삶이 얼마나 복된 삶인지를 알게 될 것입니다.

하나님의 음성을 듣겠다는 것은 곧 내 주관대로 살아가는 삶에서 그분의 인도하심을 받아 사는 삶으로 바뀌는 것을 허용하겠다는 결단을 뜻합니다. 하나님의 음성으로 인도받는 삶을 살아갈 때 주께 기쁨으로 화답되어지는(열매 맺는) 삶을 살 수 있게 됩니다. 하나님은 자신의 입에서 나가는 말이 헛되이 돌아오지 않고 자신의 목적하신 뜻을 이루며 명하여 보낸 일을 이 땅에서 반드시 이루게(형통하게) 하신다는 점입니다. (사 55:11) 이 말씀에 비추어보면 우리의 응답받음은 결국 그분의 뜻이 이루어져 그분께 응답되어진다는 것을 의미합니다. 그런 점에서 이 책이 갖는 의미는 주님과의 동행과 인도로 어떤 시련과 난관도 능히 극복되어 하나님께 기쁨의 열매로 응답되어지는 삶이 펼쳐지는데 있습니다. 즉 포도나무에 붙어있는 가지가 되어야 열매를 맺게 되듯이 우리는 기꺼이 하나님을 가까이 하여 그분의 음성을 들으며 인도함을 받을 때 그분이 기뻐하시는 결실을 맺을 수 있습니다.

성경에는 하나님이 날마다 우리의 짐을 기꺼이 지고 가시는 분이시라고 기록되어 있습니다. (시 68:19) 이 말씀에는 하나님께서 목적지까지 어떻게 운전을 해 가시는가를 지켜보며 인도함을 따라가라는 뜻을 포함합니다. 당신의 짐을 하나님께 맡겨 버리라! (시 55:22) 이 말씀은 가볍게 출발하라는 말입니다. 어떻게 하는 것이 가볍게 출발하는 걸까요? 내 짐을 하나님께 맡긴다는 것은 내 의지대로 행하지 않고, 내 판단대로 결정하지 않으며, 내 생각대로 하려고 하지 않겠다는 것을 말합니다. 당신이 이 책을 다 읽고 나면 하나님을 바라보는 당신의 시각은 완전히 바뀌게 될 것입니다. 다시 말하지만 이 책의 목적은 하나님의 음성을 잘 듣기위한 테크닉을 배우는 것에 있지 않습니다. 이 점을 잘 인식하고 저자의 의도를 따라가 책의 각 페이지마다 주의 깊게 읽어나가길 부탁드립니다.

끝으로 이 책의 내용에 대해 전폭적인 지지와 출간 결정을 해주신 (주)휴먼컬처아리랑의 이헌숙 대표님께 진심으로 감사의 마음을 전합니다. 아울러 책으로 출간되기까지 편집과 디자인, 인쇄에 많은 신경을 써주신 관계자분들과 그 외에 제 곁에서 격려를 아끼지 않으신 모든 분들께 지면을 통하여 감사를 드립니다.

저자 서종한

2019. 10. 14

목차

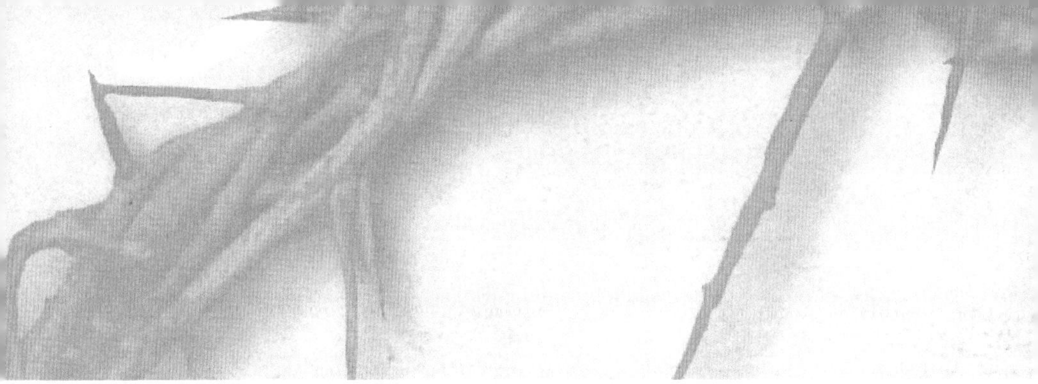

제 1 장

하나님의 음성 : 의문

「하나님의 음성 곧 그 입에서 나오는 소리를 똑똑히 들으라」
(욥 37:2)

하나님은 그의 아들 예수 그리스도를 이 땅에 보내시기 오래전부터 선지자들을 통하여 성령의 감동주심으로 그분의 음성(말씀)을 성경에 세세히 기록하게 하셨습니다. 예레미야 25장 4절을 보면 '하나님께서 그 모든 종 선지자를 너희에게 보내시되 끊임없이 보내셨으나 너희가 듣지 아니하였으며 귀를 기울여 들으려고도 아니하였도다.'고 기록되어있습니다. 성경에 방대하게 수록된 말씀들은 하나님의 음성으로 낱낱이 기록된바 하나님의 교훈과 계명을 우리에게 전하고 있습니다. 또 오늘날 교회들은 아직 믿음이 들어가지 않은 세상에 속한 사람들에게 그들의 마음 안에 말씀이 들어가도록 복음의 씨앗을 뿌리고 있습니다. 복음의 씨앗은 곧 하나님의 말씀입니다. 말씀의 저자는 성령님 곧 하나님이십니다. 기독교의 핵심 축은 말씀에 있으며 말씀은 생명으로 인도하시는 그분의 뜻입니다. 하나님의 말씀에는 선하시고 기뻐하시고 온전하신 뜻과 교훈적 지침들이 담겨있습니다. 또한 하나님의 말씀은 살아 역사하시는 권능(권세와 능력)을 가지고 있습니다. 하나님의 말씀은 영적양식을 공급합니다. 하나님이 말씀하신대로 진심으로 회개하고 전심을 다해 기도하며 예수님의 이름으로 구하면 그분의 응답하심으로 필요를 공급받고 하나님의 음성으로 인도받는 삶의 놀라운 변화가 일어나게 됩니다.

「내 이름으로 무엇이든지 내게 구하면 내가 시행하리라」
(요 14:14)

이토록 놀라우신 하나님은 지금 이 순간에도 살아 존재하시고 역사하십니다. 하나님은 당신을 인격적으로 대하시며 일대일로 언제든지 대화하실 수 있는 분입니다. 또한 당신이 어느 때나 하나님께 나의 근심과 고통을 부르짖고 기도드리면 그 고통에서 당신을 인도하여 내시고 광풍을 평정히 하십니다. (시 107:28~29) 이 진실만 가지고도 그분의 은혜가 우리에게 족하다(모자람이 없이 넉넉하다)는 사실을 알게 됩니다.

「내게 이르시기를 내 은혜가 네게 족하도다」(고후 12:9)

더욱 놀라운 사실은 우리가 하나님을 독대하는 가운데(하나님께 기도하고 묵상하는 가운데) 그분의 뜻대로 무엇을 구하면 그분께서 들으신다는 것입니다. (요일 5:14) 하나님의 음성을 내안의 성령님을 통하여 마음으로 전해 듣거나 알 수 있다는 것입니다. 정확히 말하면 우리의 기도를 통하여 하나님께 묻고 그분의 세미한 음성을 마음을 통해서 듣게 됨을 말합니다. 당신은 이제 하나님과의 의사소통 방식인 '묻는 기도'와 '듣는 기도'에 대해 보다 명확한 이해를 하게 될 것입니다.

하나님의 음성에 관해서 체계적인 설명을 드리기 전에 저는 이 책을 접하는 독자 분들이 가장 궁금해 할 수 있는 의문점들을 미리 짚고 넘어가는 것이 좋겠다는 생각을 했습니다. 그래서 첫 장에서는 가상 질의를 통한 답변방식으로 진행을 합니다. 1장에서 다루는 질의 중에는 신학자와 목회자들 간에도 논란의 쟁점이 될 수 있는 물음도 과감히 제기하고 있습니다. 중요한 점은 '진리는 그 어떤 것과도 모순을 일으키지 않는다.'는 것이 제 생각입니다. 성령은 진리입니다. (요일 5:7)(요 16:13) 따라서 하나님의 감동으로 쓰인 성경은 하나님의 율법 책입니다. (딤후 3:16) 사탄은 어떻게든 우리가 진리를 오도하도록(그릇된 길로 가도록) 비 진리가 진리인 것 마냥 교묘하게 바꿔치기하여 미혹하게 합니다.

「우리는 하나님께 속하였으니 하나님을 아는자는 우리의 말을 듣고 하나님께 속하지 아니한자는 우리의 말을 듣지 아니하나니

진리의 영과 미혹의 영을 이로써 아느니라」(요일 4:6)

우리는 하나님의 음성이 곧 그분의 말씀인 것을 알아 말씀의 잣대로 오류를 바로 잡고 비 진리인 것은 버리며 오직 진리인 것을 붙잡고 나아가야 합니다. 즉 하나님의 영으로 인도함을 받아야 합니다. (롬 8:14)

「무릇 진리에 속한 자는 내 음성을 듣느니라」(요 18:37)

하나님과의 의사소통 : 묻는 기도와 듣는 기도

성경을 살펴보면 하나님께서 선지자들뿐만 아니라 평범한 사람에게도 다양한 방식으로 수없이 대화를 하셨다는 사실이 분명하게 기록되어 있습니다. 또한 성경은 하나님께서 우리가 상상조차 할 수 없는 초자연적인 비범한 방식으로도 의사소통을 하셨음을 사실 그대로 증거하고 있습니다. 성경은 하나님께서 우리의 영과 육을 통하여 말씀(대화)하신다는 것을 수없이 언급하고 있습니다. 성경에는 하나님의 음성을 들었던 사람들 중에 노아와 아브라함, 사도 바울의 이야기가 나옵니다. 하나님은 노아에게 방주를 지으라고 명하시고 물로 세상을 덮고 난 뒤에 다시 노아에게 말씀하여 아내와 아들들과 며느리들 그리고 함께 탄 모든 생물들을 방주에서 나오라고 이르셨습니다. (창 8:15~16) 아브라함은 그의 아들인 이삭을 번제로 바치라고 명하시는 하나님의 음성을 듣습니다. (창 22:1~2) 기독교인을 끔찍이도 경멸했던 사도 사울은 그들을 처단하기위해 기독교인들이 많이 거주하는 다메섹에 거의 도달할 무렵 놀라운 체험을 하게 됩니다. 하늘에서 강렬한 빛이 그를 비추자 그가 놀라 땅에 엎드렸을 때 '사울아, 사울아 네가 어찌하여 나를 박해하느냐'하는 부활하신 예수 그리스도의 음성을 듣게 됩니다. 그가 대답하되 '주여, 누구시니이까?'하니 '나는 네가 박해하는 예수라'하는 음성이 들려왔습니다. 같이 가던 사람들은 그분의 음성을 소리만 듣고 아무것도 보지 못하여 서있기만 했습니다. (행 9:3~7)

예나 지금이나 성경의 말씀대로 하나님은 우리와 진실로 대화를 하고 싶어 하시지만 우리는 그분의 음성을 좀처럼 귀 기울여 듣고자 하지도 않았습니다. 성경은 우리에게 말씀하기를 귀는 밝을지라도 듣지 아니한다고 말하고 있습니다. (사 42:20) 불행히도 그러한 현상은 오늘날 현재에 와서도 계속되고 있습니다.

「여호와께서 그 모든 종 선지자를 너희에게 보내시되 부지런히 보내셨으나 너희가 듣지 아니하였으며 귀를 기울여 들으려고도 아니하였도다」(렘 25:4)

우리는 어찌 보면 주의 음성을 듣는 것보다도 필요를 공급하시는 그분의 응답만을 필요로 하는 것 같습니다. 다시 말해서 우리들에게는 하나님의 음성을 듣고자 하는 절실함이 없다는 것입니다. 그다지 필요성을 못 느끼는 것입니다. 그럼에도 불구하고 신실한 성도들은 주께 묻는 기도와 주의 음성을 듣기를 간절하게 구하는 듣는 기도를 합니다.

'묻는 기도'란 주께 여쭈어보는(주님과 상의하기 위한) 허락을 받고자 하는 마음을 담아 올리는 기도를 말합니다. 그리고 '듣는 기도'란 주님의 음성(주님의 응답하심)을 듣기를(받기를) 원하는 마음을 담아 올리는 기도를 말합니다.

「어떻게 할 것을 하나님께 묻지 아니하고」(수 9:14)

그러므로 하나님의 응답(음성)을 받으려면(들으려면) 듣는 기도(수신기도)가 되어야 합니다. 즉 기도는 묻는 기도와 듣는 기도가 순환되어지는 것입니다. 우리는 그분의 임재 안에서 성령의 음성에 귀를 기울이고(주의를 집중하여) 청종하려는(이르는 말씀을 듣고 잘 좇으려는) 마음자세가 필요합니다.

「너희 하나님 여호와의 목소리를 청종하라」(렘 26:13)

예컨대 당신이 사랑하는 사람과 통화할 때 자신의 말만 전하고 끊지 않는 것처럼 말입니다. 당신은 상대방에게 묻고 그가 나에게 어떤 말을 전하는가에 더 귀를 기울여 듣지 않습니까? 이와 같이 송신자와 수신자의 입장이 서로 바뀌면서 대화를 주고받는 것처럼 우리의 기도도 이같이 임해야 합니다.

송신자인 내가 내 음성으로 하나님께(수신자) 부르짖으면 하나님은 내 음성에 귀를 기울이십니다. (시 77:1) 반대로 송신자이신 하나님께서 당신(수신자)에게 응답하여 하늘에서 그분의 음성을 당신에게 듣게 하십니다. (신 4:36)

「욥이여, 귀를 기울여 내게 들으라. 잠잠하라 내가 말하리라」 (욥 33:31)

그런데 우리의 기도는 대체적으로 주님께 전달하기만 하는 '발신기도'에 그칠 때가 많음을 부인할 수 없습니다. 내 말만 전하고 통화를 끊는 것은 무례한 것입니다. 기도는 일방통행이 아닌 쌍방향의 영적 대화채널입니다. 하나님과의 대화는 기도와 묵상이라는 채널을 통하여 전하고 듣는 것이 이루어집니다. 주님은 우리에게 '묵상'(영적인 눈으로 말씀의 본질을 바라보고 생각하는 행위)을 통하여 그분의 세미한 음성을 들을 것을 명하셨습니다. (수 1:8) 그분의 음성을 듣기위해 그분의 임재 안으로 들어가 잠잠한 가운데 그분의 음성을 고요히 청종할 줄 알아야 합니다.

「네가 네 하나님 여호와의 말씀을 청종하면 이 모든 복이 네게 임하며 네게 이르리니」(신 28:2)

묵상을 통하여 우리의 영적인 눈과 귀가 열려야 합니다. 하나님은 우리가(하나님의 자녀들) 주의 음성을 분명히 들을 수 있다고 말씀하셨기 때문에 당신은 기도하는 가운데 하나님의 음성 듣기를 기대하고 기쁜 마음으로 잠잠히 기다릴 줄 알아야 합니다. 절대 조급해 하지 말고 듣고자 갈망하는 마음으로 믿음의 문을 활짝 열어드려야 합니다. 그동안 닫혀있던 내 마음의 장벽을 허물고 하나님께 간절한 마음으로 다음과 같이 기도해보십시오.

"하늘에 계신 아버지, 하나님! 주님의 음성을 제가 듣길 원하옵니다. 저는 그동안 주님의 음성에 무관심하였고 잘 알지도 못했습니다. 잠자는 제 영을 살리시어 영적 둔감함을 일깨워주시고 주의 음성으로 인도받기를 원합니다. 그동안 닫혀있던 제 마음의 문을 여오니 제 귀를 열어 주님의 음성을 듣게 하여 주옵소서.."라고 고백해보십시오.

그 기도에 하나님께서 어떻게 음성을 들리시게 하실 지는(나타내실 지는) 저도 모릅니다. 분명한 점은 하나님은 '마음의 중심'(마음의 '동기'-본심을 어디에 두고 있는지)을 살피시는 분입니다. (삼상 16:7) 예를 들어 당신이 어떤 특별한 것을 추진하려고 기도를 준비할 때 주님은 어떤 동기로 그 일을 진행하려는 것인지, 그 목적과 방향까지 면밀히 살펴보신다는 점입니다. 저는 이 점에 관해 앞으로 여러 차례에 걸쳐 알기 쉽게 설명을 할 것입니다.

「너를 낮추시며 너를 시험하사 네 마음이 어떠한지 그 명령을 지키는지 아니 지키는지 알려하심이라」(신 8:2)

당신은 이점을 알고 듣는 기도를 하기 전에 먼저 주님 앞에 무릎을 꿇어 진심어린 회개기도(죄의 고백과 용서를 구하는 기도)로 나아가야 합니다. 하나님을 진정 사랑하는 마음과 그분의 얼굴을 구하는 간절한 마음으로 전심의 기도를 다해야 합니다. 그런 후 내 마음을 정결케 하여 잠잠한 가운데 정한 시간에 주님을 만나는 심정으로 성경을 펼쳐 읽어나가야 합니다.(신약성경부터 읽는 것을 추천합니다) 그리고 묵상을 겸하는 자세가 습관이 되어야 합니다. 그러면 하나님은 우리의 마음을 열어 성경을 깨닫게 하십니다. (눅 24:45)

「**너희 눈은 봄으로 너희 귀는 들음으로 복이 있도다**」(마 13:16)

Q_1. 오늘날 하나님은 개인적으로 말씀하시지 않는다고 하는데?

「진리를 알지니 진리가 너희를 자유롭게 하리라」(요 8:32)

오늘날 '하나님의 음성'에 관해 잘못 받아들여지고 있는 첫 번째 관점의 오류에 관해 말해보겠습니다. 하나님의 음성이 현재에 와서는 성도 개인 각자에게 더 이상 들려지지 않는다는 거짓된 주장이 있습니다. 하나님께서 특별히 개인적으로 말씀하시지 않는다는 것입니다. 그러나 이는 전적으로 틀린 주장입니다. 먼저 이 거짓된 주장들이 어떤 생각에 근거하여 말하는지를 살펴봐야겠습니다.

하나님이 한 개인과 일일이 대화하실 필요성이 없어졌다는 생각은 하나님께서 이미 오래전에 우리들에게 교훈과 책망과 바르게 함과 의로 교육하기에 충분한 지침서인 성경을 주셨기 때문에 더 이상 대화할 필요가 있겠느냐는 것에서 비롯됩니다. 다시 말해 우리들이 살아가는데 있어서 훌륭한 인생안내서인 성경을 주셨으니 각자가 알아서 생각하고 판단을 내려 행동하면 된다는 사고방식입니다. 그분이 특별히 성경말씀 외에 더해서 말씀을 보충할 필요성이 없다는 것입니다. 그들의 주장은 성경에 담긴 말씀만으로도 충분하다는 생각입니다. 또 다른 주장으로는 하나님의 음성이 귀로 들리지도 않거니와 실제 들리게 말씀하실 것이라고 기대해서도 안 된다고 말하는 저자도 있습니다. 어떤 목회자는 개인적으로 그분과의 의사소통을 기대해서는 안 된다고 주장하기도 합니다.

앞서 열거한 주장들의 배경에는 개인적으로 하나님의 음성을 들을 수 있다는 사실에 대해 비성경적인 것으로 간주하려는 생각이 깔려 있습니다. 그렇게 생각하는 또 다른 원인으로는 편협한 관점의 오류가 작용하기 때문입니다. 근거 없는 주장을 쉽게 받아들이는 태도는 연약한 믿음 때문입니다.

그런 주장들의 치명적인 오류는 하나님과 성도들 사이의 인격적인 만남과 하나님과의 개인적인 친밀한 관계유지를 철저히 무시하는데 있습니다. 이러한 발상은 결과적으로 성경을 자위적으로 입맛에 맞게 희석하여 해석(말씀을 가감하거나 왜곡하여 받아들임)할 가능성을 높입니다. 이는 신앙의 본질을 왜곡시키는 매우 위험천만한 생각입니다. 또한 하나님과 성도들 사이의 관계를 떼어놓거나 멀어지게 하려는 이단(악한 영)의 속성이 나타내 보이는 현상들입니다. 이단은 성경말씀을 자의로 자신들의 주장에 맞도록 교묘하게 짜 맞추는 맞춤형 말씀으로 오역합니다.

「내가 너희에게 명령하는 말을 너희는 가감하지 말고 내가 너희에게 명하는 너희 하나님 여호와의 명령을 지키라」(신 4:2)

이런 현상들이 오늘날 나타나는 이유는 바로 성경을 대하여 바라보는 초점의 대상이 하나님이 아닌 사람 자신에게 두고 있기 때문입니다. 스스로를 의인이라 칭하는 바리새인들(영적 지도자, 열성 신학자)조차도 메시아이신 예수님을 알아보지 못했으며 성경이 무엇을 증거 하는지를 꿰뚫지 못했습니다. 우리의 삶이 교리에 입각한 지식적인 말씀에 입는 것이 전부라면 우리는 단지 교리를 학습하는 것에 불과합니다. 예컨대 성경적 지식이 제아무리 박학(배운 것이 많고 학식이 넓음)신학자들 중에도 하나님의 음성을 평생토록 인지하지 못한 채 지나가는 경우도 있습니다.

「이 성경이 곧 내게 대하여 증거 하는 것이로다」(요 5:39)

그럼 정말 하나님께서 우리들(각자 개인들에게)에게 주님의 목소리(음성)를 귀담아 들으라고 명하셨을까요? 정확히 맞습니다! 성경 말씀을 찾아보면 "귀 있는 자는 들을지어다."(마 11:15), "네가 그 목소리를 잘 청종하고"(출 23:22), "귀를 기울여 내게 들으라"(욥 33:31) 는 말씀구절들을 어렵지 않게 발견할 수 있습니다. 그 외에도 여러 복음서에서 "귀 있는 자들은 성령이 교회들에게 하시는 말씀을 들을지어다."(계 3:6), "너희는 귀를 기울이고 내게로 나아와 들으라"(사 55:3), "어찌하여 내 말을 깨닫지 못하느냐 이는 내 말을 들을 줄 알지 못함이로다"(요 8:43), "내가 또 주의 목소리를 들으니 주께서 이르시되"(사 6:8), "하늘에서 나서 내게 들리던 음성이 또 내게 말하여 이르되"(계 10:8) 라는 말씀구절이 나옵니다. 즉 우리가 주의 음성을 듣는 것이 당연함을 증거하고 있는 것입니다.

「내 양은 내 음성을 들으며 나는 그들을 알며 그들은 나를 따르느니라」(요 10:27)

하나님의 목소리는 성경 전체에 배어 있습니다. 때로는 그분의 음성(말씀 구절)이 확성기를 내 귀에 대고 말씀하시는 것처럼 느껴질 때가(느껴지는 순간이) 있습니다. 다시 말해서 성경을 읽어 나갈 때 특정 구절에서 눈길의 멈춤이 일어나 '이 말씀은 지금 나에게 주시는 말씀 같은데'라는 강한 느낌이 와 닿을 때를 말합니다. 이는 성령님이 당신의 마음에 강렬한 울림(감동, 감화)을 주시는 것입니다. (자세한 설명은 2장, '하나님의 의사소통 방식' 참조)

성경은 또 우리에게 그를 순종하며, 그를 경외하며, 그의 명령을 지키며, 그의 목소리를 청종(잘 듣고 따름)하며, 그를 섬기며, 그에게 부종(하나님을 가까이함)할 것을 말씀하고 있습니다. (신 13:4) 그러나 우리는 태어나면서 죄로 인해 어려서부터 주의 음성에 무디어져 있었고 들으려고도 하지 않았습니다. 또한 윗사람으로 부터 그분의 음성에 대한 어떠한 가르침도 받지 못했습니다.

「네가 어려서부터 내 목소리를 청종하지 아니함이 네 습관이라」(렘 22:21)

우리는 주께 믿음과 순종으로 기도하며 그분의 음성(응답)으로 인도를 받아 각자의 길을 지도받을 수 있습니다. 주님은 '들을 귀 있는 자는 들으라'하십니다. (막 4:23) 즉 듣고자 하는 마음의 문을 열은 자는 와서 들으라 하는 것입니다. 목자의 양이 된 성도는 하나님의 음성을 듣는다는 것입니다. (요 10:27) 그분은 어쩌면 들을 수 도 있다는 식으로 애매모호하게 말씀하시지 않았습니다. 하나님께 속한 자는 그분의 말씀을 듣습니다. (요 8:47) 이 말씀은 곧 하나님께 속하지 아니한 자는 그분의 말씀을 듣지 않는다는 것을 말합니다.

우리는 목자가 되신 하나님의 양들(자녀들)입니다. 목자는 우리를 아시며 우리는 목자를 따른다고 말씀하십니다. (요 10:27) 실제 양들은 주인인 목자의 음성을 인식하며 수많은 양들이 섞여 있어도 그 주인이 부르면 그 목자에 속한 양들만 빠져나옵니다. 목자는 자기 양의 이름을 각각 불러 인도하여 냅니다. (요 10:3)

「자기 양을 다 내어놓은 후에 앞서 가면 양들이 그의 음성을 아는 고로 따라오되」(요 10:4)

사실 하나님은 당신의 영적 귀가 열려있지 못함을 이미 알고 계십니다. 당신에게는 물리적인 소리를 들을 수 있는 양쪽 귀가 있지만 내 안에 내주하시는 성령님의 세미한 음성을 들을 수 없다면 아직 그분의 음성을 들을 수 있는 영적 귀가 열리지 않았거나 막혀있는 상태라 볼 수 있습니다.

「네가 과연 듣지도 못하였고 알지도 못하였으며 네 귀가 옛적부터 열리지 못하였었나니」(사 48:8)

현재 우리가 듣는 하나님의 음성은 주로 성령님을 통하여 전달되는 방식(내면의 세미한 음성 또는 부드러운 속삭임)이 많습니다. 그 외에도 그분의 음성은 여러 가지 다양한 소통방식으로 전달되고 확인되어집니다. 만일 하나님이 한 개인에게 말씀하시지 않는다면 주님께 기도는 왜 하는 걸까요? 왜 우리는 그 분의 응답을 간절하게 기다릴까요? 그 분은 왜 쉬지 말고 기도하라고 명령을 했을까요?

기도는 하나님과 소통하기 위한 영적인 대화 도구로 주님이 우리에게 주신 축복(모자람 없이 만족함)의 선물입니다. 기도가 곧 축복의 근원인 것은 그분의 응답(음성을 나타내심)이 기도를 통해서 시작되기 때문입니다. 기도는 하나님을 움직이시게 하는 촉발원입니다! 기도의 본질은 하나님의 음성을 듣는 것에 있습니다! 당신은 기도에 숨겨진 놀라운 비밀을 알게 될 것입니다. 기도는 하나님과 직통으로 연결되는 핫라인 역할을 합니다. 하나님은 자녀인 당신과 진정으로 대화하고 싶어 하십니다. 이 말씀을 명심하십시오. 하나님은 변하지 않는 분이시며 (말 3:6) 오늘날에도 동일하게 변함없이 살아 역사하시는(말씀하시고, 응답하시며, 인도하시는) 분입니다.

믿음으로 담대하게 그분을 따라가면 당신은 생명의 길로 인도받게 됩니다. 얼마나 큰 축복입니까! 하나님은 우리에게 각자로 대화하십니다. 하나님은 오늘도 당신에게 다가와 문밖에서 조용히 두드리고 계십니다. 그분은 말씀하시길 "누구든지 내 음성을 듣고 문을 열면 내가 그에게 들어가" 함께 하신다고 하셨습니다.

「볼지어다. 내가 문밖에서 서서 두드리노니 누구든지 '내 음성을 듣고 문을 열면' 내가 그에게로 들어가 그로 더불어 먹고 그는 나로 더불어 먹으리라」(계 3:20)

Q_2. 하나님의 음성을 듣지 못하는 사람이 많은 이유는 뭘까요?

왜 누구는 주의 음성을 듣고 누구는 듣지 못하는 걸까요? 안타깝게도 적지 않은 성도들이 주님의 음성을 듣지 못한 채(인식하지 못한 채, 무관심한 채) 막연하게 신앙생활을 하는 경우가 많습니다. 성도들 중에는 각자 다양한 이유(핑계)를 대어 하나님의 음성 듣기를 포기하거나 그다지 중요치 않다는 식으로 받아들이기도 합니다. 심지어 그분의 음성을 듣기를 크게 상관하지 않는다는 듯이 방관하는 분들도 의외로 많습니다.

우리가 하나님의 음성을 제대로 인식하지 못하고 지나갈 때가 많은 이유는 뭘까요? 하나님께서 침묵으로 일관하시기 때문일까요? 그분의 음성이 너무나 나지막한 목소리라 들리지 않는 걸까요? 아니면 나의 과오(잘못이나 허물)가 있기 때문에 그분께서 음성을 들려주시지 않는 걸까요? 또 그분이 원하시는 기대에 못 미치는 삶을 살아가기 때문에 그런 걸까요? 그것도 아니라면 모든 면에서 내가 알아서 척척 잘해가고 있기 때문에 말씀하시지 않는 걸까요?

흥미로운 사실은 신실한 성도들조차 하나님의 음성에 대해 지대한 관심과 듣기를 갈망하는 간절함이 의외로 저조하다는 점입니다. 그 배경에는 자신의 믿음이 나약하거나 불순종함으로 또는 자신의 큰 잘못을 하나님이 용서하지 않으시기 때문이라는 생각이 자리할 수 있습니다. 최악의 생각은 하나님으로부터 자신이 버림을 받았기 때문에 더 이상 그분의 음성을 기대하는 것은 아무런 의미가 없다고 생각하는 것입니다. 이렇듯 우리는 자신의 자괴감으로 인해 낙심에 빠질 수 있습니다. 그분과의 거리를 두어 스스로 귀를 막아 청력 이상자가 되어버리고 맙니다. 그러나 낙심하지 마십시오. 이 책은 바로 누구든지 지금부터라도 주의 음성을 듣기를 갈망하고 듣고자 하는 마음의 문을 열겠다고 결단을 내리신 분들을 위한 하나님의 음성 듣기 실전 안내서입니다.

놀랍게도 성경에는 하나님께서 끊임없이 우리들에게 말하고 부지런히 말하여도 우리가 듣지 아니하신다고 말씀하십니다. (렘 35:14) 그렇습니다. 주님은 침묵하시지 않습니다! 때로는 우리가 모른 척하거나 못들은 척 합니다. 주님은 성경의 말씀처럼 하나님의 자녀들에게 귀가 따갑도록 말씀하십니다. 그런데 그분의 음성 전달을 막는 여러 방해요인들과 영적 귀가 열리지 않아 듣는데 둔감하여 그분의 음성을 놓치고 있다는 사실입니다.

방해요인은 외적요인과 내적요인으로 나뉠 수 있습니다. 외적요인으로는 하나님의 의사소통방식에 관해서 알고 있지 못할 때와 세상의 소리에 잠겨 둔감해 있을 때를 말합니다. 그리고 내적요인으로는 영적소음에 잠겨있을 때, 용서받지 못한 죄가 있거나 죄악을 품고 있을 때와 음성 듣기를 기대하는 마음이 전혀 없거나 의도적으로 음성 듣기를 거부할 때가 이에 속합니다. 이들 다섯 가지 요인들(주의를 분산시키는 소음들)로 인해 주님의 음성을 제대로 인식하지 못하고 듣지 못하게 됩니다. (자세한 설명은 2장을 참조)

「너희가 듣는 것이 둔하므로 설명하기 어려우니라」(히 5:11)

주님은 나지막한 속삭임으로 마음의 문을 노크하시지만 순종하지 않는 우리의 마음(좀처럼 마음의 문을 열지 않는 완악한 마음)을 아시고 마음의 문을 열 때까지 잠잠히 기다리십니다. (계 3:20) 이 마음의 문은 수 년 동안 한 번도 열지 않아 녹슨 철문과도 같습니다. 하나님께서 문 밖에서 두드리실 때 당신이 조금만 의지를 가지고 도어를 돌리면 신기하게도 굳게 닫혀있던 그 문은 가볍게 열리게 됩니다. 문이 열리는 순간 당신에게 불어오는 신선한 바람이 당신의 얼굴을 스칠 때 지금까지 맛볼 수 없었던 기쁨과 평안을 체험할 것입니다.

하나님은 믿음이 약한 분(반쪽자리 믿음을 가진 성도)이나 믿음이 없는 분(불신자)에게도 침묵하지 않으시며 전혀 생각지도 못한 때에 음성을 들려주시기도 하십니다. 예컨대 주님의 음성을 잘 듣는 사람이란 하나님을 기쁘시게 하는 사람, 믿음과 순종으로 하나님을 헌신적으로 섬기는 사람, 하나님의 사역을 순전한 마음으로 기쁘게 임하는 사람들입니다. 그분의 세미한 음성은 우리 안에 내주하시는 성령님을 통하여 전달되기 때문에 주님의 음성은 성령의 인도를 받으려는 듣는 마음의 문을 활짝 열은 사람만이 들을 수 있습니다. 그분의 음성을 듣는다는 것은 그분에게 가까이 다가가(임재 안으로) 듣기를 갈망하는 것에서 시작됩니다. 주의 음성은 우리의 대화방식처럼 매번 말소리를 내어 대화하는 방식을 따르지 않으시며 정반대로 나지막이 속삭이듯 내면으로 전달하실 때가 많습니다. 물론 하나님의 음성은 그 외의 다양한 소통방식으로 전하시고 나타내시기도 합니다. 일반적인 방식은 고요한 침묵이 흐르는 가운데 마음으로 전해오는(생각나게 하는, 떠오르게 하는) 음성이십니다.

「보혜사 곧 아버지께서 내 이름으로 보내실 성령 그가 너희에게 모든 것을 가르치시고 내가 너희에게 말한 모든 것을 생각나게 하시리라」(요 14:26)

상대방의 말하는 목소리를 듣기 위해서는 내가 입을 다물고 조용히 침묵을 해야 하듯이 침묵이 흐르는 가운데 들리는 주의 음성을 듣기 위해서는 더욱 침묵해야 합니다. 단순히 귀만 열면 들리는 것이 아니라 성령님이 계시는 처소에 가까이 다가가 그분의 목소리를 들으려는 주의를 집중함과 귀를 기울여 들으려는 경청하는 자세가 따라야 합니다.

Q_3. 하나님의 응답을 받지 못하는 원인이 어디에 있나요?

하나님의 응답(또는 음성)을 받지 못하는 근본적인 원인은 네 가지로 요약될 수 있습니다. 첫 번째 원인은 기도의 동기가 바르게 세워지지 않았을 때입니다. 두 번째 원인은 완악해진 마음과 죄 가운데 머물러 있을 때입니다. 세 번째 원인은 주의 음성을 듣고자 하는 마음이 없을 때입니다. 네 번째 원인은 오직 육신적인 기도로 그분을 대할 때 하나님께서 기뻐하시지 않음으로 인해 응답을 받지 못하게 됩니다.

[1]첫 번째 원인인 기도의 동기가 잘못되었거나 잘못 구함의 기도(사적인 정욕을 위한 기도) 때문입니다. 우리가 하나님을 경외한다면 올바르지 못한 그릇된 동기의 기도가 나올 수 없습니다. 오로지 나의 안위와 유익만을 위해 기도하면서 그분의 응답을 기대한다면 결코 그분의 뜻을 구하지 못할 것입니다. 그리스도인들조차 그런 경험을 한 적이 한두 번쯤은 누구에게나 있었을 것입니다. 그분의 음성을 들었음에도 불구하고 무시하고 지나쳐 내 방식대로(아마도

하나님의 생각도 내 생각과 같으실 거야 하는 생각으로) 일을 진행시켰던 적이 있었음을 말입니다. 그럴만한 이유를 대라면 작은 거라고 생각되는 일(자신의 능력으로 충분히 처리할 수 있는 일)에는 내 방식을 적용하고 큰 것이라고 여겨지는 일(내 힘으로 감당하기 벅찬 어려운 일)에만 그분의 뜻을 구하는 것 말입니다. 외국의 어떤 목회자는 말하길 '기도는 불가능한 것에 한해서만(또는 도저히 감당하기 힘든 것만) 기도해야 한다.'고 주장하기도 합니다. 하지만 성경 어디를 찾아봐도 그럴 때에만 기도하라는 말씀은 없습니다. 이런 주장은 내가 하나님을 필요시에만 찾게 만드는 육적인 정욕과 영적인 정욕을 일으킬 수 있습니다. 이 점은 기도의 권능을 제대로 알지 못하여 나의 능력 밖으로 밀어내어 제한하려는 교만한 생각에서 기인합니다.

시편 94편 9절에는 "귀를 지으신 이가 듣지 아니하시랴 눈을 만드신 이가 보지 아니하시랴"라는 말씀이 나옵니다. 듣는 귀와 보는 눈을 다 하나님께서 지으신 것입니다. (잠 20:12) 우리의 눈과 귀를 만드신 하나님이 입과 혀까지 만드시어 우리가 말하고 대화할 수 있도록 하셨습니다. 이 말씀에 포함된 의미는 하나님은 우리가 내뱉는 말과 대화를 들으시며 우리가 취하는 행동까지 다 보신다는 점입니다. 또한 하나님은 우리의 마음과 생각까지도 감찰하실 수 있는 분입니다. (렘 11:20)(대상 28:9)

「여호와의 손이 짧아 구원치 못하심도 아니요 귀가 둔하여 듣지 못하심도 아니라」(사 59:1)

주님은 멀리서도 나의 생각을 밝히 아시고 내 혀에서 나오는 말을 알지 못하시는 것이 하나도 없으십니다. (시 139:2~4) 시편에서 전하는 의미를 정리하면 하나님은 우리의 음성(육성으로 드리는 기도와 마음으로 드리는 기도)을 멀리서도 다 듣고 계시며 행동까지도 다 보신다는 사실입니다. 따라서 우리는 기도에 담긴 간구하는 내용과 기도에 임하는 자세를 가볍게 여겨서는 안 됩니다.

일예로 제가 처음으로 하나님의 임재의 영광을 구하는 듣는 기도를 드렸을 때 일어난 일입니다. 당시 저는 하나님의 응답주심에 대한 큰 기대는 하지 않았습니다. 왜냐하면 외적음성(귀로 들은 트럼펫 연주음악 소리)을 처음 들었을 때 그것이 처음이자 마지막 응답일 수도 있겠다 싶은 생각이 들었기 때문입니다. 하지만 저는 주님께 매 듣는 기도마다 체험의 응답이 주어지지 않는다면 원고를 집필하는 도중이라도 접겠다는 기도를 드린 적이 있었기 때문에 경건한 자세로 기도에 임했습니다. 기도가 끝난 후 무릎을 펴고 잠시 동안 기다림의 자세를 취했습니다. 약 5초가 지났을 무렵 갑자기 하나님의 임재의 영광을 나타내는 징후(광원이 방안의 벽을 비춤)가 놀랍게도 제 눈앞에서 일어난 것입니다. 저는 방 안의 벽을 환하게 비춘 직사각형의 빛이 무엇을 의미하며 또 그 빛의 근원이 어디서 온 것일까? 하는 의문의 생각이 순간적으로 머릿속에서 일게 되었습니다. 저는 혹시나 하여 베란다 쪽으로 가보게 되었습니다. 창밖의 하늘을 쳐다보는 순간 놀라운 장관이 제 눈앞에 펼쳐진 것을 보게 되었습니다. 그 광채는 눈이 부시지 않았고 순백색으로 크기가 5m 정도 되어 보이는 좌우대칭형의 송편모양과 흡사한 광채였습니다. 하나님의 영광(하나님의 임재하심의 영광-광채)을 직접 보게 된 것입니다. 제가 이 응답체험을 통해서 깨달은 중요한 점은 하나님은 제가 기도하기 전부터 저의 마음을 이미 읽으시고 준비되어 그 즉시로 응답하셨다는 것을 말씀으로 확증할 수 있었다는 점입니다. 이사야 65장 24절의 말씀은 정말 사실이었습니다! 많은 성도들이 생각하는 지체하시는 하나님, 침묵하시는 하나님이 아니셨습니다.

「그들이 부르기 전에 내가 응답하겠고 그들이 말을 마치기 전에 내가 들을 것이며」(사 65:24)

이 사례를 통해서 우리가 인식하고 있어야 할 점은 하나님께서는 각자의 기도의 동기가 어디에서 나온 것인지를 유심히 살펴보신다는 점입니다. 하나님께서 내 기도의 응답에 침묵하신다고 말하기 전에 그 기도의 중심이 무엇인가를 스스로 점검해야 한다는 점입니다.

[2]두 번째 원인으로는 마음이 완악하여 듣기를 거부하거나 죄 가

운데 머물러 있을 때 주님의 음성을 들을 수 없게 됩니다. "성경에 일렀으되 오늘날 너희가 그의 음성을 듣거든 격노하시게 하던 것 같이 너희 마음을 완고하게(강퍅하게) 하지 말라 하셨으니"(히 3:15) (히 4:7) (시 95:7~8) 여기서 '오늘날' 이란 표현은 특정일을 지칭하는 것이 아닙니다. 어느 시점이든 적용되는 '어느 날, 어느 때'의 의미에 가깝습니다. '오늘', '지금' 우리가 그분의 음성을 들을 때를 말합니다.

그분의 음성을 듣기위해서는 우리의 마음이 완고(까다롭고 고집이 세고, 융통성이 없음)하지 말 것을 전하고 계십니다. 성경은 우리의 완고함을 비유로 표현하기를 "내가 알거니와 너는 완고하며 네 목은 쇠의 힘줄이요 네 이마는 놋이라" 이라 했습니다. (사 48:4) 이 말씀은 그분의 말씀을 듣지 않으려는 딱딱하게 굳어진 완악한 마음을 나타내는 것입니다. 즉 마음으로 깨달아 고침을 받지 못하는 의식적인 저항(거역)을 나타냅니다. 하나님은 또 우리에게 "너희는 무지한 말이나 노새 같이 되지 말지어다. 그것들은 재갈과 굴레로 단속하지 아니하면 너희에게 가까이 가지 아니하리로다."는 말씀을 전하고 있습니다. (시 32:9) 이 말씀에 내포된 의미는 하나님의 이끄심에 마지못해 끌려가는 고집스런 자세를 갖지 말 것을 말하는 것입니다. 하나님은 한마음을 주시고 그 속에 새 영을 주시어 듣지 않으려는 완악한(굳어진) 마음(돌 같은 마음)을 제거하고 살처럼 부드러운 마음(온유한 마음)으로 바꾸십니다. (겔 11:19)

또 각자의 마음 안에 은밀한 죄나 용서받지 못한 죄를 품어 죄악

가운데 있는 상태에서 기도할 때 주께서 우리의 기도를 듣지 않으십니다. 그 결과 그분으로부터 응답도 오지 않게 됩니다. 그럴 때 우리는 주님이 잠시 침묵하신다고 생각하거나 응답이 지체되는 것으로 착각할 수 있습니다. 우리 자신이 알게 모르게 짓는 죄 가운데 속한 교만함, 정욕에 의한 탐심, 의심과 불신, 불순종, 마음의 완악해짐을 매일 잠자기 전에 점검하여 회개 기도로써 주님께 용서함을 구해야 합니다.

「내가 나의 마음에 죄악을 품었더라면 주께서 듣지 아니하시리라」(시 66:18)

3세 번째 원인으로는 주님의 음성을 듣고자 하는 마음이 부재할 때 그분의 응답을 받을 수 없습니다. 왜 우리는 주님의 음성을 들으려고 하지 않는 걸까요? 누군가는 그렇게 말할지도 모릅니다. '굳이 주님의 음성을 듣지 않더라도 살아가는데 큰 불편함도 없고 당면한 문제(장애)도 없기 때문에 지금으로서는 필요치 않습니다.' 라고 말이죠. 제가 말씀드리고 싶은 것은 우리는 하나님을 잠시 찾지 않는 때(주님을 바라봄을 놓치는 경우)가 있습니다. 바로 삶이 순탄하게 흘러갈 때 하나님을 잊게 될 수(찾지 않을 수) 있습니다. 하나님은 그런 상황에서 당신의 온전한 믿음과 자신에 대한 사랑이 식지는 않았는지를 시험하실 수 있습니다. 그러나 온전한 삶을 사는 성도는 평탄한 길을 걸을 때에도 그분의 음성을 듣고자 평소에도 세심히 귀를 기울이는 변함없는 친밀한 자세를 유지해갑니다.

또 어떤 사람은 주님의 음성을 듣지 않으려는 핑계로 다음과 같은 물음을 던질 수 있습니다. '주님의 음성을 듣게 된다면 매사 내 뜻대로 할 수 없지 않을까요?'라는 생각입니다. 심지어 그분의 음성을 듣는 것이 나의 일상생활에 개입(간섭)하는 것으로 받아들일 수 있다는 것입니다. 막상 이런 부류의 사람들은 웬만한 것은 다 내 자신이 처리하고 결정합니다. 그런데 예기치 않은 고난을 겪을 때 또는 힘든 상황에 부닥쳤을 때나 자신의 힘으로는 도저히 그 문제를 해결할 수 없을 때 하나님의 응답을 갈급하게 구하는 것을 볼 수 있습니다. 그러한 태도는 응급상황이 발생했을 때 구급차를 부르듯이 하나님을 그렇게 대하는 것(호출하는 것)과 같습니다. 그분을 땜장이 하나님으로 전락시켜서는 안 됩니다. 그런 분들에게는 영적 성장의 삶(하나님의 음성에 눈이 뜨이고 그분의 인도를 받는 삶)을 기대할 수 없습니다. 물론 우리는 정말 다급해질 때 하나님의 손길을 간절하게 구할 수 있습니다. 그럴 때에는 필요를 공급하시고 상황을 변화시키는 능력을 가지신 주님께 무릎 꿇어 부르짖고 구해야 합니다. 문제는 하나님과의 관계가 늘 그런 식(필요할 때만 찾는 식)으로만 지속되어서는 안 된다는 점입니다.

또 다른 핑계는 어쩌다 한 번 들을 수 있는 그분의 음성을 어떻게 매번 기대할 수 있겠느냐고 반문할 수 있습니다. 이 반문에는 하나님이 위엄과 권위를 가지신 분이라 그리 쉽게 음성을 들려주실 리가 만무하다는 생각이 은연중에 깔려있다는 점입니다. 또 우리와는 동떨어진 아주 먼 곳에 계시는 분이 우리의 기도에 일일이 답장을 해주실 수 없을 거라는 생뚱맞은 생각을 할 수 도 있습니다. 성경은 이에 대해 어떤 답을 제시하고 있을까요? "이는 사람으로 혹 하나님을 더듬어 찾아 발견하게 하려 하심이로되 그는 우리 각 사람에게서 멀리 떠나 계시지 아니하도다. 우리가 그를 힘입어 살며 기동하며 존재하느니라."(행 17:27~28) 하나님은 당신의 생각보다 훨씬 더 가까이 계십니다. 우리가 하나님께 기도할 때 마다 하나님은 우리에게 가까이 하십니다. (신 4:7) 이제는 전에 멀리 있던 우리가 그리스도 예수 안에서 그리스도의 피로 가까워진 것입니다. (엡 2:13)

[4]네 번째 원인으로는 육신적인 기도(혼적인 기도)로 그분을 대할 때 하나님의 응답을 받지 못하게 됩니다. 어쩌다 한 번씩 드리는 일회성의 기도라든지 자신의 사욕을 채우기 위한 정욕의 기도는 하나님께서 기뻐하시지 않습니다. 또 단지 그 순간의 고통을 모면하기 위해 도움을 청하는 기도 역시 그분의 얼굴을 가리시게 합니다. 이러한 현상은 혼적인 경향(자아 중심적인 성향)이 강한 사람이 보이는 태도입니다. 이런 사람은 표면적으로는(겉모습) 신앙생활을 하는 것 같으나 속사람은(영적 측면) 자신의 생각과 판단을 더 신뢰합니다. 이성적인 판단에 의해 선택하고 결정을 하므로 전심으로 기도에 힘쓰지 않습니다. 하나님은 마음의 중심을 살피시는 분이라 기도 이전에 마음자세가 전심으로 하나님을 향해 있는지 믿음과 순종하는 자세를 가지고 있는지를 보십니다. 육적인 사람(세상

에 속한 사람)은 이성적인 면을 따라 사는 경향이 강한 사람입니다. 그는 세상의 것에 강한 집착을 보이며 세상을 바라보는 관점도 오로지 물질적인 관점을 취합니다.

혼적인 성향과 육적인 성향의 비중이 높은 사람은 영적인 것을 사모하지 않으므로 하나님의 음성을 듣는 것과는 거리가 멀어질 수밖에 없고 그분의 음성을 듣겠다는 결연한 의지 또한 부재할 수밖에 없습니다. 그런 사람은 스스로가 감정의 영향을 많이 받게 됩니다. 결국 어느 순간 한쪽으로 치우치는 쏠림이 일어날 때 판단을 내리게 되며 이는 성령님의 세미한 음성을 차단시키는(교란시키는) 방해요소로 작용합니다. 정확히 말하면 영과 혼이 일치되지 않는 상태(영과 혼의 불일치)에 머물러 있는 것입니다. 영과 혼의 불일치는 영의 생각과 마음의 생각의 부조화를 일으킵니다. 당신의 주인이 '영' 임에도 불구하고 '혼'이 관심을 보이는 것에(마음이 가는 것에) 더 집중하는 것입니다. 성령님께 초점을 두어 그분의 음성에 집중하려는 자세를 갖지 않습니다. 이 말은 영적인 면보다 혼적인(감정적인)집착의 우세가 강함을 뜻합니다. 이는 결국 성령의 음성을 듣지 못하여 그분의 가르침과 인도를 받지 못하게 된다는 사실을 말합니다.

「육에 속한 사람은 하나님의 성령의 일들을 받지 아니하나니」
(고전 2:14)

Q_4. 하나님의 음성은 특별한 사람에게만 들리는 건가요?

결론부터 말씀드리면 하나님의 음성을 듣는 것은 특정한 사람에게만 주어지는 특별한 은사가 아닙니다. 성경에 등장하는 중심인물들이 하나님이 보시기에 특별하여 그들에게 중책을 맡겨 쓰신 것이 아니라 하나님의 일꾼으로 쓰시기 위해 택하셨다는 것입니다. 야고보서 5장 17절에는 엘리야가 우리와 성정이 같은 사람이라고 말하고 있습니다. 우리처럼 평범한 사람이라는 것입니다. 하나님의 지음 받음 아래에서는 모두가 똑같습니다. 오히려 그분은 지혜로운 자를 택하지 아니하고 미련한 자를, 강한 자를 택하지 아니하고 약한 자를 택하시어 세상을 변화시켜 왔습니다. (고전 1:27) 이는 세상의 천한 것들과 멸시받는 것들과 없는 것들을 택하시어 가진 자들을 폐하려 하기 위해서입니다. (고전 1:28)

예컨대 하나님의 음성을 들었다고 해서 특별한 은사를 부여받았다고 여기거나 남보다 우월의식에 사로 잡혀 자신의 말이 옳다고 주장해서는 안 됩니다. 주의해야 할 점은 들려온 음성이 하나님으로부터 온 것인지를 분별하지 않은 채 섣불리 남에게 전하는 것은 위험천만한 결과를 가져올 수 있습니다. 예를 들면 '하나님이 저에게 이렇게 말씀하셨습니다, 주님이 저에게 이렇게 하라고 말씀하셨습니다.'라고 전하는 경우입니다. 또한 하나님의 음성을 들은 것이 그 사람의 외적인 신분상에 변화를 일으키지 않습니다. 예컨대 제 삼자 앞에서 특별한 존재로 부각되거나 의로운 자로 내세우거나 하는 시도가 있다면 그 동기로 인해 필경 그릇된 결과를 가져올 것입니다. 그러나 공적 자리에서 그 사람의 간증을 듣는 것은 많은 성도들에게 하나님의 음성을 듣는 귀가 열리도록 하는데 큰 도움을 줄 것입니다.

그럼에도 불구하고 오늘날에도 하나님의 음성이 특별한 사람들(목회사역자 또는 부르심을 받은 사람)만 들을 수 있는 것처럼 받아들여지는 것은 무엇 때문일까요? 생각해볼 수 있는 첫 번째 요인으로는 하나님의 음성을 들은 사람들보다 듣지 못한(또는 인식하지 못하는) 사람들이 더 많다는 생각 때문입니다. 비유를 들어 대통령이 아무나 만나주지 않고 대화하지 않는 것처럼 하늘에 계신 높으신 하나님께서 평범한 성도들과 깊은 대화를 하시지는 않을 것이라는 그릇된 생각 때문입니다. 그런 측면에서 하나님이 특정한 사람들을 통해서만 말씀하신다는 가정은 정말 그럴듯합니다. 두 번째 요인은 그 분의 음성을 들었음에도 불구하고 개인적으로 주님과의 만남으로 일어난 대화 내용을 타인에게는 비공개로 해두려는 습성 때문입니다. 물론 공적인 자리에서 간증을 통하여 성도들에게 자신이 체험한 하나님의 음성 들음을 전하는 것은 영적성장의 측면에서 성도들에게 유익을 가져다줍니다. 그러나 개인적으로 모르는 사람을 만나 복음을 전할 때 자신이 하나님의 음성을 들었음을 말한다면 쉽게 믿어주지도 않을뿐더러 이상한 사람으로 취급을 받을 수 있기 때문에 자신의 경험을 감추게 된다는 점입니다.

예수님을 영접한 당신은 목자가 되신 주님의 어린 양입니다. 양은 목자의 음성을 알아 주인이 부르면 그 목소리에 반응을 합니다. 양들은 경험의 축적(목자의 음성을 자주 들음으로써)으로 목자의 음성을 쉽게 인식하는 것입니다. 그가 기르는 양들은 다른 수많은 양들과 섞여 있어도 주인이 부르면 자신의 양들만이 그 목소리에 반응하고 움직여 이동을 합니다. 목자가 기르는 모든 양들은 주인의 음성을 알아듣습니다.

「내 양은 내 음성을 들으며 나는 그들을 알며 그들은 나를 따르느니라」(요 10:27)

어떤 특별한 한두 마리의 양만 목자의 음성을 알아듣고 따르는 것이 아닙니다. 그런즉 어린 양인 하나님의 자녀들은 우리의 목자가 되신 하나님의 음성을 알아듣는다는 것입니다. 당신은 이제 이 질문의 답변을 통해서 특별한 사람에게만 하나님의 음성이 전달되는 것이 아니라는 사실을 알게 되었습니다.

결론적으로 말하면 하나님의 자녀라면 누구나 다 들을 수 있어야 합니다. 물론 처음부터 하나님의 음성을 쉽게 알아듣진 못합니다.

이 책은 그래서 필요한 것입니다. 당신은 주의 말씀을 항시 가까이 하여 읽는 습관과 묵상하기, 그리고 하나님의 의사소통 방식에 대한 지식의 습득과 음성을 분별하는 방법, 묻는 기도와 듣는 기도(듣는 마음)로써 주님과의 친밀한 관계를 꾸준히 이어가야 합니다. 그러면 듣는 경험과 분별력이 축적되어 그분의 음성임을 알아채는 시간이 단축되어 질것입니다. 또한 하나님이 주시는 기쁨과 평안을 체험하게 될 것입니다. 따라서 우리는 그분의 음성에 세심한 귀 기울임이 필요합니다.

「무슨 말씀이 내게 가만히 임하고 그 가는 소리가 내 귀에 들렸었나니」(욥 4:12)

하나님께서는 오늘날에도 변함이 없이 간절히 주를 찾고자 하는 자와 그분의 음성을 귀 기울여 듣고자 하는 자에게 그들의 귀를 열어 성령의 음성으로 생각나게 하십니다. 당신은 귀를 기울여 성령님의 목소리를 듣고 그분이 하시는 말씀을 자세히 들어야 합니다. (사 28:23) 그런데 문제는 우리가 그분의 음성을 좀처럼 알아듣지 못한다는 점입니다. 정확히 말하면 정말 그분의 음성임을 잘 분별하여 듣고 있는가 하는 점입니다. 오늘 날 하나님의 음성을 듣는 법을 가르치는 강의와 설교가 국내외 여러 곳에서 진행되고 있고 관련 책들도 여러 권이 나와 있긴 합니다. 중요한 점은 하나님의 음성을 듣는 방법이 어떤 학습이나 기교 또는 특별한 방법과 수

단에 의해 이루어지는 것이 아니라는 점입니다. 심지어 교회에 갓 출석한 성도들이 곧바로 하나님의 음성을 듣는 강의에 참석하기도 합니다. 이런 행동은 하나님을 제대로 알지 못하고 기도의 본질을 숙지하지 못한 채 단지 호기심과 나의 유익을 위해 멋모르고 앞서가는 행동입니다.

다시 말하지만 하나님은 당신의 마음의 중심을 보십니다. 마음의 동기가 어디에 있는지를 살피십니다. 그런즉 먼저 내 마음의 중심에 성령님의 자리를 내어드리고(자아를 내려놓고) 진심으로 전심을 다하여 주님께 나아와 회개한 후 하나님을 알아 가는데 힘써야 합니다. 하나님과의 친밀한 관계는 그것으로부터 출발합니다. 내 안에 정결한 마음으로 채워 겸손한 마음으로 그분에게 나를 인도하여 주시기를 간절한 마음으로 기도해야 합니다. 그럴 때 성령님의 음성이 내 영의 지각을 통하여 전달이 됩니다.

Q_5. 하나님의 의사소통방식은 어떻게 이루어지나요?

하나님의 음성에 대한 이해는 성경 곳곳에 기록된 하나님과 선지자들 간의 의사소통에서 그분이 어떤 방식을 통하여 자신의 음성을 나타내셨는지 찾아 볼 수 있습니다. 성경에 기록된 구체적인 몇 가지 예를 들어보면 직접적인 음성으로, 성령님의 세미한 음성으로, 꿈과 환상으로, 불로, 표적과 기사로, 나귀의 입을 여심으로, 나팔 소리로, 상징물로, 환경으로, 천사의 방문으로, 특별한 사건으로 등 그때그때의 상황과 환경에 맞춰 그분의 음성을 들려주시고 나타내셨습니다.

우리는 하나님의 음성이 사람의 목소리처럼 육성에 의해 들리는 물리적인 음성을 지칭하는 것이 아니라는 점을 분명하게 인식할 필요가 있습니다. 물론 하나님은 극히 드물게 경우에 따라 우리의 귀를 통하여 실제적인 음성을 전하실 수 도 있습니다. 그러나 그런 일은 극히 드물게 일어납니다. 한 가지 실제 경험한 예를 소개합니다. 제가 극적으로 체험한 하나님의 음성은 처음으로 귀를 통하여 주의 음성을 들었던 경우입니다. 저에게는 남들이 쉽게 체험할 수 없다는 귀로 듣는 주의 음성을 응답받게 된 분명한 동기가 있었습니다. 그 동기란 '하나님을 기쁘시게 할' 동기로 뭔가를 찾아 해봐야겠다는 중대결단에서 비롯되었습니다. 주님은 저의 결단과 책을 집필하려는 동기를 굽어 살피셨습니다. 약 10일 동안 매일 밤 기도를 드린 후 43일째 되던 날! 그분의 '응답하심'은 전혀 생각지도 못한 때에 제 귀에 물리적으로 직접 들려오는 아름답고 환상적인 나팔 연주음악 소리였습니다. 당시 조용한 방안에서 느닷없이 나팔 연주음이 귓전에서 울리기 시작했을 때 저는 놀라움을 금치 못했습니다. 왜냐하면 제 오른쪽 귀에서만 들리고 왼쪽 귀에서는 전혀 들리지 않았다는 점입니다. 그 나팔소리는 잡음이 일체 없는 아주 깨끗한 음질로 마치 물리적으로 이어폰을 끼고 듣는 상황과 같았습니다. 그 소리가 너무나 아름다워 매료될 정도였습니다. 약 3분 동안 들린 나팔 연주음을 통하여 제가 깨달은 것은 주님께서 나의 소망을 '허락' 하셨다는 것과 기쁨으로 '응답' 하셨다는 것을 즉각적으로 알 수 있었다는 점입니다. 하나님은 제가 내린 행함의 결단을 크게 기뻐하셨고 이를 축복하는 뜻에서 이 같은 방식으로(하늘로부터의 축하 메시지) 음성을 들려주신 것입니다. 이처럼 주의 음성은 한 개인의 기도에 담긴 내용과 그 동기에 따라 하나님께서 주권적인 행사로 응답하시게 됩니다. 하나님의 응답하심은 우리가 인지할 수 있도록 가장 적절한 방식을 택하여 그분의 마음을 나타내십니다. 저는 아직도 당시 상황을 생각하면 가슴이 벅차오르며 또 생각이 날 때마다 제 마음에선 여전히 큰 기쁨이 일어나곤 합니다.

「여호와께서 내 음성과 내 간구를 들으시므로 내가 그를 사랑하는도다 그의 귀를 내게 기울이셨으므로 내가 평생에 기도하리로다」(시 116:1,2)

하나님의 음성전달은 어떠한 제약도 받지 않는다는 사실입니다. 물리적인 음파 전달방식의 음성뿐만 아니라 우리가 인식할 수 있는 모든 종류의 물리적인 상황과 환경을 통해서도 나타내실 수 있습니다. 세부적으로는 듣는 이가 확증할 수 있는 방법으로 성경말씀 구절로, 표적과 기사로, 외적 음성으로, 마음에 떠오르는 생각으로, 내적음성으로, 내적확신으로 전달되게 하십니다. 그분의 음성은 한계가 없는 거룩함으로 입혀진 메시지입니다. 정확히 말하면 하나님의 음성은 포괄적인 것 즉, 인간이 감지하고 인식할 수 있는 범위의 모든 영역을 아우르는 총체적인 방식을 포함하는 것으로 상징적인 의미를 담고 있습니다. 따라서 모든 경우의 전달방식에 열린 마음이 되어있어야 합니다. 이 말은 열린 대화를 원하시는 그분의 마음이 어떤 방식을 사용하여 응답을 하시든 간에 우리는 그분의 은혜를 입어 인도를 받는다는 사실입니다.

또한 하나님의 음성은 마음에 강한 특정 인상(내적확신)을 주어 감동, 감화를 일으켜 당신으로 하여금 행동으로 옮기게도 하십니다. 영적인 인지를 통하여(성령에 의한) 그분의 뜻과 생각을 우리의 마음 안에 전달하신다는 것입니다. 특히 내적음성은 그 음성이 너무나 또렷하고 현실에서 듣는 것처럼 선명하여 마치 귀로 듣는 것이상으로 인식될 때가 있습니다. 당신이 그분의 음성임을 분별하여 인식했다고 확신이 든다면 하나님은 당신에게 교훈을 주시기 위해 수많은 기도응답의 방식중 하나를 택해 전하신 것입니다. 그것은 가장 시기적절한 때에 그분의 주권에 의해 가장 효과적인 방법으로 당신의 기도에 답장한 것을 인지하도록 하신 것입니다.

오늘날 하나님은 그분의 뜻과 생각을 깨닫게 하기위해 주로 성령님을 통해서 역사(응답)하신다는 것입니다. 이 점은 하나님의 음성을 이해하는데 있어 매우 중요한 점입니다. 하나님의 음성이 당신 안에 내주하시는 성령님에 의해 전달되고 상황을 인식하게 함으로서 주님의 뜻과 생각을 알게 하십니다. 우리가 그분의 음성을 듣거나 응답을 받는 것은 그분의 뜻과 생각을 깨달아 성경에서 전하는 교훈대로 이행하기 위해서입니다.

따라서 그분을 전심으로 주목하여 그의 말씀하심을 눈으로 보고, 귀로 듣고, 마음으로 받으며 주의 진리를 깨달아 그분의 이끄심을 기쁘게 바라봐야 합니다. 예컨대 평안, 기쁨, 사랑, 위로, 교훈, 담대함, 설렘 등 마음에 각인되는 특정인상, 꿈속에서 들리는 목소리, 보여 지는 비전, 성경말씀의 특정구절이 갑자기 떠오르는 것, 경건서적에서 마주치는 특정 문구, 기도 후 떠오르는 생각 또는 이미지, 상황과 환경의 변화(문의 열림과 닫힘)를 보면서 주의 음성이 현재 당신에게 무엇을 전하려하는지를 읽을 수 있습니다. 여기서 주의할 점은 들려온(또는 나타내어진) 그 음성이 내 생각(자기 독백-내안의 목소리)인지 사단이 주입한 충동적인 생각인지를 분별해야 한다는 것입니다.

Q_6. 하나님의 음성 인식과 분별이 왜 힘든 건가요?

우리가 하나님의 음성을 알아 가는 과정 중에 그분의 음성을 인식하는 법과 음성 분별에 대한 어려움이 있을 수 있습니다. 기도는 정말 열심히 하는데 주님의 음성을 듣지 못한다고 말합니다. 주의 음성을 듣는데 애로를 겪는 가장 큰 원인은 하나님의 음성이 육적으로 인지하는 범위에 속해있지 않기 때문입니다. 우리는 평소 세상의 온갖 소리들을 매일 귀로 들어왔기 때문에 그 소리가 어디서 들려오는 무슨 소리인지 방향과 소리의 분별을 금방 인식해냅니다. 즉, 세상에서 들려오는 온갖 소리들에 매우 익숙해 있다는 사실입니다. 그러나 하나님의 음성에 대해서는 생소하리만큼 거리가 아주 멀게 느껴집니다. 아예 듣질 못하거나 들어 본적이 없거나 들어도 깨닫지 못하는 경우가 다반사입니다.

하나님은 일반적으로 우리의 영(성령)을 통하여 음성(생각과 뜻)을 전달하십니다. 앞서 말했듯이 극히 드물게 우리의 귀로도 들리게 하실 때가 있긴 합니다. 주님이 우리의 귀를(청각을 통하여) 사용하시지 않는 이유는 세상의 소리와 혼합되어 오히려 우리가 그분의 음성을 알아듣는데 방해(혼란)가 될 수 있기 때문입니다. 그렇다면 우리가 하나님의 음성을 인식하고 분별하는데 힘들어 하는 원인이 어디에 있는 걸까요?

[1]첫째, 주의 음성듣기에 관한 사전 지식(하나님 음성의 특성과 의사소통 방식에 관한 지식)이 없기 때문입니다. 하나님이 어린 사무엘을 세 번이나 불렀어도 사무엘은 그 음성이 주님으로 온 것인지를 전혀 알 수 없었습니다. 그가 어린 나이라 하나님을 알지 못했고 하나님의 말씀이 아직 그에게 나타나지 않은 때였기 때문입니다. (삼상 3:7)

[2]둘째, 하나님과의 진정한 친밀함의 관계가 형성되어 있지 않기 때문입니다. 듣고자 하는 기대와 설렘도 없으며 듣는 영적 귀도 막힌 상태라는 것입니다. 저는 당신에게 묻습니다. 당신은 주님과의 친밀한 관계를 유지해가고 있습니까? 단지 나의 필요를 구하기 위해 피상적인 기도만 할 뿐입니까? 간절함을 담은 뜨거운 전심의 기도가 나오지 않는 이유는 뭘까요? 일회성의 어쩌다 드리는 기도는 주님께 상달되지 않고 그 결과 응답을 받지 못하게 됩니다. 그 과정이 반복되다 보면 주님의 음성(응답)을 경험하지 못한 채 밋밋한 신앙생활을 하게 되어 믿음이 점차 시들어지게 됩니다. 결국 하나님의 음성에 대한 인식과 분별의 단계에도 이르지 못하게 되어 만성적인 절름발이식 신앙생활을 하게 되는 것입니다.

[3]셋째, 그분의 음성을 듣고자 하는 뜨거운 갈망함과 간절함이 없어 들으려고 애쓰지도 않으며 아예 듣기를 포기하거나 거부하기 때문입니다. 우리는 기도엔 열심을 다하나 주님의 음성을 듣는 데는 수동적인 자세를 갖습니다. 이런 현상은 성경을 읽지 않는데서 비롯됩니다. 성경에는 분명 주님의 음성에 귀를 기울이라고 하십니다. "내 지혜에 주의하며 내 명철에 네 귀를 기울이라"고 말씀하십니다. (잠 5:1) 흥미로운 점은 우리는 주님께 내 말(기도)에 귀를 기울이사 내 심정을 헤아려 달라고 합니다. (시 5:1) 다시 말해 우리가 드리는 기도의 말(내용)은 주님이 꼭 들어주시길 원하는데도 불구하고 기도하고 나면 그걸로 끝입니다. 내 기도를 주님께서 들으시는데 그분의 응답이 언제 어떻게 오실지 촉각(민감한 마음자세)을 곤두세워야 하지 않을까요? 그분의 음성(응답)에 대한 간절함으로 묻는 기도와 듣는 기도를 오늘부터 해보시기 바랍니다. 하나님이 어떠하신 분인지 그분의 성품을 알아 가는데 기쁨을 가지시기 바랍니다. 기도로써 주님과 가까이하는 하루가 되어보세요. 그분과의 친밀한 관계를 유지하고 그분의 임재 안으로 들어가는 연습을 해보세요. 당신이 하나님의 음성을 듣는 것은 정말 경이로운 체험이 될 것입니다. 당신은 어느 날 그 체험을 통하여 하나님의 가까이 하심(동행)을 확신하게 될 것입니다.

Q_7. 당신이 하나님의 음성을 들은 적이 정말 없었을까요?

이제 마지막 질문을 당신에게 드립니다. 이 질문은 당신의 허를 찌르는 질문일 수 있습니다. 당신이 정말 지금까지 하나님의 음성을 들은 적이 전혀 없었다고 말할 수 있을까요? 라는 질문입니다. 놀랍게도 당신은 그분의 음성을 한 번 이상 들은 적이 있습니다. 몇 가지 실 예를 들어보겠습니다.

설교 말씀에 가슴으로 전해지는 감동과 감화를 받은 적이 있었나요? 성가대의 찬양을 들을 때 갑자기 눈물이 주체할 수 없을 정도로 흘러내린 적이 있었나요? 어느 날 성경을 펼쳐 읽어 내려가다가 특정 말씀구절이 당신의 마음을 사로잡은 적이 있었습니까? 어느 순간 갑자기 생각지도 않은 찬송가가 머리에 떠올라 작은 목소리로 읊조린 적이 있었나요? 고민되는 문제를 해결하기 위해 성경을 펼친 적이 있었나요? 중대한 문제로 기도를 한 뒤에 응답을 받았다는 확신이 강하게 든 적이 있었나요? 꿈속에서 생생한 장면을 보게 된 후 마음이 이끌려 특정 행동으로 옮긴 적이 있었나요? 나도 모르게 전혀 모르는 분한테 다가가 복음을 전하고 싶은 마음이 강하게 일어난 적이 있었나요? 기도를 하고 난 후 기쁨이 차오른 경험을 한 적이 있었나요? 하나님을 기쁘시게 한 것으로 그분의 은혜를 받은 적이 있었나요? 기도를 하던 중 다른 사람을 위해 중보기도를 드린 적이 있었나요? 만약 이들 중에 한 건이라도 경험한 적이 있었다면 당신은 주님의 음성을 체험한 것입니다.

그럼에도 불구하고 당신의 입에서 '그런 적이 있었다고 해도 그 경험이 주님의 음성이었는지 확신할 수 는 없지 않느냐?'고 반문을 한다면 저는 이렇게 답변할 수 있습니다. 당신이 묻고 알고 싶은 요지는 이것일 것입니다. '하나님께서 뭔가 당신에게 말씀하실 때에는 그분의 음성임을 확신할 수 있도록 특별한 방식으로 응답을 주실 거라는 생각입니다.' 우리는 그분에게 믿을 테니 매직 쇼를 보여 달라는 것이 아닙니다. 그분의 응답방식은 성령님이 주시는 마음의 평안으로, 기쁨으로, 담대함으로, 내적확신으로, 내적확증으로 나타내주십니다. 성령님의 세미한 음성은 작은 속삭임과도 같습니다. 성령님은 자신의 티를 드러내지 않습니다. 그래서 성령님이 하시는 일들은 좀처럼 알아내기가 힘들 정도입니다. 너무나 자연스럽게 반응하시는 분이기 때문입니다. 성령님이 하시는 보이지 않는 일들은 이루 헤아릴 수 없을 정도입니다.

입증된 수많은 사례 중 하나님께서 우리의 눈길을 사로잡는 초자연적인 특별한 방식(영안의 열림, 외적음성, 내적음성, 천사의 방문, 환상을 목도, 천국 체험 등)으로 확증을 나타내주실 때가 물론 있습니다. 우리가 알아두어야 할 점은 이러한 의사소통방식이 하나님께서 자주 애용하시는 방식이 아니라는 점입니다. 하나님이 그렇게 비범한 방식으로 역사하시는 것은 그렇게 하실만한 분명한 이유가 있으며 이는 하나님의 의도하심에 따른 그분의 의중이 반영되어 나타나신 것입니다. 하나님은 그분의 뜻(의도하심)을 우리가 이해하고 받아들이고 깨닫도록 그에 합당한 가장 적합한 방식으로 그분의 영광을 나타내신다는 사실입니다.

제가 주님의 응답 체험을 할 때마다 깨달은 두 가지가 있습니다. [1]하나님의 응답방식은 그분의 권한에 속해있으므로 우리의 방식대로 요청하는 것이 아니라는 점입니다. 하나님은 당신을 인도하기 위해 기도의 응답으로 가장 적절한 답장이 무엇인지를 간파하고 계시는 분입니다. 만약 당신이 무언가로 주님의 응답을 지속적으로 이끌어내고 있다면 당신은 현재 주님과 동행하여 그분의 인도하심을 따라가고 있는 중이라고 단언할 수 있습니다. 또 다른 한 가지는 [2]그분의 응답을 통해서 하나님이 어떠하신 분이라는 것과 그 답장 편지에 담겨진 그분의 뜻을 한 가지씩 알게 되어 간다는 점입니다.

하나님은 한 치의 그릇됨이 없이 성경에 적힌 말씀대로 이행하시는 분입니다. 당신이 알아야 할 것은 이것입니다. 하나님께서 인도하시는 길이 어느 방향을 가리키고 있는가를 파악하는 것이 무엇보다 중요합니다. 하나님께 쓰임 받는 도구가 되어 달라고 기도하십시오. 주님은 단지 우리의 물음에, 간구에, 요청에 응답하심으로 끝맺지 않습니다. 하나님의 인도하심은 우리를 통하여 열매를 맺도록 하십니다. 그 열매는 하나님을 영화롭게 하시며 기쁨으로 응답되어집니다. 하나님은 그분의 모든 충만하신 것으로 우리의 삶이 충만하게 되기를 원하시기 때문입니다. (엡 3:19)

제 2 장

하나님의 음성 : 인식

아기는 엄마의 음성을 어떻게 알아들을까? 갓 태어난 아기는 사람의 언어를 전혀 모른다. 아직 아기의 귀는 열리지 않아 외부(세상)의 소리에 살짝 반응은 하겠지만 그 소리가 무슨 소린지는 인식하지 못한다. 소리를 내는 대상에 대해 전혀 알지 못해 깜짝 놀람으로 움찔거릴 뿐이다. 엄마는 아기가 자신의 음성을 알아듣지 못함에도 불구하고 아기의 이름을 매일 끊임없이 부르며 사랑스런 아기에게 말을 건넨다. 엄마는 의사소통이 안 되는 아기에게 아낌없는 애정을 부어주면서 친밀한 관계를 놓지 않으려 한다. 아기는 그런 따스한 품안에서 성장해가며 엄마의 목소리에 조금씩 친숙해간다. 어느 날! 매일 대하는 엄마의 목소리를 자각하기 시작한다. 마침내 아기의 귀에 익은 소리가 엄마의 음성임을 인식하는 때가 온 것이다. 엄마의 음성임을 인식하는 귀가 열린 것이다. 또 아기는 엄마의 목소리에 무조건적인 사랑이 입혀져 있다는 것과 자신이 엄마의 사랑을 듬뿍 받고 있다는 것도 알게 된다.

「나를 사랑하는 자들이 나의 사랑을 입으며 나를 간절히 찾는 자가 나를 만날 것이니라」(잠 8:17)

엄마와 아기사이의 관계적 비유 설명에서 내가 무엇을 말하고자 하는지 당신은 눈치를 챘으리라. 우리는 갓 태어난 아기와도 같다. 아직 귀가 열리지 않아 둔감하여 하나님의 음성을 알아채지 못한다. 처음부터 그분의 음성을 바로 자각하는 사람은 없다. 괜찮다. 우리는 영적으로 성장해간다. 마침내 그분의 음성임을 알아채는 시점이 올 것이다.

한 가지 확실한 점은 당신을 아낌없이 사랑하시는 하나님의 관계 속으로 깊이 들어가면 들어갈 수 록 그분의 음성을 더욱 잘 알아들을 수 있게 된다. 엄마와 아기와의 관계를 다시 한 번 생각해보라. 또한 그 경험이 축적될 수 록 그분의 음성을 분별하고 뜻을 해석하는 것이 훨씬 수월해진다. 하나님은 당신과의 관계가 격의 없는 친구처럼 친밀한 관계를 유지하길 원하신다. 하나님과 나와 친구가 될 수 있다니? 그렇다. 정말 그렇다!

「너희가 나의 명하는 대로 행하면 곧 나의 친구라」(요 15:14)

하나님은 우리에게 말씀하시기를 "이제부터는 너희를 종이라 하지 아니하리니" (요 15:15) 하셨으니 그분의 얼굴을 찾고 또 구하라! 먼저 하나님을 알아가는 것에 기쁨을 가져보라. 그리고 전심을 다해 기도하고 소리 내어 성경읽기를 시작해보라. 그러면 당신과 하나님사이의 거리가 점점 가까워지면서 그분의 음성에 귀가 뜨이는 날이 반드시 올 것이다. 내가 그분의 음성을 듣고자 하는 것은 주님께서 내게 무슨 말씀을 주려하시는가를 알기위해서(깨닫기 위해서)이다. 묻는 기도와 듣는 기도로 하나님과의 친밀한 교통을 이루어나갈 때 비로소 그분 안에 거하게 되며 그분과의 깊은 믿음의 교제(친구처럼 함께하심)가 성장해 갈 수 있다. 기도는 그분의 임재 안으로 들어가는 영의 관문이다. 그분과의 친밀한 관계를 쌓아갈 때 그분은 당신에게 가까이 다가가신다.

「하나님을 가까이 하라 그리하면 너희를 가까이 하시리라」
(약 4:8)

당신의 기도가 깊어질수록 묵상의 시간을 자주 가질수록 그분의 임재하심을 느끼게 되는 날이 많아질 것이다. 당신은 또 기도하는 방법을 정립할 필요가 있다. 묻는 기도와 듣는 기도를 통하여 하나님과의 쌍방향 대화를 이루어가는 것에 마음을 열어보라. 뜨거운 기도는 하나님의 뜻이 지향하는 곳으로 기도의 방향을 선회시킨다. 내 기도가 하나님의 뜻 가운데 세워지려면 가장 먼저 '기도의 동기'가 바로 세워져야 한다. 그럴 때 기도의 목적과 기도의 방향이 자동으로 정렬되어 진다.

하나님의 음성 전달을 막는 요인

나는 이 책을 집필하는 동안 어느 날 문득 그런 생각을 한 번 해본 적이 있었다. 하나님의 음성도 우리가 듣기 편하게 귀를 통하여 직접적으로 전달해주신다면 얼마나 좋을까? 하는 생각을. 그런데 당신의 귀는 하루 종일 주변의 물리적인 소리들(세상의 소음들)에 잠겨 필터링하기 바쁘다. 뿐만 아니라 내면에서 일어나는 목소리(내 생각=독백)와 사탄의 목소리까지 섞여 들려올 수 있다. 문제는 하나님의 음성까지 더해져 실시간으로 들려온다면 어떤 일이 일어나겠는가? 아마도 당신은 혼재된 네 종류의 소리를 쉴 틈 없이 가려내느라 극심한 심리적 교란상태에 빠져 고통을 호소할지도 모른다. 하나님은 이 적절치 못한 전달방식을 피하시고 계신다. 그분의 음성 전달방식은 인간의 오감과 밀접한 관련이 있는 감각기관에 의존하지 않으신다. 그런데 문제는 아직도 남아있다. 우리가 스스로가 그분의 음성전달을 가로막고 있다는 점이 그것이다. 당신은 곧 하나님의 음성전달을 막는 방해요인들의 정체를 알게 된다.

또 다른 문제는 그리스도인들조차 하나님의 음성을 듣는 것에 익숙해 있지 않다는 점이다. 왜냐하면 성령님의 세미한 음성을 듣는 것 자체에 우리는 매우 둔감해 있기 때문이다. 또 그동안 이에 관해 가르쳐 주는 사람도 없었다.

「**너희가 듣는 것이 둔하므로 설명하기 어려우니라**」(히 5:11)

또 우리는 그동안 왜 그분의 음성을 들어야 하는지, 어떤 원리로 그분의 음성이 전달되는 것인지, 그분의 음성임을 어떻게 분별하는지, 그분의 의사소통 방식은 어떤 통로로 전해지는 것인지를 알려고 하는 적극적인 자세를 취하지도 않았었다. 하나님의 음성을 아직까지 못 듣고 있었다고 해서 낙심하지 말자. 이 책은 그래서 필요한 것이다.

| 외적 요인 |

하나님의 음성전달을 방해하는 외적 요인으로는 두 가지가 있다. [1]첫 번째 요인은 바깥세상에서 들려오는 온갖 소음들에 잠겨있을 때 듣는 영적 귀가 둔감해 진다는 점이다. 우리는 기존의 물리적인 가청범위내의 소리에는 매우 예민해있는 반면 영적 귀는 고도난청의 청각장애인처럼 매우 둔감해 있는 상태(듣는 마음의 부재, 영적인 무지)에 있다. [2]두 번째 요인은 하나님의 의사소통 방식에 대한 지식의 부재가 그분의 음성 들음을 방해한다는 점이다. 그분이 우리들과 어떤 방식으로 의사소통을 하시는지에 대한 사전 지식을 알지 못하면 그분의 음성을 듣고도 곁길로 빗나가게 된다.

† 세상의 소음에 잠긴 채 둔감해 있을 때

우리가 살고 있는 세상은 어딜 가나 환경의 소음들로 가득하다. 세상의 온갖 소리에 잠긴 채 분주하게 살아가고 있는 것이다. 각종 미디어들(뉴스, 토론, 강의, SNS, 온오프라인 광고 등)과 생활소음 공해에 노출되어 있는 것이다. 사실상 내가 듣고자 하는 소리 외에는 모두 나에게 신경을 곤두세우게 하는 불필요한 소음에 불과하다. 그런 소음들에 마음을 빼앗기면 나중에 그 소리가 들리지 않더라도 당신의 집중력과 주의력은 떨어지게 된다. 왜냐하면 마음 한 구석에 그 소리의 이미지가 떠올라 당신의 주의력을 산만하게 흩트려 놓기 때문이다.

따라서 하나님의 음성을 듣기 위해서는 세상의 시끄러운 소리들로 인해 내 귀가 잠식당하지 않아야 한다. 하나님의 음성을 듣겠다는 주의의 집중과 마음이 지향하는 초점이 중요하다. 그러기위해서는 주님의 음성을 듣는데 방해되는 모든 소음을 꺼버려야(벗어나야) 한다. 그러려면 이들 소리에는 둔감하고 하나님의 음성 들음에는 영적인 민감함을 키우는 연습을 해야 한다. 다시 말해 그분의 음성을 듣고자(가까이 하고자) 하는 듣는 마음가짐으로 주의 깊게 경청하려는 자세를 갖는 것이다. 경청의 자세는 다른 주변의 소리들을 무시하고(신경을 끄고) 오직 듣고자 하는 음성에만 내 주의를 집중시키는 것이다. 이성적으로 동시에 생각하려는 분산적 사고방식의 습관을 버리고 마음이 느슨해지도록 만들어라. 그러면 의식은 가라앉고 영이 살아나 희미하게 들려오는 성령의 음성을 부분적으로 알 수 있게 된다. (고전 13:9, 13:12)

「내 말에 주의하며 내가 말하는 것에 네 귀를 기울이라」
(잠 4:20)

하나님은 우리에게 가만히 있으라 하신다. 우리의 마음을 요동치게 만드는 내속의 생각들과 주변에서 들리는 각종 소음들에서 벗어나 잠잠히 가라앉히라고 오늘도 우리에게 말씀하신다.

「너희는 가만히 있어 내가 하나님 됨을 알지어다」(시 46:10)

† 하나님의 의사소통 방식에 대해서 모르고 있을 때

하나님께서 어느 날 어린 사무엘을 불렀을 때 그는 주님이 부르시는 음성임을 전혀 인지하지 못했다. 사무엘은 다른 방에 있는 엘리 제사장으로부터 뒤늦게 자신이 들은 음성이 하나님의 음성이었음을 알게 된다. 성경은 사무엘이 하나님의 음성을 듣고도 즉각 반응하지 못한 것에 대해 사무엘이 아직 하나님을 알지 못하고, 그 분의 말씀이 아직 그에게 나타나지 아니하였기 때문이라고 말한다. (삼상 3:7) 아직 그에게 하나님의 말씀이 그의 귀에 닿지 않는 '때'(어린아이 시절)였음을 말하고 있다. (삼상 3:1) 사무엘이 하나님의 세미한 음성과 의사소통방식에 대해 알기에는 아직 미성숙한 어린 나이였다는 점이다.

「아이 사무엘이 엘리 앞에서 여호와를 섬길 때에는 여호와의 말씀이 희귀하여 이상이 흔히 보이지 않았더라」(삼상 3:1)

어린 사무엘에게는 아직 성경이 닿지 않아 주의 음성을 인지하지 못했을 뿐 아니라(충분히 잘 알지 못함) 직접적인 체험을 겪었어도 영적으로 미숙하여 주의 음성을 깨닫지 못하였다. 그러나 다행히도 그의 곁에는 엘리 대제사장이 있었다. 복음의 전파도 전달자가 있어야 하듯이 선지자의 필요성은 그래서 필요한 것이다. (오늘 날에도 각자의 복음의 사명을 띠고 있는데 이것은 권면이 아니라 하나님의 분명하신 뜻이다) 사무엘처럼 우리 중에 주의 음성을 듣지 못한다 해서 자격지심에 빠지거나 자신을 자책할 필요는 없다. 필요한 건 하나님이 당신에게 다양한 경로를 통하여 말씀하신다는 사실을 받아들이고 그분의 음성을 청종하기를 갈망해야 한다는 점이다. 이처럼 하나님의 음성이 우리에게 어떤 방식으로 의사소통을 하시는지를 알지 못하면 그분의 음성을 인식하지 못한 채 넘어갈 수 있다.

| 내적 요인 |

하나님의 음성 전달을 방해하는 내적 요인은 세 가지가 있다. [1] 첫 번째 요인은 영적 소음들로 인해 영적 귀가 둔감해있는 상태를 말한다. 영적소음은 내적인 영적 감염과 외적인 악한 영에 의해 일어난다. [2]두 번째 요인은 듣고자 기대하는 마음이 없거나 듣기를 의도적으로 거부함이 이에 속한다. 냉담한 마음과 듣고자하는 갈망이 없다는 것은 그분의 음성을 듣기를 기대하는 마음이 전혀 없다는 것을 말한다. 또한 하나님의 음성듣기를 의도적으로 거부하는 것은 주님과의 깊은 관계가 부재함을 대변한다. 즉 하나님의 음성 듣기에 관해 무관심과 고의성을 드러내는 것이다. 그분의 음성을 못 들어도 하등의 문제가 없다고 여기기에 무시하는 것과 같다. [3]세 번째 내적 요인으로는 마음에 품은 죄악과 용서받지 못한 죄가 있을 때이다. 하나님은 우리의 마음 안에 죄(은밀한 죄)를 품고 있거나 과거에 용서받지 못한 죄가 있는 상태에서 기도할 때 듣지 아니하시고 응답하시지도 않으신다. 하나님께서 까다로운 분이시라 그러실까? No! 하나님은 성경에 기록된 말씀 그대로를 행하실 뿐이다. 그분은 자신의 음성으로 기록된 말씀을 위배하시지 않으시며 원칙을 지키시는 분이시다.

† 영적 소음에 잠긴 채 둔감해 있을 때

세상의 소리뿐만 아니라 영적 소음도 실로 하나님의 음성을 듣는데 막대한 영향을(방해를) 끼친다. 영적 소음이란 영적 교란을 일으키는 두려움, 실망, 낙심, 불안, 염려, 죄책감, 불신, 근심 등을 말하는데 내 스스로가 이를 경계하고 예의주시하여 지속되지 못하도록 생각과 감정을 잘 다스려야 한다.

영적 소음을 일으키는 세 가지 요인은 환경과 상황 그리고 영적 감염과 악한 영의 목소리가 이에 속한다. [1]악조건의 환경과 불합리한 상황은 영적교란을 일으켜 낙심하게 하고 마음의 감기라 부르는 우울증과 정신적 질환으로 이어질 수 있다. 두 번째 [2]영적 감염은 마귀의 지배를 받는 마법이나 점술, 역학, 뉴에이지, 이단종파 같은 외적인 요소들과 스스로의 교만과 불순종이라는 내적요소들에 의해 우리의 영혼이 감염되는 것을 말한다. 예컨대 외적인 요소들은 처음엔 굉장히 매력적으로 보이나 교묘히 진실을 거짓으로 포장하고 악을 선으로 둔갑시키며 또한 대가를 치르게 만든다. 이들은 자신들이 특별한 지혜를 가진 것처럼 속이기도 한다. 하지만 그 뒷면에는 악의 구렁텅이로 떨어뜨리려는 무서운 계략이 숨어있다. [3]영적인 훼방을 놓는 세 번째 소음으로는 악한 영의 간교한 목소리가 있다. 마귀의 유혹은 진실을 가장하여 사람을 꾄 후 그 진실을 왜곡시킨다. 그 목소리에 내포된 의도는 하나님의 의중(뜻, 생각)과는 정면으로 배치된다. 마귀의 음성은 하나님의 말씀을 대적하므로 강한 톤으로 말하며 생각할 틈을 주지 않기 위해 이런 저런 말로 부산을 떠는 특징을 보인다.

† 기대하는 마음이 없거나 음성 듣기를 의도적으로 거부할 때

성도들 가운데 그분의 음성을 들으려고 하지만 기다리고 기다리다 지쳐 포기하고 마는 경우가 있을 수 있다. 기대하는 마음도 사라지고 급기야 그분의 음성 듣기를 거부하는 마음이 자리를 잡게 된다. 그는 자신이 주의 음성을 못 듣는 이유가 자신에게 어떤 문제가 있는 것은 아닌지 아니면 자신의 기도가 잘못된 것인지 숙고를 거듭하지만 원인의 실마리는 좀처럼 잡히지 않는다. 그는 방법을 찾으려 헤매다가 답답한 심정에 어느 날 성경을 펼쳐 시편의 말씀을 읽어나가기 시작한다. 그는 말씀을 읽어내려 가던 중 깜짝 놀라게 된다. 그의 눈길이 멈춘 곳은 시편 (119:130)의 말씀이었다. 하나님께서 성경을 통해서 말씀하시는 것처럼 느껴지는 상황의 반전에 놀라움을 감추지 못한다. 그동안 지푸라기라도 잡는 심정으로 하나님의 응답을 기다려왔는데 기대가 사라지기 직전 하나님은 그의 손길을 움직여 성경을 열게 하신 것이다. 그는 수많은 성경말씀 중 어떻게 그 때 시편을 열게 되었는지 알 수 없었다. 하나님의 인도하심은 매우 정교하게 맞물려 돌아가는 톱니바퀴처럼 행하신다. 그는 마침내 성경을 열어 말씀으로 전하시는 하나님의 음성을 들은 것이다.

「주의 말씀을 열므로 우둔한 자에게 비취어 깨닫게 하나이다」
(시 119:130)

하나님은 그의 눈을 열어 그 말씀구절의 위치에서 눈길을 멈추게 하셨고 그의 마음을 열어 감화를 시키신 것이다. 그는 하나님께서 성경말씀을 통하여 한 개인에게도 음성을 들려주신다는 사실을 알게 되었다. 이것은 한 가정 하에 쓴 예이지만 나의 실제 단편 이야기이기도 하다. 부끄러운 애기지만 나는 3년 전까지만 해도 성경읽기를 게을리 한 사람이었다. 오죽하면 지인이 성경말씀 좀 읽어

보라고 전화를 했겠는가? 어느 날 전화가 오면 나는 책꽂이에 꽂힌 성경을 꺼내어 그 순간 읽는 채 하면서 현재 신약 몇 장 몇 절을 읽는 중이라고 말할 정도였다. 나는 단지 겉보기 신앙생활만 했었던 것이다. (성도들의 상당수는 주일예배의 설교를 통하여 성경말씀에 담겨진 뜻을 이해하고 배우는데 초점을 두는 신앙생활을 하고 있다. 좋은 말씀에만 머리로 집중하고 하나님과 나와의 관계에는 무관심할 정도로 거리를 두는 겉보기 신앙에 빠져있지는 않은가를 점검해야 한다. 또 기도는 열심히 하나 하나님의 응답은 받지 못해 애만 태우는 경우라면 내 기도가 지향하는 초점(기도의 동기)이 어디에 있는가를 하나님의 시각에서 바라봐야 한다. 그저 복을 비는 맹목적인 정욕의 기도는 그분으로부터 진정한 응답을 받지 못하게 된다)

그렇게 십년이란 세월이 흐른 어느 날(2017년 7월 초) 나에게 심경의 변화가 일어나면서 나의 태도가 180도 바뀌게 되었다. 며칠 동안 나는 심사숙고한 끝에 두 가지의 중대결단을 내리게 된다. 하나님을 알아가기 위해서 본격적으로 성경말씀의 독학에 들어가기로 마음다짐을 하겠다는 것과 그 결과물로써 기독서적(기도서)을 출간하고자 원고 집필에 착수하겠다는 결단이었다. 지난날을 회개하면서 성경말씀 읽기와 묵상, 그리고 하나님을 찾는 기도를 전심을 다해 드리기 시작했다. 그 결과 한 달 보름 뒤에 주의 음성을 귀로 생생하게 듣는 놀라운 기적의 응답이 임하였다.

내가 당신에게 전하고 싶은 것은 딱 한가지이다. 무엇보다 중요한 것은 하나님은 외모(겉으로 보이는 것들: 명예, 권세, 권력, 지위, 학력)를 보시지 않는다. 외모는 그분에게 아무런 영향을 끼치지 못한다. 그분은 그 사람의 마음의 중심(속마음, 마음이 지향하는 곳, 하나님을 찾는 동기)을 보신다는 사실이다. 정말 뜨거운 마음으로 하나님의 얼굴을 구하라!

† 마음 안에 품고 있는 죄악과 용서받지 못한 죄가 있을 때

「오직 너희 죄악이 너희와 나희 하나님 사이를 내었고 너희 죄가 그 얼굴을 가리워서 너희를 듣지 않으시게 함이니」(사 59:2)

하나님과의 관계를 소원하게 만드는 세 번째 요인은 우리 마음 안에 죄악의 품음과 용서받지 못한 죄가 있을 때 그분의 음성이 전달되지 못하게 하는 작용을 한다. 죄는 하나님과 연결된 다리를 부패시켜 녹슬게 만들어 하나님과의 연결고리를 끊어 놓게 만든다. 하나님은 우리 앞에 사망의 길과 생명의 길을 두었다고 하셨다. (렘 21:8) 죄는 사망의 길로 이끈다. 반면 생명의 길은 늘 빛 가운데 계시며 등불로 나의 어둠을 밝히시어 조금도 어둡지 않게 하신다.

「내가 내 마음에 죄악을 품었더라면 주께서 듣지 아니하시리라」(시 66:18)

자신의 지은 죄를 그 분 앞에 진심으로 고백하지 않고 회개하지 않는 것은 위선이며 사탄의 올무에 단단히 묶여 있는 것이다. 사탄의 궁극적인 목적은 죄의 올무에서 빠져나오지 못하게끔 만드는데 있다. 그래야만 우리 안에 내주하시는 성령을 좇아 살지 않게 되고 하나님의 뜻에 반하는 육적인 인간의 테두리 안에서(육신의 소욕대로 움직이는 것) 벗어나지 않기 때문이다. 늘 죄 가운데 머물러 있게 만드는 것이 사탄이 노리는 꼼수이다.

「너의 이 악함을 회개하고 주께 기도하라 혹 마음에 품은 것을 사하여 주시리라」(행 8:22)

주님은 무엇보다 우리의 마음이 정결하기를 원하시며 실수로 죄를 지었더라도 회개토록 하여 마음의 짐을 없애게 하시고 죄악의 장벽을 허물도록 하신다. 이제라도 자신이 지은 과거의 죄를 하나님 앞에 고백하여 하나님께 진심으로 용서를 구하는 회개기도를 드려야 한다. 그러면 하나님께서는 악행을 사하시고 다시는 그 죄를 기억하지 않으신다.

「내가 그들의 악행(죄악)을 사하고 다시는 그 죄를 기억하지 아니하리라」(렘 31:34)

하나님은 육으로만 살려는 옛사람의 모습에서 영으로 살아나는 거듭난 자가 되라고 말씀하신다. 육신에 속한 자(자기의 육체를 위해 심는 자)는 시기와 분쟁이 있으며 육체로부터 썩어질 것을 거두나 (내 육신에 선한 것이 거하지 않기 때문) 성령을 위하여 심는 자는 성령으로부터 영생을 거둔다. (갈 6:8) 성령을 위하여 심는 자란 성령을 좇아서 사는 자로 그 분의 처소를 침탈하지 않는 것이다. 그 분은 어디에 계신가? 바로 우리 안에 내주하시는 분이다. 그러므로 나의 완악한 마음(교만함, 불순종 등 하나님을 대적하는 영적감염 현상)으로 철의 장막 안에 스스로 갇히는 어리석음을 피해야 한다. 이런 영적인 염증을 일으키는 감염증상은 악한 영들이 좋아하는 먹잇감들이다. 왜냐하면 악한 영은 그것을 통하여 당신에게 합법적으로 접근할 수 있기 때문이다. 그러므로 잠자리에 들기 전에 그날의 일들을 점검하여 주님 앞에 기도로써 마음을 정결하게 씻어 내려라.

육신에 거하는 삶은 율법 아래에 놓임을 받은 것과 같다. 죄의 정욕이 우리 지체 중에 역사하고 법의 제약 아래에 놓여 자유를 누리지 못한다. 그러나 성령의 인도하시는 바가(성령을 좇아 살면) 되면 율법(육신의 죄에 대한 법) 아래에 있지 않고 은혜아래 있게 된다. (갈 5:18) 주의 영이 계신 곳에는 죄에서 해방되는 진정한 자유를 누리게 된다. (롬 7:5) (고후 3:17) 하나님은 우리에 대한 자기의 사랑을 확증하신분이다. (롬 5:8) 하나님은 위대하시며 자비로우시고 선하시며 인자하시다. 우리가 죄인이 되었을 때 그리스도께서 우리를 위하여 십자가위에서 죽으심으로 우리가 그 피(보혈)로 인하여 의롭다함을 얻은 것이다. (롬 5:8~9) 하나님은 은혜를 모르는 자와 악

한 자에게도 인자하시며 용납하심과 길이 참으심이 풍성하신 하나님이시다! (눅 6:35)(롬 2:4)

「두려워하지 말라 내가 너와 함께 함이라 놀라지 말라 나는 네 하나님이 됨이라 내가 너를 굳세게 하리라 참으로 너를 도와주리라 나의 의로운 오른손으로 너를 붙드리라」(사 41:10)

하나님의 세미한 음성이 전달되는 원리

「너희는 귀를 기울여 내 목소리를 들으라 자세히 내 말을 들으라」(사 28:23)

당신에게 좀 엉뚱한 질문을 해보겠다. 당신의 생명을 유지시키는 심장이 뛰는 소리를 들어 본적이 있는가? 심장의 박동 소리를 인식하면서 살아가는가를 묻는 것이다. 당신의 그 소리를 들을 생각조차 하지 않는다. 당연히 지금 이 순간에도 내 가슴 안에서 심장이 박동하고 있음을 안다. 벽시계의 초침소리를 인식하며 지내지 않는 것처럼 규칙적으로 움직이는 심장의 박동소리를 우리의 청각기관으로는 감지할 수가 없다. 가능한 방법은 손목의 맥박이 뛰는 것으로 감지할 수 있다. 그럼 심장의 박동 소리는 어떤 방법을 통해서 들을 수 있는가? 두 가지의 의도적인 방법을 통해 들을 수 있다. 첫 번째 방법은 청진기에 연결된 귀 꽂이를 양쪽 두 귀에 각각 꽂고 왼쪽 가슴에 청진기를 갖다 대면 긴 고무관(튜브)을 통하여 심장이 쿵쾅대는 소리를 들을 수 있다. 두 번째 방법은 내 귀를 상대방의 왼쪽 가슴에 밀착시켜 귀를 기울이면 규칙적으로 박동하는 심음을 들을 수 있다. 이 두 방식의 차이점은 도구를 사용하여 듣느냐 아니면 귀를 통하여 직접 듣느냐 하는 차이이다. 청진기와 귀의 역할은 그 소리만을 잘 들을 수 있도록 해당 소리를 한 곳으로 모이도록 하여(집중시켜) 전달해주는 지향성을 갖는 역할을 한다는 점이다.

같은 원리로 하나님의 음성 듣기도 성령님이 당신에게 말씀하시기 위해 사용하는 영의 통로(우리의 영 안에 내주하신 성령님의 처소)에 세심히 듣고자 하는 마음(마음은 의지를 갖고 있다)으로 그곳에 주의를 집중시켜 영적 귀(청진기 역할)를 기울여야 한다. 전혀 엉뚱한 곳(마음의 관심이 끌리는-육신적인 생각이 일어나는 곳)에 청진기(귀)를 대어서는 잡음(내 생각 또는 사탄의 목소리, 세상의 소음)만 요란하게 들릴 것이다.

「내 말에 주의하며 나의 이르는 것에 네 귀를 기울이라」
(잠 4:20)

주님은 우리들에게 '자세히 내 말을 들으라'고 말씀하셨다. 즉 듣고자 하는 마음, 듣고자 하는 기도, 듣고자 하는 영혼으로 준비되어야 한다. 그분의 목소리만 청취하려는 주의를 집중하는 자세가 필요한 것이다. 그러려면 내 마음에서 일어날만한 잡음들을 배제시켜야 한다. 당신이 묻는 기도를 통하여 하나님께 여쭈어 볼 때 듣는 기도(듣는 마음)를 통해서 그분은 음성(메시지)을 전해주신다.

우리 안에 내주하시는 성령님의 음성이 전달되는 원리는 우리의 영을 통하여 마음으로 전달되는 '마음을 통한 감화' 방식이다. (고후 6:6)(느 2:12) 물리적인 소리가 아닌 우리의 영을 터치하여 그분의 의중(의도하심, 길, 뜻, 생각)을 최종 우리의 마음이 인식하도록 부어주셔서(이미지화시켜) 생각으로 떠오르게 하신다. 당신의 마음에 그분의 마음을 부어 생각으로 떠오르도록 하시는 것이다.

좀 더 정확하게 설명하면 주의 영에 당신의 영이 입히게 되면 그분의 생각이 당신의 마음 안에 다운로드가 되어 그분이 말씀하시고자하는 의중을 읽을 수 있게 된다. 보통 신실한 성도들은 이를 두고 말하기를 '하나님께서 제게 이런 마음을 주시네요.' 라고 말한다.

다음은 성령님의 의중이 담긴 메시지를 내가 어떤 방법을 통하여 '인식할 수 있는가?'를 알아야 한다. 물론 성령님은 당신이 묻지 않는 상태에서도 긴급히 전할 내용이 있으시면 어느 때든지 당신에게 적절한 방식으로 음성을 나타내실 것이다. 지금 내가 말하는 것은 듣는 기도(묵상, 듣는 마음)를 통해 그분의 음성을 듣는 것에 관해 얘기하는 것이다. 먼저 그분의 음성을 들을 것이라는 확신과 함께 기대를 품어라. 조용히 묵상하는 자세로 마음의 눈의 초점을 하나님만을 생각하며 십자가를 바라보라! 그러면 평소 주인행세를 해왔던 내 의식(이성적인 생각)이 가라앉게 된다. 마음의 상태는 느슨해지고 내 목소리(내 생각의 주장)는 잠잠하게 된다. 그러면서 어느 순간 당신의 영이 그분의 임재가운데로(그분의 영이 흘러넘치는 처소) 들어가 주와 합한 하나의 영이 되어 진다. 그때 비로소 영적 귀가 열리면서 성령님의 나지막한 세미한 음성을 인식할 수 있게 된다. 사실 주님의 음성은 매우 자연스럽게 우리의 심장(양심) 속에 주입이 되나 이를 알면서도 모르고 지나치는 경우가 많다.

「주와 합하는 자는 한 영이니라」(고전 6:17)

하나님의 의사소통 방식

육신을 입지 않으신 하나님과 당신사이의 직접적인 대화(의사소통)는 오늘날 주로 성령님의 음성으로 전달이 되나 이 방법만이 그분의 유일한 의사소통 방식이 아니라는 점은 앞서 여러 차례 언급을 했었다. 1장 <하나님의 음성 : 의심>의 Q&A에서 대략적으로 언급했듯이 하나님은 자신의 의도하심에 따라 주어진 환경과 상황을 살펴보시고 그에 따른 적합한 방식으로 의사표시를 하신다. 하나님의 의사전달 방식이 우리의 의사소통과 구별되는 큰 차이점은 육신적인 감각에 의존하지 않는다는 점이다. 하나님의 음성은 주로 우리의 마음을 통해 듣게 하시지만 그분의 음성을 듣는 것이 둔감한 우리에게 '듣는 범위'를 확장시켜 나타내기도(보여주시기도) 하신다.

따라서 하나님의 음성이란 그분이 사용하시는 모든 대상(물질세계와 비 물질세계를 포함함)과 종류를 포함하는 상징적인 표현이라 할 수 있다. 하나님의 음성이 나타나심은 때와 장소, 환경과 상황, 방법 등에 어떠한 제한도 받지 않으신다. 이 점을 잘 알아둘 필요가 있다. 그런데 우리는 그분의 음성을 제때에 알아채기보다는 놓칠 때가 많다.

「내가 주께 대하여 귀로 듣기만 하였사오나 이제는 눈으로 주를 뵈옵나이다」(욥 42:5)

성경에는 하나님께서 선지자들로 하여금 여러 부분과 여러 모양으로 우리 조상들에게 말씀하셨다고 기록하고 있다. (히 1:1) 성경을 살펴보면 확실히 그분의 음성을 선지자나 사람들이 즉시 알아채고 그들의 마음 안에 깊은 감화를 일으키는 울림을 주셨다는 것을 알 수 있다. 이 점은 그분의 음성을 들었음을 확증하는 귀중한 단서이기도 하다. 예를 들면 성령님에 의해 마음으로 감동, 감화를 일으켜 행함으로 연결되게 하시며, 상황과 환경의 문을 열고 닫음으로 방향을 틀게 하시고, 성경말씀을 통하여 깨닫게 하시며, 시험을 통하여 믿음의 그릇을 확장시키시고, 직접적인 개입으로 환난 가운데 구제를 하심으로서 응답하셨다.

기록된 성경의 말씀을 통해서(로고스), 특정 말씀구절을 통해서(레마), 대화하는 방식으로(마 3:16~17),(마 17:5~6), 귀로 직접 듣는 방식으로(출 3:4), 머리로 전달되는 내적음성으로(삼상 3:10), 성령님에 의해 마음으로 전달되는 깊은 감화(평강, 담대함)와 감동 또는 특정 인상의 주입으로 (마 10:20)(행 2:4)(히 3:7) 그 외에 꿈과 환상으로(민 12:6)(욥 33:15~16)(창 41:32), 양심으로(시 16:7)(롬 13:5), 환경과 상황으로(삿 6:36~40)(느 10:34)(욘 1:7), 표적과 기사로(행 6:8), 천사를 보내심으로(창 19:15) 말씀하셨다.

구약시대에는 선지자로(호 12:10)(학 1:3)(렘 37:6)(왕하 1:4), 세미한 음성으로(왕상 19:12), 나팔소리로(출 19:16), 나귀의 입으로(민 22:30), 불기둥과 구름기둥으로(출 13:21), 맹렬한 불로(출 24:17)(왕상 18:24)(삿 6:21), 양털시험으로(기드온의 양털시험)(삿 6:39), 제비뽑기로(수 18:8), 우림과 둠밈으로(하나님의 뜻을 분별하기 위해 쓰인 물건)(출 28:30)(민 27:21)(레 8:8), 주변 환경(자연)과 상황으로(왕상 18:38), 꿈과 환상으로(욥 33:15), 천사를 보내심으로(요 20:12), 초자연적인 표적으로(요 20:30), 성령의 감화 또는 감동으로(느 2:12)(느 7:5)(겔 3:10) 그 외에 기적과 우레와 폭풍, 걸음 소리로도 말씀하셨다.

「제비는 사람이 뽑으나 모든 일을 작정하기는 여호와께 있느니라」(잠 16:33)

신약에 들어와서는 예수 그리스도의 말씀으로, 하나님의 직접적인 음성으로, 기록된 성경말씀으로, 지식의 말씀으로, 듣는 기도로, 귀로 듣는 외적음성으로, 성령의 내적음성으로, 꿈과 환상으로, 교회의 설교 말씀으로, 표적과 기사로, 제비뽑기로, 전도자(믿음의 사람)를 통해서, 천사의 보내심으로 나타내셨다.

현재에 들어와서는 하나님께서 가장 많이 사용하시는 내적 인도로는 성령님의 내적증거와 내적음성(롬 8:27)(눅 12:12)(계 2:29)(갈 5:18) 이 있다. 외적 인도로는 성경을 통해서(눅 24:45), 환경과 상황을 통해서, 신앙서적을 통해서, 교회 설교말씀을 통해서(계 2:7), 예배를 통해서, 찬송가나 복음성가를 통해서, 전도자를 통해서(롬 10:14~15), 초자연적인 표적과 기사를 통해서도 나타내신다. 위에 언급한 통로 외에도 상황과 환경에 맞춰 우리가 예측할 수 없는 기이한 방식으로도 나타내신다. 하나님의 음성이 어떤 통로를 통해서 오시든 그분의 뜻에 따라 그분이 정한방식으로 말씀하신다. 그분의 음성은 성경에 기록된 대로 하나님의 뜻에 벗어나지 않으신다.

하나님과 의사소통을 하기위해서는 그분에게 묻는 기도로 '묻는 마음'을 내보여야 한다. 그런 후 그분이 말씀하실 때까지(응답이 오실 때까지) '듣는 마음'으로 불평불만을 하지 않고 잠잠히 기다릴 줄 알아야 한다.

나는 단계별로 하나님의 응답을 구하는 것을 좋아한다. 그동안 하나님은 내 기도의 응답으로 나의 반응을 살피시며 인도해가셨다. 절대 서두르시는 모습을 보이지 않으셨다. 나는 주의 응답하심에 감사기도를 드리면서 그 다음으로 여쭈어보고 싶은 것을 묻는 기도로 정중히 말씀을 드렸다. 내가 경험한 주님의 음성은 실로 경이롭다는 말 밖에 나오지 않는다. 물론 나의 기도는 일반인들의 기도와는 전혀 다른 부분을 터치한 기도였다. 내 기도들은 복을 비는 그런 기복신앙의 기도가 아니었다. 솔직히 나는 무엇보다 성경이 진리의 말씀인지 성경에 기록된 말씀이 정말 하나님의 음성을 통하여 쓰인 것인지를 확인하고 싶었다. 성경에 적힌 말씀 그대로 하나님을 기쁘시게 할 동기로 시험한 것이다. 주님은 내 결단과 기도의 동기를 보시고 뜨거운 반응(기쁨으로 응답하심)을 보이셨다. 나는 혈루 병에 걸린 한 여인의 병이 낫고자 하는 간절했던 마음처럼 하나님을 만나고자 갈급함과 간절함으로 기도에 임했다. 그리고 하나님과의 극적인 접촉과 대화에 마침내 성공할 수 있었다. 나는 말한다. 하나님께서 내게 다가와 주기를 열망하지 말고 내가 먼저 하나님께 다가가길 뜨겁게 갈망하라!

하나님은 그동안 내게 귀로 직접 듣는 두 번의 외적 음성(나팔 연주음악 소리)과, 성령의 내적 음성과 성령의 내적 증거(내적확신)로, 성경말씀(특정구절)으로, 경건서적(특정문구)으로, 사람으로, 꿈으로 그리고 초자연적인 방식으로 하나님의 영광의 현현을 두 눈으로 직접 보도록 응답하셨다. 그것은 하나님께서 나에게 '기도의 힘과 권능'에 대한 교훈을 주시기 위해 아낌없이 베푸신 은혜였다!

「하나님이 너를 택하여 너로 하여금 자기 뜻을 알게 하시며 그 의인을 보게 하시고 그 입에서 나오는 음성을 듣게 하셨으니」(행 22:14)

| 기록된 성경 말씀 또는 특정 구절로 |

「너희는 여호와의 책을 자세히 읽어보라」(사 34:16)

하나님의 음성을 듣기 위해 우리가 사용할 수 있는 가장 보배로운 도구는 성경이다. 성경은 하나님께서 각자에게 전하는 말씀을 그분의 음성으로 활자화되어 기록된 책이다. 성경은 '진리의 서'로 인간이 고치거나 더하거나 빼거나 할 수 없는 주님의 완전한 뜻을 담은 책이다. 성경에 담긴 진리를 내 마음 밭에 심을 수 록 하나님의 음성을 더욱 분명하게 알아들을 수 있다. 따라서 하나님의 음성을 가까이 하는 가장 좋은 방법은 성경을 읽어 아는 것과 성령 충만으로 사는 것이다. 성경말씀을 통하여 우리는 그분의 성품과 세우신 뜻을 읽을 수 있는 것이다. 우리가 매일 성경을 가까이 해야 하는 이유도 바로 그 때문이다.

「우리에게 성경을 풀어 주실 때에 우리 속에서 마음이 뜨겁지 아니하더냐 하고」(눅 24:32)

중요한 것은 성경말씀을 대할 때 소설을 대하듯이 읽어나가지 말고 내 영혼의 영적 양식으로 취한다는 관점을 가지고 임해야 한다. 즉 듣는 자세를 말하는 것이다. 듣는 자세란 경청하는 자세이다. 성경을 펼친다는 것은 곧 말씀을 통하여 전하시는 하나님의 음성을 듣겠다는 마음을 보이는 것과 같다. 그분의 말씀에 대한 온전한 믿음이 없이는 영적 성장을 결코 거둘 수 없다. 믿음이란 그분의 말씀이 결코 나를 실망시키지도 않으며 그분이 나를 버리시지도 않고 떠나시지도 않는다는 것을 믿는 마음이다. 또 그분은 빛이시기 때문에 어둠이 조금도 없으시고 언제나 밝음 안에 속해 있으시다. (요일 1:5) 밝음은 기쁨인 것이다. 그러므로 그분의 음성을 듣는다는 것은 큰 기쁨이며 우리에게 기쁨으로 충만하게 하려 하심이다. (요일 1:4)

「모든 성경은 하나님의 감동으로 된 것으로 교훈과 책망과 바르게 함과 의로 교육하기에 유익하니」(딤후 3:16)

따라서 우리는 그분의 생각을 얻기 위해 "제가 성경을 읽어나갈 때 주님의 생각을 말씀으로 구하오니 제게 언제든지 생명이 되는 말씀을 듣게 하옵소서."라는 기도와 함께 매일 성경읽기를 게을리하지 말아야 한다. 성경을 통독(처음부터 끝까지 훑어 읽음)함은 매우 중요하나 하루에(또는 자신이 정한 요일에) 읽을 수 있는 만큼의 분량만을 정해놓고 읽어나가는 것이 좋다. 하루에 몇 장씩 의무적으로 읽어 나가면 일 년에 신구약 전체를 완독할 수 있다는 성경읽기표도 나와 있지만 이는 영적성장을 이루어 가는데 별다른 도움이 되지 못한다. 하루 일독 량을 마치려는 무리한 방식을 따라가는 것보다는 오히려 그 구절과 연관된 말씀을 찾아 그 의미를 묵상해보면서 깊이 있게 공부하는 것이 큰 도움이 된다. (연관된 말씀을 찾기가 힘들다면 성경 앱을 이용하는 방법을 사용해보라. 그런 후 성경에서 찾아 기록해가며 상호연결 관계를 묵상해보라) 성경을 펼쳐 말씀을 매일 읽어나간다는 것은 그분을 경외하며 순종하는 마음을 갖고 있다는 증거이다.

「믿음은 들음에서 나며 들음은 그리스도의 말씀으로 말미암았느니라」(롬 10:17)

성경을 읽는 것과 병행할 것이 또 한 가지가 있다. 말씀을 묵상(말씀에 집중하여 깊이 생각하는 행위)하는 것이다. 말씀을 마음 판에 새겨놓고 틈이 날 때마다 수시로 음미해보라! 묵상은 조용한 곳에서 주의 말씀을 읽고 그 말씀의 의미를 되새김하는 시간을 갖는 것이다. 성령의 충만함을 입어(성령님의 주관하심에 전적으로 맡기는 것) 성령님의 도움을 받아 그 말씀이 뜻하시는 바가 무엇인지를 살피는 것이다. 묵상을 통하여 하나님께서 나에게 무엇을 깨닫게 하시는가를 발견할 수 있다. 성경말씀을 깨닫는데 또 다른 유용한 방법으로는 경건서적을 통하여 숙독(충분히 뜻을 새기면서 글을 읽는 것)을 병행하는 것이다. 경건서적은 말씀의 이해를 돕기 위한 훌륭한 참고서 역할을 한다.

「나의 발걸음을 주의 말씀에 굳게 세우시고」(시 119:133)

본론으로 들어가 하나님께서 성경말씀을 통하여 당신에게 어떻게 말씀하시는가? 하나님은 묵상 중에 성경말씀을 떠올리게 하시거나 말씀을 읽는 도중에 특정 구절에 눈길이 멈추게 하여 메시지를 전하시기도 한다. 마치 말씀이 살아 움직이듯(튀어나오듯) 마음에 강렬하게 와 닿는 경우를 말한다. 이와 같이 특정 말씀구절이 영적 지각을 통해 감화를 일으켜 당신의 마음 안에 특별한 인상을 심어주시는 말씀을 레마(Rhema)라 한다. 이처럼 특정 성경말씀을 통하여 그분의 음성을 듣는 것을 나는 '외적 인도하심' 이라고 정의한다. (성경 전체에 담긴 하나님의 말씀을 다른 표현으로는 로고스 Logos 라 부르는데 필자는 성경말씀을 로고스와 레마로 구분 짓지 않는다)

레마는 성령님에 의해 내 마음에 감동과 감화를 부어주시어 살아있는 말씀으로 응답하시는 것이다. 성령님이 계시하시는 증표로 그분이 전하시는 음성을 말씀으로 확증시켜 보여주시는 것이다. (성령님은 성경을 읽거나 기도하는 각자의 마음을 움직이신다) 그 순간에는 감동이 밀려오거나 내적확신을 주는 담대함이 솟아나기도 한다. 또 마음의 울림, 평안과 안식, 기쁨과 위안이 스며든다. 성경의 말씀은 살아 움직이는 생명력을 가지고 있기 때문이다. 우리의 심령을 파고들어가 사랑과 위로로 감싸주고, 억압된 마음에 진정한 자유를 주어 숨을 쉬게 만들며, 피폐해진 육신과 정신에 생명의 호흡을 불어넣어주신다.

「하나님의 말씀은 살았고 운동력이 있어 좌우에 날선 어떤 검보다도 예리하여 혼과 영과 관절과 골수를 찔러 쪼개기까지 하며 또 마음의 생각과 뜻을 감찰하나니」(히 4:12)

그러므로 우리는 하나님의 말씀이 기록된 성경을 매일 접해야 하는 것이다. 따라서 성경말씀을 매일 듣고자 하는 마음으로 접하게 되면 차츰 눈이 밝아져 영의 눈이 열리고 닫혔던 영적 귀가 열리게 된다. 그럼으로써 하나님의 말씀이 꿀처럼 달고 말씀이 새롭게 마음에 울림을 줄 때마다(마음을 진동시킬 때마다) 그리스도의 의식이 뿌리를 내리고 성장해간다.

「그리스도의 말씀이 너희 속에 풍성히 거하여」(골 3:16)

오늘 밤 조용한 시간에 마음의 빗장을 활짝 열고 주님께 "여호와여 말씀하옵소서. 주의 종이 듣겠나이다."(삼상 3:9) 라고 듣는 기도로써 간구하고 성경을 읽어나가 보라. 어느 날 성령님께서 특정 말씀구절로 인도하신다는 것을 알 때가 올 것이다.

「성령이 이르신 바와 같이 오늘 너희가 그의 음성을 듣거든」
(히 3:7)

그럴 때 당신은 '지금 이 말씀이 나를 위해 전하시는 하나님의 음성(말씀)이구나'하는 신선한 충격을 받을 것이다. 이는 주의 말씀이 나에게 확신을 주는 내적증거임을 말한다.

| 설교 말씀을 통해서 |

하나님은 교회의 목회자를 통해서 준비된 그날의 설교말씀으로 성도들 각자의 마음을 위로, 치유, 용기, 사랑, 담대함, 평안으로 터치하신다. 설교자가 갖추어야 할 단 한 가지 조건은 성도들의 심장을 찌르는 성령의 기름부음으로 준비된 설교를 해야 한다. 단지 감동을 주기위한 웅변적인 설교나 성경적 지식만을 전달하기 위한 설교는 결코 성도들의 마음을 파고들어갈 수 없다. 반대로 설교를 듣는 성도들의 자세에도 문제가 있을 수 있다. 우리가 예배에 참석하여 설교를 들을 때 단지 오늘 좋은 말씀을 기대하며 편안하게 들리는 대로 듣는다면 어떤 결과가 일어날까? '듣기'(here a voice)의 자세로 임한다면 말씀의 씨앗이 당신의 마음 밭에 심어지지 않고 단지 씨앗이 뿌려지기만 하는 결과가 된다. 그날의 설교가 나의 영적 양식이 되기 위해서는 나의 주의를 설교자의 말씀에 집중시키고 말씀의 의미를 놓치지 않으려 귀를 기울이는 '경청'(listen to)하려는 마음자세가 되어 있어야 한다. 그럴 때 비로소 그 말씀의 씨앗이 내 심령 안에 심어져 뿌리를 내리게 된다. 경청하는 자세를 가지게 되면 설교자의 설교가 오직 '나'를 위해 주시는 주의 음성(말씀하심)으로 들리게 된다.

「**하나님은 말씀을 내시며 너를 향하여 입을 여시고**」(욥 11:5)

당신에게 한 가지 제안을 하고 싶다. 이제부터 교회에 갈 때에 작은 수첩과 필기구를 마련하여 준비할 것을 권장한다. 그리고 설교가 시작되면 손에 필기구를 쥔 채로 경청하는 중에 어떤 말씀이 나의 폐부를 찌르는지, 어떤 말씀이 나의 굳어진 마음 한구석을 새 마음으로 바꾸시는지, 어떤 말씀이 나의 고통을 위로로 감싸주시는지, 어떤 말씀이 나의 상처를 싸매시는지, 어떤 말씀이 나를 일으켜 세우시는지를 그 즉시 바로 적어보라. 메모한 그 말씀이 그날 당신에게 주시는 하나님의 음성이시다! 성령님은 설교중의 특정 말씀으로 당신의 심령가운데 화살이 꽂히도록 마음을 만지시어 이끄신다. 성령님이 그렇게 일하시는 것은 당신이 그렇게 준비한 아름다운 마음과 행동을 보였기 때문이다. 이것을 거룩한 습관이 되게 하라! 듣는 것에 둔감해 있던 당신의 영적 귀가 생명력을 얻어 뚫리는(듣게 되는) 때가 올 것이다.

| 성령님의 내적증거하심으로 |

「너희가 아들인고로 하나님이 그 아들의 영을 우리 마음 가운데 보내사」(갈 4:6)

성령이 당신 안에 계시다는 것이 믿어지는가? 의외로 많은 성도들이 내안에 정말 성령님이 계신지 스스로에게 의문을 제기한다. 우리가 전혀 성령님을 인식하지 못한 채 지내고 있다는 것이 그 점을 뒷받침하고 있다. 당신과 함께 일상 동행하시는 성령님의 존재하심을 정말 믿기 어렵다면 그럴 때마다 당신의 왼쪽 가슴 안에 살아 움직이는 심장의 박동을 상기해보라! 당신의 생명을 유지시키기 위해 끊임없이 박동하는 심장의 존재를 평상시 의식하며 지내지 않듯이 우리 안에 내주하시는 성령님의 존재하심도 그와 같다는 사실이다.

「너희는 주께 받은 바 기름부음(성령)이 너희 안에 거하나니」
(요일 2:27)

당신의 몸은 하나님의 성전으로 성령님이 우리 안에 계심을 분명하게 자각하고 있어야 한다. 성경은 말하기를 우리가 성령 안에 거하고 성령이 우리 안에 거하시는 줄을 안다고 분명하게 전하고 있다. (요일 4:13, 3:24)

성령님의 세미한 음성은 당신의 마음에 특정 인상을 받게 하신다. 예를 들어 평안, 사랑, 기쁨, 위로, 교훈, 담대함 등의 영적 반응을 일으킨다. 그중 '평안'은 가장 보편적으로 그분의 응답(허락)을 확인받는 가장 유력한 방식에 속한다. 그리고 뜻밖의 생각이 떠오름으로 말씀하실 수 도 있다. '말씀의 이미지화'가 머릿속에 순간적으로 떠오르는 직관적인 것이라 할 수 있다. 그것은 마치 그분의 말씀이 전체적인 이미지로 전해지는 것과 비슷하다. 시간차를 두고 우리가 알아들을 수 있는 언어로 번역되는 것이 아니라 떠오르는 생각처럼 나타내어지는 것이다. 이러한 작용은 영적 지각에 의해 성령님이 말씀하시는 것을 알게 되는 것이다.

「말하는 이는 너희가 아니라 너희 속에서 말씀하시는 이 곧 너희 아버지의 성령이시니라」(마 10:20)

성령의 음성은 우리의 뇌를 경유하여 전달되는 것이 아니라 우리의 속사람인 영에 직접적으로 임하신다. 그럼 영의 생각이란 것을 어떻게 알 수 있을까? 성경은 이에 대해 "영의 생각은 생명과 평안이니라."라고 말한다. (롬 8:6) 하나님이 뜻하시는 길(진리의 길)일 때에는 자유함과 평안함이 깃든다. 즉 성령의 뜻하심은 당신의 마음에서 일어나는 생각들을 쫓지 않으며 육체의 욕심을 이루지 않으신다. 성령의 구속하심으로 마음의 이기적 고집을 꺾으며 죄악으로부터 멀리하게 하고 두려움으로부터 해방되게 하여 의와 평강

과 희락, 담대함으로 채워주신다. (롬 14:17)

「주는 영이시니 주의 영이 계신 곳에는 자유함이 있느니라」 (고후 3:17)

성령님은 기도뿐만 아니라 묵상할 때에도 그분의 음성으로 내적 증거를 나타내신다. 성령의 내적증거란 마음에 와 닿는 내적감동, 감화, 내적확신, 뜻을 깨닫게 하심, 일깨우심, 기억나게 하심, 상기시키심, 담대함을 주심, 기쁨과 평안을 주심, 위로를 주심, 마음으로 생각나게 하심, 응답으로 인도하심을 말한다. 그러므로 우리는 성령님과의 교감에 기쁜 마음으로 대해야 한다. 어린 양의 생명책에 기록된 우리는 성령을 힘입어 그분의 내적 인도를 받을 수 있는 특권을 가진 셈이다. 우리는 성령님의 조명하심에 의지하여 그분의 내적인도를 구해야 하며 성령을 좇아 행하여야 한다. (갈 5:16)

「만일 우리가 성령으로 살면 성령으로 행할찌니」(갈 5:25)

우리가 성령의 충만함을 입게 되면(하나님의 모든 충만하신 것으로 삶이 채워지면, 엡 3:19) 그리스도의 향기가 몸에 배어 바깥으로 흘러 넘치듯 뿜어져 나온다. 따라서 담대함을 가지게 되며 하나님의 말씀 안에 거하게 된다. 그리고 성령의 영향력(성령의 권능에 의한 지배 또는 다스림) 안에서 하나로 일체화되어 그분의 음성으로 그때그때 인도함을 받게 된다. 예수님도 성령의 충만함을 입어 요단강에서 돌아 오사 광야에서 사 십일 동안 성령에게 이끌리셨다. (눅 4:1)

| 기도를 통해서 |

우리의 기도는 거룩한 마음으로 진지해야 하며 진실한 마음으로 전심을 다해야 한다. 어쩌다 한 번 해보는 일회성의 기도, 일방적으로 전달하는 식의 일방통행의 기도, 자신의 유익만을 위한 정욕의 기도, 죄악을 품고 드리는 기도, 의심을 품는 기도, 마음이 냉담한 기도는 하나님 앞에 상달되지 못하며 결코 응답받지 못한다. 기도를 마치 하나님께 간구하여 그때그때 나의 필요를 공급받도록 하는데 필요한 공구함의 도구쯤으로 생각해서는 결코 영적성장(영적 진보)을 이룰 수 없다. 기도는 주의 진실과 의로 그분의 음성을 통해 응답이 주어지는 하나님과의 교제 창구이다. 하나님의 응답하심을 구하기 위해서는 '기도의 열쇠(조건)'가 맞아야 한다.

기도할 때에는 기도의 골방으로 들어가 항상 성령 안에서 기도하고 주야로 기도하며 시험에 들지 않게 깨어 기도하는 것이 성도의 자세이다. 당연히 우리는 그분의 말씀대로 아무 염려를 하지 말고 오직 모든 일에 기도와 간구로 구할 것을 감사함으로 하나님께 아뢰어야 한다. (빌 4:6) 나의 구함(필요)을 받을 때까지(응답받을 때까지) 포기하지 않고 하나님께 끈질기게 매달리는 기도도 필요할 때가 있다. 먼저 내 기도가 하나님이 보시기에 기뻐하시는 동기를 가지는 기도인지를 잘 살펴봐야 한다. 그런 후 담대하게 응답받을 것을 확신하는 마음으로 기도해가라. 그리고 기도할 때 한 가지 기도 제목만 가지고 기도하라. 여러 가지를 묶어서 동시에 기도하지 말라는 뜻이다. 길게 기도하면 좋을 거라는 생각을 버려라. 마음의 위장 천막을 걷어내라. 미사여구(아름답게 꾸민 말)를 동원하여 기도하지 마라. 마음의 무릎을 꿇는 낮은 자세로 임하라. 만일 주님의 응답이 지체되거나 침묵하시는 것처럼 여겨진다면(기쁨과 평안이 없다면) 그분이 그러실만한 이유가 당신에게 있음을 주지하고 계시다는 것을 깨달아야 한다.

시편 106편 15절에는 "여호와께서 저희의 요구한 것을 주셨을지라도 그 영혼을 파리하게 하셨도다."라는 말씀이 나온다. 이 말씀은 하나님께서 우리가 요구한 것(육신에 필요한 양식들)을 충분히 들어주셨음에도 불구하고 우리의 영혼은 초췌하게(비쩍 마르게) 되었다는 것을 뜻한다. 다시 말해 주께서 그들의 간곡한 청을 다 들어주셨으나 영혼은 말라비틀어진 과실처럼 파리해지고 피폐해지는 아픔을 주신다는 것이다. 이처럼 육신적인 만족(물질적인 부요, 탐심, 욕망)을 충족시키려는 요청 기도는 주님 앞에 늘 불평과 불만을 늘어놓거나 그분에 대한 원망을 품게 만든다. 우리의 생각이 탐욕과 욕망에 의해 물들기 시작하면 결국 사망의 길(영혼을 헤치는 길)로 가는 것이다. 반대로 주께서 생명의 길을 내게 보이실 때에는

기쁨이 충만하게 하신다. (행 2:28)

「내가 너희 앞에 생명의 길과 사망의 길을 두었노니」(렘 21:8)

그러므로 기도의 가치가 상실되지 않기 위해서는 깊은 기도가 되어야 한다. 기도의 주인은 내가 아니라 성령님께 맡겨드려 성령 충만한 가운데 드리는 것이다. 왜냐하면 예수님의 이름으로 기도하는 것은 거룩한 기도이기 때문이다. 성령을 쫓는(따르는) 기도는 그분의 음성을 잘 알아들을 수 토대가 된다. 따라서 기도하기 전에 강퍅해진 마음을 잠잠히 하고 하나님의 뜻대로 성도를 위하여 간구하시는 성령의 충만함을 입어야 한다. 또한 영적으로 거룩한 민감함(예민함)을 키워 내안의 성령님이 주시는 신호를 잘 읽어내도록 해야 한다. 그분의 이름으로 구한다는 것은 정말 그분이 기뻐하실 만한 것과 내게도 기쁨이 충만하게 하려 함이다. (요일 1:4) 하나님은 어둠이 조금도 없으신 빛이시기 때문이다. (요일 1:5)

「내가 이것을 너희에게 이름은 내 기쁨이 너희 안에 있어 너희 기쁨을 충만하게 하려 함이라」(요 15:11)

중요한 점은 기도의 깊이다. 기도가 깊게 들어가다 보면 내 뜻과 필요를 간절히 간구하는 것에서 하나님의 뜻을 아는 것과 하나님의 인도를 구하는 것으로 기도의 방향이 바뀌게 된다. 진정으로 참된 기도를 하려는 생각이 드는 것은 성령의 이끄심에 내 마음이 반응하는 것이다. 기도하는 시간은 하나님의 임재 안으로 들어가 그분께 여쭈어보는 '묻는 기도'의 시간이자 그분의 음성을 듣기위해 귀 기울이는 '듣는 기도'의 시간이기도 하다. 당신은 그리스도의 향기에 흠뻑 젖어 기도의 시간이 매번 그리워져야 한다. 그분의 임재를 의식하며 기도하는 시간은 하나님께서 나를 바꾸시는(나를 만지심) 유일한 시간이다. 우리는 '진흙'이요. 주님은 '토기장이' 이시다. (사 64:8) 우리의 마음은 토기장이신 그분의 손길로 만지심을 경험하며 성장해가야 한다. 나를 다듬어 가시는 하나님이 계시다는 것이 얼마나 기뻐할 일인가?

| 귀에 직접 들리는 방식으로 |

하나님의 의사소통 방식 중 가장 리얼리티가 높은 것을 꼽으라면 귀로 직접 듣는 외적음성과 머리로 인식되는 내적음성이 아닐까 생각한다. 이 두 가지 형태의 음성 전달방식은 극히 드물게 일어난다. 외적음성은 분명 물리적인 소리처럼 귀에 들려오지만 당사자에게만 들리며 외부로는 전달되지 않는다는 특성을 보인다. 내적음성 역시 본인에게만 들리되 머리로 전달되어 듣는 방식이다. 이 방식은 3D 사운드효과처럼 머리주변의 허공 어딘가에서 전달되는 공간감을 느끼게 한다.

사도행전 9장 3~4절에는 사울과 그의 일행이 기독교인들이 많이 살고 있는 다메섹에 거의 도착할 무렵에 하늘에서 별안간 강렬한 큰 빛이 그를 둘러 비추었다. 그는 순간적으로 눈이 부셔 땅에 엎드렸다. 그런데 그가 다시 일어날 때 앞을 보지 못할 정도가 되었다. 그 상황에서 하나님은 그에게 "사울아! 사울아! 네가 어찌하여 나를 박해하느냐" 하시며 사울의 귀에 직접 들리게 말씀하셨다. 또 출애굽기 19장 16절을 보면 나팔소리에 대한 언급이 나온다. 시내산에서 하나님의 임재의 영광이 임할 때에는 나팔 소리가 얼마나 컸던지 모든 백성들이 다 들었던 것이다.

「아침에 우레와 번개와 빽한 구름이 산위에 있고 나팔소리가 매우 크게 들리니 진중에 있는 모든 백성이 다 떨더라」(출 19:16)

제가 처음으로 들었던 주의 음성은 첫 번째 기도 응답으로 귀를 통하여 직접 들려오는 음성이었습니다. 2017년 9월 23일 저의 첫 기독서적인「하나님과의 독대」집필에 착수한지 얼마 지나지 않을 때였습니다. 주의 음성 듣기에 관해 아무것도 모르던 저는 10일 간 전심으로 "주님의 음성은 어떻게 들리는 겁니까? 저는 주님의 음성을 듣는 것에 관해 아무것도 아는 것이 없습니다. 성경말씀에 하나님의 음성을 들으라는 말씀대로 제가 듣기를 간절히 원합니다." 라는 기도를 드렸습니다.

「하나님이여 나를 살피사 내 마음을 아시며 나를 시험하사 내 뜻을 아옵소서」(시 139:23)

그리고 다시 성경말씀을 연구하면서 집필에 열중해갔습니다. 그렇게 시간이 흐르면서 43일째 되던 날(11월 5일 저녁 10시 45분 경) 전혀 기대하지 않았던 시간에 놀랍게도 주님의 음성이 임했습니다! 약 3분간에 걸쳐 내 오른쪽 귀에 직접적으로 나팔(트럼펫)연주 음악소리가 들려온 것입니다. 정말 그때의 감격은 지금도 잊을 수가 없습니다. 초자연적인 방식으로 전달된 그 소리는 두 번을 연속해서 들려왔습니다. 당시 그런 경험(귀로 직접 듣는 체험)이 처음이었던 저는 의자에 앉은 채로 석고상처럼 꼼짝하지 않은 채 그 소리를 놓치지 않고 듣기위해 온 신경을 집중시켰습니다. 정말 경이롭고 놀라운 극적인 상황이 흐르는 시간이었습니다. 그 천상의 나팔소리는 듣는 내내 너무나 아름다웠습니다. 더욱 놀라웠던 점은 한쪽 귀(오른쪽 귀)에만 들렸다는 점입니다. 왼쪽 귀에서는 전혀 들리지 않았습니다. 만약 외부(집 바깥)에서 들려온 소리라면 양쪽 귀에서 모두 들려 소리가 나는 방향을 금방 알아 챌 수 있었을 것입니다. 하지만 그 소리는 마치 한쪽 귀에 완전 밀착되어 전달하는 아주 또렷하게 나팔로 부는 연주 음악이었습니다.

저를 더욱 흥분시키고 전율하게 만든 것은 첫 번째 나팔 연주소리가 1분 30초가량 진행된 후 끝나자마자 바로 이어서 두 번째 나팔 연주소리가 또 들려오기 시작했다는 것입니다. 마치 이어폰을 끼고 듣는 것 같은 선명한 소리로 일체의 잡음조차 없이 들렸습니다. 그런데 저를 충격에 빠뜨린 건 저만 그 나팔연주 소리를 들었던 게 아니었다는 사실입니다. 그날 저녁 지인인 권사와 저는 TV를 통해 '패션 오브 크라이스트'(예수의 고난) 라는 예수님의 고난일대기를 다룬 영화를 같이 보게 되었습니다. 영화가 끝나면서 자막이 올라가는 바로 그 시점에 하나님의 응답이 임했던 것입니다. 내가 나팔 연주소리가 들리는 것을 귀로 인식한 직후(약 4~5초 뒤) 갑자기 권사의 고개를 돌려 휘둥그레진 눈으로 저를 빤히 쳐다보며 '이게 무슨 소리예요?' 하며 물어온 것입니다. 그 순간 제 마음속에는 하나님께서 저의 기도를 들으시고 응답을 주셨다는 것을 확증할 수 있었습니다. 그런 뒤 며칠 후 성경말씀을 통하여 저의 체험을 확증시켜주는 구절을 신명기(4장 36절)말씀에서 발견하게 되었습니다.

「여호와께서 너를 교훈하시려고 하늘에서부터 그의 음성을 네게 듣게 하시며」(신 4:36)

저는 그 날 처음으로 하나님의 음성을 들은 후 하나님께서 저에게 전달하시려는 뜻을 즉시 깨닫게 되었습니다. 하나님을 기쁘시게 할 동기로 내린 저의 결단(복음 전도용의 기도서를 집필하는 것과 하나님을 알아가길 원하는 마음)을 매우 기뻐하셨다는 것입니다. 주님은 제게 허락과 동시에 응답으로 축하의 음성 메시지를 보내오신 것입니다.

| 직접적인 내적음성으로 |

사무엘상(3:4~10)에는 하나님께서 방 안에 누워있는 어린 사무엘의 이름을 세 차례 부르시는 내용이 나온다. 사무엘이 처음에 하나님의 음성을 못 알아듣자 하나님은 재차 그의 이름을 두 번에 걸쳐 부르신다. 그는 엘리 제사장이 부르는 줄 알고 달려가 '내가 여기 있나이다.'하며 말한다. 하지만 그때까지만 해도 엘리 제사장은 사무엘이 자신이 부른 줄 안 것으로 인식하고 있었다. 그런데 이후 세 번째 또 다시 사무엘을 부르는 하나님의 음성이 그에게 들리자 엘리에게 또 말한다. 엘리는 그제야 하나님께서 사무엘을 부르신다는 것을 깨닫고 어린 사무엘에게 "그가 너를 부르시거든 네가 말하기를 여호와여 말씀 하옵소서 주의 종이 듣겠나이다."라는 말씀을 드리라고 전한다.

상황을 살펴보면 사무엘을 부르신 주님의 음성은 오직 사무엘에게만 들렸고 엘리는 전혀 듣지 못했다는 점이다. 이 점으로 미루어 그분의 부르심이 외적 음성(귀로 듣는 방식)이거나 또는 내적 음성(머리로 전달되는 방식)으로 전달되었을 가능성이 있다. 성경에는 사무엘이 주의 음성을 어떤 방식으로 들었는지에 대해 명시하고 있지는 않다. (참고로 외적음성 역시 내적음성처럼 본인에게만 들릴 수도 있다) 추측컨대 당시 어린 사무엘에게 들려온 주님의 음성은 그 소리가 아주 명확하고 실제 현실에서처럼 들렸을 것으로 생각된다. 또 그 음성은 분명 귀로 들린 것이 아니라(당시 엘리는 전혀 듣지 못하고 사무엘에게만 들림) 머리의 울림으로 듣는 내적음성이었을 가능성이 있다. 어린 사무엘은 평상시 귀로 듣는 것처럼 누군가 자신의 이름을 부른다는 것을 듣고 자연스럽게 반응한 것이다. 그럼 사무엘이 하나님의 음성을 처음부터 인식하지 못했던 이유는 뭘까? 그 원인은 아직 그가 하나님을 알지 못하고 하나님의 말씀이 그에게 나타나지 않은 때라 주의 음성에 대한 사전지식이 없었기 때문이다.

「사무엘이 아직 여호와를 알지 못하고 여호와의 말씀도 아직 그에게 나타나지 아니 한 때라」(삼상 3:7)

오늘날 우리가 듣는 성령의 음성은 주로 마음으로 전달되는 내적증거하심으로 전해 듣는 경우가 많다. 내적증거하심이 마음의 울림인 감동, 감화라 한다면 내적음성은 실제 귀로 듣는 것 이상으로 매우 뛰어난 현실감을 주는 직접적인 음성이다. 이 전달방식은 마치 머리주위의 어딘가 아주 가까운 곳에서 들리는 것처럼 인식되어진다. 나의 경험에 비추어 볼 때 믿기지 않을 정도로 현실보다 더 사실감 있게 또렷하게 들린다. 내가 이렇게 자신 있게 말할 수 있는 것은 직접 수차례의 체험을 했기 때문이다. 단지 그 소리가 어디서 들려오는지 방향은 전혀 알 수 없다.

제가 경험한 내적음성의 실제 예를 소개합니다. 2018년 5월 초 저는 세 차례에 걸쳐 꿈속에서 내적음성을 분명하게 들은 적이 있었습니다. 놀라운 사실은 그보다 전에 이미 주님이 저를 부르셨음

(이름으로 부르심)에도 불구하고 사무엘처럼 저 역시 미처 깨닫지 못했다는 사실입니다.「그 일이 일어난 시기는 3월 20일(아침 시간)과 4월 7일(잠자는 한 밤중에)로 각각 한 번씩 사랑이 듬뿍 담긴 느낌을 주는 부드러운 여성의 목소리와 남성의 목소리를 단 한 차례씩 제 이름을 부르는 것을 경험했습니다. 목소리의 크기는 저 멀리서 들리는 세미한 작은 목소리였지만 정확하게 들려왔습니다. 꿈속에서 그 목소리를 듣고 난 후 저는 단순히 꿈이려니 하고 무시했었습니다. 그렇게 시간이 흐르면서 '내적음성'은 어떻게 들려오는지 알고 싶은 생각에 기도를 하기 시작했습니다. 5월 초에 접어든 어느 날 이른 아침 기상시간이 가까워올 무렵 아직 잠이 깨지 않은 상태에서 갑자기 문을 두드리는 노크 소리가 두 번 들려왔습니다. 그 소리가 어찌나 현실감 있게 들렸던지 잠에서 깨어나 눈을 뜬 채 문 쪽을 바라봤을 정도였습니다. 표현을 하자면 현실에서 귀로 듣는 것보다도 더 사실적으로 들려왔습니다. 달리 표현하면 귀를 문에다 바짝 대고 듣는 것처럼 아주 명확하게 들렸습니다. 분명 귀로 듣는 소리는 아니었습니다. 머릿속에서 울림이 전달되어 들린 그 소리는 대단히 맑고 우렁찼으며 묵직한 무게감과 위엄이 배어있는 소리였습니다. 또 한 가지 특이했던 점은 상대방을 배려하는 듯이 첫 번째와 두 번째 소리 사이에 약간의 시간간격이 있었다는 점입니다. 그 소리는 이 후 꿈속에서 두 차례에 걸쳐 이른 아침의 동일한 시간대에 똑같이 두 번씩 들려왔습니다. 저는 주님으로부터 온 음성임을 확증하기 위해 주님이 들려주신 음성임이 맞는다면 한 번

더 듣기를 원한다는 기도를 올렸습니다. 다음날 이른 아침 놀랍게도 같은 시간대에 똑같은 소리가 또 들린 것입니다. 이후 저는 그 소리를 더 이상 듣지 못했습니다.」

그 후 나는 일련의 체험 과정(3월부터 5월 초까지)을 곰곰이 생각한 결과 다음과 같은 잠정 결론을 내리게 되었다. 성령님이 처음에 세미한 음성으로 내 이름을 두 차례 부르셨지만 어린 사무엘처럼 주님의 음성을 아직 인식하지 못했던 때라 당시 성령님의 내적음성임을 미처 깨닫지 못했던 것이다. 그래서 주님은 내가 확신할 수 있도록 동일한 내적음성을 반복적으로 두 차례에 걸쳐 동일한 시간대에 들려주셨으며 마지막 확증기도에 응답을 주심으로 나의 기도를 확증토록 하셨다.

| 꿈을 통해서 |

일반적인 꿈은 잠에서 깨고 나면 잊어버리게 되지만 성령님이 꿈을 통해 암시를 주실 때에는 잠에서 깬 후에도 마음에 각인되는 인상을 남긴다. 또 그 꿈이 뜻하는 바를 깨닫도록 인도하신다. 문제는 그 꿈의 해석에서 깨닫는 무언가를 확신할 수 있는가이다. 만약 해석하기가 모호하거나 신뢰할 수 없는 복잡한 생각이 든다면 성령님이 주시는 메시지가 아니다.

「꿈에 하나님의 사자(천사)가 내게 말씀하시기를 야곱아 하기로 내가 대답하기를 여기 있나이다 하매」(창 31:11)

하나님은 꿈을 통해서도 우리에게 미래의 일들에 대한 계시, 내적 확신을 주는 응답(명령, 확증, 경고, 변화)으로 인도하시기도 한다. 예를 들면 욥기에 "사람이 침상에서 졸며 깊이 잠들 때에나 꿈에나 밤에 환상을 볼 때에"(욥 33:15)라는 구절에 이어 그가(하나님이) 사람의 귀를 여시고 '경고'로써 두렵게 하신다고 말씀하셨다. (욥 33:16) 그 이유에 대한 설명은 그 다음 구절에 나오는데 "이는 사람에게 그의 행실을 버리게 하려 하심이며 사람의 교만을 막으려 하심이라"(욥 33:17)고 말씀하셨다.

밤에 솔로몬의 꿈에 하나님께서 나타나 솔로몬과 대화한 얘기는 우리에게 또 다른 교훈을 준다. 하나님은 그에게 무엇이 필요한지 구할 것을 말하라(대하 1:7) 하자 이에 솔로몬은 자신의 부와 장수와 원수를 멸하는 것도 구하지 않고 오직 주의 백성의 송사를 듣고 선악을 분별하는 지혜와 지식을 달라고 구했다. 하나님은 그가 부나 재물, 존영이나 원수의 생명을 멸하는 것과 장수도 구하지 않음을 아시고 마음에 크게 감동하셨다. 하나님은 그에게 '네가 구하지 아니한 부귀와 영광도 주겠노라'고 하시면서 주의 법도와 명령을 지키면 장수하게 하겠다고 말씀하셨다. 이에 솔로몬이 깨어보니 꿈이었다. (왕상 3:5~15)

구약성경에 등장하는 대표적인 꿈 얘기로는 그 유명한 요셉의 꿈

이야기를 말 하지 않을 수 없다. 그가 꾼 꿈(창 37:7-형들의 곡식 단이 자신의 단에 절함, 창 37:9-해와 달과 별들이 자신에게 절함)은 장차 자신이 애굽의 지도자가 되는 꿈으로 자신이 꾼 꿈을 해석한바 나중에 정말 자신이 해석한 그대로 이루어졌다. 물론 요셉의 꿈은 하나님이 장차 그에게 역사하실 비전을 미리 꿈으로 나타내신 것이다.

「꿈을 꾼 선지자는 꿈을 말할 것이요」(렘 23:28)

요셉이 겪은 행로를 살펴보면 꿈 이야기와 해석, 노예로 팔려감, 억울한 누명으로 감옥에 갇힘, 옥중 죄수들의 꿈을 해석, 바로왕이 꾼 꿈을 해석한데 이어 애굽의 총리자리에 앉는 것으로 결말이 이어진다. 이 일련의 과정에서 요셉은 오래 전에 꾼 자신의 꿈을 이미 확신하고 있었을지도 모른다. 요셉은 자신이 꾼 꿈이 예사롭지 않은 것을 알고 이복형제들에게 꿈의 해몽을 별 생각 없이 말했으나 이것이 도리어 그들을 시기하게 만들었고 감정을 건드리는 도화선이 되었다. 결국 그들은 요셉을 해하려는 음모를 꾸미고 애굽 왕의 신하인 보디발에게 노예로 팔아넘기게 된다. (만약 요셉이 자신의 꿈에 대한 해석을 굳게 입을 다물고 있었더라면 이야기가 어떻게 전개되었을까 자못 궁금하다.) 이 상황이 그의 꿈대로 이루어지는 도화선이 될 줄은 그도 전혀 예측하지 못했으리라. 그런데 또 다른 곳에서 생각지도 않은 엉뚱한 문제가 일어난다. 보디발의 아내가 그를 흠모하여 동침을 요구하자 요셉은 이를 거부하였고 그 결과

(강간을 하려했다는 죄를 씌움) 감옥에 투옥된 것이다. (노예로 팔린 것도 비참한데 게다가 죄의 누명을 씌워 감옥에까지 가게 된 자신의 모습을 보면서 어떤 생각이 들었을까?) 이런 상황에서 요셉은 '모든 것이 이렇게 끝나는 구나' 하며 한탄하질 않았다. 또 억울한 누명과 치욕을 당하면서도 일체 반항하거나 항거하지 않고 오히려 주어진 상황과 환경에 순응하였다. 그렇게 그가 감옥에서 2년을 보낸 후 어느 날 바로 왕이 꿈(풍년과 흉년을 암시하는 꿈)을 꾸게 된다.

「바로께서 꿈을 두 번 겹쳐 꾸신 것은 하나님이 이 일을 정하셨음이라 속히 행하시리니」(창 41:32)

그런데 그의 꿈을 명쾌하게 해몽할 줄 아는 자가 없었고 술 맡은 관원장의 추천을 받은 요셉은 바로왕의 꿈(다가올 기근을 암시하는 꿈)을 지혜롭게 해석한다. 그는 왕과 주위사람들로부터 명철과 지혜를 인정받아 바로왕은 그를 애굽의 총리자리에 앉힌다. 자신이 꾼 꿈의 해석대로 이루어졌다. 요셉의 이야기에서 눈여겨 볼 교훈은 이것이다. 결과적으로 요셉이 총리직에 앉았으나 그가 그 자리에 앉기까지의 과정을 보면 주님이 그를 사용하기 위해 예비하신 연단(그를 낮추는 것)을 통하여 다듬어가는 시험의 과정이기도 했다는 점이다.

「이는 다 너를 낮추시며 너를 시험하사 마침내 네게 복을 주려 하심이었느니라」(신 8:16)

나중에 요셉은 그 어떠한 역경과 환경에 처하더라도 모든 상황에서 일어나는 각각의 일들이 하나님의 뜻과 섭리에 의해 일어나고 이루어지고 있음을 받아들인 것이다. 그는 하나님의 뜻이 완성되기 전까지 그 어떠한 추측이나 결론을 내려서는 안 된다는 교훈을 얻었으리라. - 이 점은 대단히 중요하다.

창세기 50장 19절을 보면 요셉이 형들에게 두려워하지 말 것을 말한다. 자신을 해하려 한 죄에 대해 하나님께서 선으로 바꾸셨다는 말을 내비친 것을 보면 그가 하나님의 영에 힘입어 그 자리에 와 있음을 인정한 것이다. 바로 왕 역시 요셉의 비범한 꿈 해석에 하나님이 역사하시고 계시다는 것을 알게 되었다. 왜냐하면 그의 꿈 해석이 예사롭지 않게 보였기 때문이며 이는 사람의 지혜로서는 도저히 풀어낼 수 없음을 알았기 때문인 것으로 보인다. 그 근거로 바로 왕은 그의 신하에게 이르되 "하나님의 영에 감동된 사람을 우리가 어찌 찾을 수 있으리오."(창 41:38)하며 칭찬하며 요셉에게 이르되 "하나님이 이 모든 것을 네게 보이셨으니 너와 같이 명철하고 지혜 있는 자가 없도다."라고 말했다는 점이다.

우리의 시각으로는 도저히 있을 수 없는 암울한 상황이 전개되더라도 하나님의 동행하심을 굳게 믿고 그분이 상황을 어떻게 변화시켜 나가는지를 지켜보면서 그분의 인도하심에 순종할 때 최종 하나님의 뜻하심을 발견하게 된다.

| 환상을 통해서 |

환상은 육신이 깨어있는 상태에서 육의 눈으로 보는 열린 환상과 영의 눈으로 보는 영적 환상, 그리고 트랜스 상태(몽환 상태, 무아지경, 혼수상태)에서 경험하는 몽환(주변에서 일어나는 일을 의식하지 못함)이 있다. 성경에서 환상으로 말씀을 전한 사례 중에는 하나님께서 아브라함에게 환상 중에 상속자로 아들을 주시겠다는 약속을 하신 말씀이 창세기에 나온다. (창 15:1~4) 욥기에는 욥이 주께서 꿈과 환상으로 놀라게 하고 두렵게 하신다고 말했다. (욥 7:14) (욥 4:13) 또 사도행전 10장 3절에는 하나님을 경외하며 백성을 구제하고 항상 기도하는 고넬료에게 제 구시쯤 되어 환상(영적인 환상) 중에 하나님의 사자(천사)가 들어와 고넬료를 불러 하나님의 지시 사항을 전한다. 하나님은 다니엘에게 환상으로 계시를 나타내시고 그의 음성으로 "이제 내가 마지막 날에 네 백성이 당할 일을 네게 깨닫게 하러 왔노라. 이는 이 환상이 오랜 후의 일임이라 하더라" 하며 말씀을 전하셨다. (단 10:14) 그 외에도 베드로가 기도하러 지붕에 올라갔을 때 황홀한 중에(비몽사몽간에) 하늘이 열리며 큰 보자기가 내려오는 같은 환상을 보게 된다. (행 10:9~11) 스데반은 순교하기 직전 성령이 충만하여 하늘을 우러러 주목할 때 하나님의 영광과 예수님이 하나님 우편에 서신 것을 보게 된다. (행 7:55) 에스겔은 하늘이 열리면서 하나님의 이상을 보게 되었다. (겔 1:1)

「하나님이 말씀하시기를 말세에 내가 내영을 모든 육체에 부어 주리니 너희의 자녀들은 예언할 것이요 너희의 젊은이들은 환상을 보고 너희의 늙은이들은 꿈을 꾸리라」(행 2:17)

사도행전 16장 9절~10절에 보면 한 밤중에 바울이 환상(영적인 환상)을 보게 된 상황도 나온다. 하나님은 바울의 뜻과는 달리 다른 계획을 가지고 계셨다. 그는 환상에서 주님이 전하는 뜻을 알고 드로아에서 배를 타고 로마의 식민지이며 마게도냐 지방의 첫 성인 빌립보로 향하여 도착 후 복음의 문을 열게 되었다.

「밤에 환상이 바울에게 보이니 마게도냐 사람 하나가 서서 그에게 청하여 이르되 마게도냐로 건너와서 우리를 도우라 하거늘 바울이 그 환상을 보았을 때 우리가 곧 마게도냐로 떠나기를 힘쓰니 이는 하나님이 저 사람들에게 복음을 전하라고 우리를 부르신 줄로 인정함이러라」(행 16:9~10)

오늘날 환상을 체험한 간증자의 증언에 의하면 실제적인 현실을 보는 것처럼 생생한 장면이 눈앞에 펼쳐진다. 저명한 신학자이자 성경연구가인 R. T. 켄달 목사(영국 옥스퍼드대 신학박사, 저서 60여권)의 체험 사례는 매우 놀랍다. 그는 1995년 10월 31일 아침 테네시주 팔머를 출발하여 내슈빌의 신학교로 차를 몰고 가던 중이었다. 그런데 갑자기 하나님의 영광이 그에게 임했다. 예수님께서 눈앞에 나타나 하나님께 자신을 중보하시는 장면이 펼쳐진 것이다. 그 영광스러운 순간 그는 감격하여 차 운전을 하면서 기쁨의 눈물을 내내 흘렸다고 한다. 그러한 것을 전에 본 적이 없었던 그는 한 시간 정도를 운전하다가 테네시의 스머나를 지날 즈음 예수님이 하나님께 "그가 그것을 원합니다."라고 말씀하시자 하나님은 "그에게 줄 것이다"라고 대답하셨다. 바로 그 순간 믿기지 않을 정도의 온기와 평화가 액체로 된 불꽃처럼 그의 가슴속으로 밀려들어왔다. 그는 예수님의 얼굴을 잠시(약 1분 이내) 바라보게 되었다. 그리고 끝이 났다. 그가 겪은 체험은 그의 신학을 바꾸어놓았다. 그 후 그에게는 약 1년간에 걸쳐 일련의 환상을 줄곧 체험했다고 한다. (출처: 「내일의 기름부음」, 순전한 나드)

| 사람을 통해서 |

하나님은 사람을 통해서도 음성을 전달하는 방식을 자주 사용하신다. 성경이 쓰여 진 것도 성령의 도움을 받아 사람을 통해서 역사하신 전형적인 사례이다. 이 방법은 가장 보편적인 방법이기도 하다.

「내가 이제 세 번째 너희에게 갈 터이니 두세 증인의 입으로 말마다 확정하리라」(고후 13:1)

하나님께서는 말씀해주신 것을 두 세 사람의 증인을 통하여 확정하여 주신다. 이 점으로 우리는 안심할 수 있고 평안할 수 있다. 하나님이 모세에게 사명을 맡기려고 할 때 모세는 자신이 본래 말을 잘하지 못하는 자(말 재주가 없는 자)라 입이 뻣뻣하고 혀가 둔한 자이니 사람을(말 재주가 능한 자를) 붙여달라고 간청을 했다. (출 4:10,13) 이에 하나님은 그에게 아론을 붙여주시면서 "그가 너를 대신하여 백성에게 말할 것이며 그는 네(모세) 입을 대신할 것이다." 라고 말씀하셨다. (출 4:14~16) 예레미야 역시 하나님께서 선지자로 부르시자 "나는 아이라 말할 줄을 알지 못하나이다."라고 말하자 하나님은 "너는 아이라 말하지 말고 내가 너를 누구에게 보내든지 너는 가며 내가 네게 무엇을 명령하든지 너는 말할지니라."하며 말씀하셨다. 모세 곁에는 조력자인 아론이 있었고 젊은 제자인 디모데에게는 바울이 있었다. 그는 바울과 함께 선교사역(에베소, 소아시아)을 한 장본인이다. 또한 히스기야 왕이 병이 들어 사경을 헤맬 때에 아모스의 아들 선지자 이사야가 그에게 와서 이르되 "여호와의 말씀이 너는 집을 정리하라 네가 죽고 살지 못하리라 하셨나이다."라고 주의 말씀을 대신 그에게 전하게 하였다.

신약에서 사울(바울의 이전 이름)이 다메섹 거리에 이르렀을 때 주님은 다메섹에 예수님을 따르는 아나니아라 하는 제자를 환상 중에 부르셨다. (행 9:10) 하나님은 그에게 사울이 머무르고 있는 곳인 직가라 하는 거리로 가서 사울이라 하는 사람을 찾으라는 명령을 내리신다. 하나님은 아나니아로 하여금 사울이 선택된 자로써 해야 할 모든 일(예수님이 하나님의 아들임을 많은 사람들에게 전파하여 알리는 일)들을 알게 하셨다. (행 9:10~16) 하나님은 예수와 기독교인들의 박해자인 사울에게 아나니아라는 주의 종을 시켜 그에게 안수하며 "예수께서 나를 보내어 너로 다시 보게 하시고 성령으로 충만하게 하신다 하니"라며 말하자 그 즉시 사울의 눈에서 비늘 같은 것이 벗겨져 다시 보게 되었다.(행 9:17~18) 이후 성령의 능력으로 변화를 받은 바울은 '기독교인 박해자'에서 '하나님의 충성된 종'으로 크게 쓰임 받는 도구로 거듭남을 입게 되었다. 이처럼 하나님은 사람들(목회자 또는 성도, 친구, 제자)을 통해서도 그 분의 뜻과 생각을 전하시기도 하신다. 만약 모르는 사람이 당신에게 찾아와 하나님의 말씀을 전할 것이 있다고 했을 때 그 사람의 메시지를 바로 받아들여서는 안 된다. 당신에게 필요한 메시지가 있었다면 주님은 당신에게도 직접 메시지를 주었을 것이다. 다른 사람이 전하는 메시지는 내가 받은 응답을 확인하는 용도로 참작해야 한다. 또 어떤 사람이 당신에게 전하고자 하는 말을 들었을 때 성령님이 무거운 마음을 주시면 그 말을 거부하라. 제 삼자로부터 전해들은 말은 성경말씀에 비추어보는 확인과정과 성령님이 주시는 내적확신이 드는가를 반드시 거쳐야 한다.

내가 겪은 경험담을 소개한다. 책 출간에 대한 계약을 맺은 후의 일이다. 출판사의 대표는 내가 다니는 교회의 담임목사의 추천사가 책에 들어가면 좋겠다는 말을 나에게 건네셨다. 나 역시 전부터 담임목사의 추천사를 받고자 하는 생각을 줄곧 해왔던 터라 긍정적으로 받아들였다. 그러나 나는 중도에 그 생각을 접게 되었다. 그 이유는 초대형 교회의 담임목사가 평신도가 쓴 책에 추천사를 쉽게 허락해줄 수 있을까하는 무거운 생각이 계속 내 머릿속에 맴돌았기 때문이다. 이 문제는 담임목사의 공신력과 관련한 예민한 사항이라 쉽지 않을 것으로 판단했다. 하지만 출판사 대표의 요청을 받아들여 일단 담당교구 목사를 통해 자료를 비서실에 전달되도록 부탁을 드렸다. 그런 후 추천사를 받기 위한 기도를 시작했다. 그렇게 시간이 흘러 한 달을 넘어갈 즈음 왠지 무거움 마음으로 더 이상 기도할 필요가 없다는 생각이 들게 되었다. 기도한 지 35일째 되는 날 나는 주님께 "내일까지만 기도를 하고 이 건에 대해서 더 이상 기도하지 않겠습니다."라는 기도를 마지막으로 드렸다. (사실 이미 주님은 내게 마음의 무거움이라는 인상을 주셔서 기도를 중단하도록 응답하셨다) 제출한지 한 달이 넘도록 회신이 오질 않아 교회 담임목사 비서실에 전화를 했더니 기획실장이 윗선에서 추천사를 자제해달라는 지시가 떨어져 해드리지 못하게 되었다는 미안함을 표시해왔다. 내가 생각한 대로 모든 상황이 맞아 떨어졌다. 대형 교회이다 보니 이곳저곳에서 책의 추천서를 받아달라는 요청이 많이 들어올 것이고 담임목사의 공신력에 자칫 누가 되는 일이 발생하지 않도록 신중을 기할 것이라는 생각이 들었던 것이다. 결국 추천사 건은 없었던 일로 되어버렸다. 기대했던 마음은 이내 가라앉게 되었다.

그런데 다음 날 늦은 저녁시간인 10시 14분에 문자가 도착하는 알람이 들렸다. 무슨 문자가 늦은 밤에 올까 하며 대수롭지 않게 여기며 문자를 확인하는데 그 순간 내 눈을 의심하지 않을 수 없었다. 그 문자는 지인이 보내온 것으로 그는 곧 출간될 책의 추천사와 관련하여 교회 측에 요청을 했다는 것을 이미 알고 있었다. 장문의 문자에 담긴 내용은 다음과 같았다. 어제까지 고린도후서 2장을 다 읽고 오늘 저녁에 3장을 읽기 위해 성경을 폈는데 놀랍게도 1절에 추천서와 관련한 말씀구절을 발견하게 되었다는 것이다. 그래서 그 말씀구절을 알려주기 위해 보내게 되었다고 한다. 그 말씀구절은 "우리가 다시 자천하기를 시작하겠느냐 우리가 어찌 어떤 사람처럼 추천서를 너희에게 부치거나 혹은 너희에게 받거나 할 필요가 있느냐"는 구절이었다. 나는 이 말씀을 읽으면서 또 한 번 성경말씀에 감탄을 받았다. 추천서에 관해 언급한 말씀구절이 성경에 나온다는 사실에 대해 또 한 번 놀랐던 것이다. 주님은 추천서 진행 건이 매듭지어진 시점의 다음 날 '사람을 통하여' 최종 '성경말씀'으로 확증시키는 응답을 주신 것이다. 하나님의 일하심은 참으로 대단하시다는 말밖에 나오지 않는다. 시기적절한 때에 맞춰 두 가지 통로를 경유하여 응답을 전하심으로써 낙심해있던 내 마음에 위로와 확증을 내보이셨다.

| 양심을 통해서 |

성령님은 내 안의 양심을 통해서도 말씀(책망)하신다. 양심은 누구에게나 도덕적인 옳고 그름의 선택과 부정한 것과 정한 것, 선과 악의 분별을 인지하도록 하는 도덕적인 의식이다. 시편 16장 7절에는 '내 심장이 나를 교훈하도다.'라는 구절이 나오는데 여기서 '심장'은 '양심'을 말한다. 하나님은 사람의 마음을 감찰하신다. (시 7:9)

「나를 훈계하신 여호와를 송축할지라 밤마다 내 심장이 나를 교훈하도다」(시 16:7)

우리는 '양심의 가책'이란 말을 종종 사용하는데 이는 양심이 그 자신에게 증언하기 때문이다. 만약 양심에 거리낌(양심이 지적하는 것을 어기는 것)이 생긴다면 그것을 내려놓아야 한다. 양심에 가책을 받게 되면 생각과 말, 행동의 변화가 일어난다. 스스로가 율법의 제재를 받는 것이다. 따라서 말과 행동의 원천은 생각에서 나오므로 생각은 양심에 기반을 두어야 한다.

「내가 그리스도 안에서 참말을 하고 거짓말을 아니하노라 내게 큰 근심이 있는 것과 마음에 그치지 않는 고통이 있는 것을 내 양심이 성령 안에서 나로 더불어 증거하노니」(롬 9:1)

양심을 저버리면(양심의 인도를 벗어나게 되면) 양심의 가책을 받아 마음이 불편해지고 근심과 심적 고통이 일어나며 두려움이 오게 된다. 양심의 경고사인에도 불구하고 이를 무시하고 불의한 행동으로 이어지게 되면 양심에 화인을 맞은 것처럼(양심을 불로 지져버린 것처럼) 양심이 악한 감정으로 물들게 된다. 결국 순기능(양심의 작동)을 다하지 못해(양심의 기능이 상실되어) 죄악에 빠지는 것과 거짓말을 하는 것과 잘못을 저지르는 것을 아무렇지도 않게 여기게 된다. 이런 자들은 죄를 짓고도 양심에 거리낌이 없는 사람들이다. 성경은 하나님과 사람을 대하여 항상 양심에 거리낌이 없기를 힘쓰라고 권면하고 있다. (행 24:16)

「자기 양심이 화인을 맞아서 외식(겉과 속이 다름)함으로 거짓말을 하는 자들이라」(딤전 4:2)

화인 맞은 양심은 양심의 작동이 마비되어 선악의 분별력이 없어지고 곧 악한 영과 미혹의 영에 휩쓸려 그들의 꼭두각시가 되고 만다. 양심은 성령 안에서 내 안의 등불이 켜지고 꺼짐을 증언하는 '경고등'의 역할을 한다. 성령님은 양심을 통하여 그 분의 뜻을 알리기도 한다. 로마서 9장 1절에는 "내 양심이 성령 안에서 나로 더불어 증언하노니"하는 말씀이 나온다. 양심은 잘못된 선택을 하려고 할 때 경고사인을 일차적으로 보낸다. 그럼에도 불구하고 우리는 그릇된 선택의 길을 고집하는 경우가 있다. 누군가는 그렇게 생각할지 모르겠다. 성경말씀이 때로는 우리가 이미 학교에서 배운 도덕(바른생활)을 가르치는 것 같다고 말이다.

「**믿음과 착한 양심을 가지라**」(딤전 1:19)

성령님은 양심을 통하여 경고를 보내시고 때로는 우리를 책망하시기도 한다. (계 3:19) 그분의 책망을 받는 것을 두려워해서는 안된다. 그 분이 우리에게 책망하는 것은 회개로 돌이키기 위함이다. 그분은 우리에게 회개하라는 강한 명령조로 말씀하시지 않고 인자하심과 용납하심, 참으심, 타이르심의 위로로 말씀하신다. (롬 2:4)(호 2:14) 그 분의 책망은 우리는 세상의 영들로부터 보호받고 더 이상 미혹의 영에 빠지지 않도록 견인하신다. 책망을 받는 모든 것은 빛으로 말미암아 나타난다.(엡 5:13) 그러나 우리 마음이 우리를 책망할 것이 없으면 하나님 앞에서 담대함을 얻게 된다. (요일 3:21) 그러므로 우리는 선하고 청결한 양심에 따라(양심에 거리낌이 없는) 행해야 한다. (롬 13:5)

| 경건서적을 통해서 |

나는 하나님의 음성을 듣기 위한 여러 채널 중 환상을 통해 나타내시는 주님의 음성을 기대하며 기도를 한 적이 있었다. 환상이 어떻게 나타나는지를 경험하기 위해 기도를 시작한지 약 10일쯤 지났을 때였다. 내 마음 안에서 갑자기 브레이크를 거는 듯 기도를 해도 뜨거운 기도가 나오지 않음을 느낄 수 있었다. 하지만 환상을 통해서 말씀하시는 주님의 음성을 꼭 경험하고 싶은 마음이 간절했던 것도 사실이었다. 그럼에도 불구하고 풍선안의 공기가 조금씩 빠져나가듯 기도의 힘은 점점 약해져가고 있음을 자각했다. 그렇게 시간이 흐르면서 15일째가 될 때 나는 케네스 해긴(Kenneth E. Hagin) 목사의 저서인「어떻게 하나님의 영으로 인도받을 수 있는가」(출처: 믿음의 말씀사) 책을 읽는 중에 있었다. 다음 날 나는 내 기도가 시간이 갈수록 왜 맥이 빠지는가를 경건서적을 통해서 알게 되었다. 주님은 나에게 환상을 구하는 것이 바람직하지 않다는 것을 깨닫게 해주셨다. 그날 페이지를 넘겨 128 쪽의『극적인 인도』라는 주제로 넘어갔는데 저자가 환상에 관하여 언급하는 것이 내 눈길을 확 끌었다. 그의 말은 환상을 구하지 말도록 충고하면서 "우리는 환상을 추구할 권리가 없으며 성경에도 우리가 그래야 한다는 말씀은 없다."는 사실을 적시하였다. 즉 하나님께서 그 사람에게 알리기를 원하시는 것이 있어서 환상을 보여 주실 필요가 있다면 보여주실 수 있다는 것이다. 케네스 해긴 목사는 저서에서 말하길 사람들이 천사나 환상에 관해 이야기하는 것을 들은 적이 있어 자신에게도 그런 일(환상 체험)이 일어나게 해달라고 기도를 한 적이 있었다는 것이다. 그러나 그런 일은 결코 일어나지 않았다고 말했다. 이후 그는 영적 성숙을 통하여 환상의 체험을 기대하거나 기도를 하지 않게 되었다고 한다. 나는 환상이 우리가 구하여 얻는 것이 아니라 그분의 의도에 따라 필요시 적절한 때에 우리 앞에 나타나게 하신다는 것을 경건서적을 통해서 응답받게 되었다. 이처럼 경건서적을 통하여 응답받은 경우가 그동안 세 번 있었으며 그때마다 내 마음엔 감탄과 놀라움이 일어났다.

| 환경과 상황을 통해서 |

하나님은 상황의 전개나 환경 안에서 말씀하시고 역사하신다. 일상생활에서 특정 기도를 한 후 현재 벌어지고 있는 이 상황이 무엇을 의미하는지 눈여겨 볼 필요가 있는 것이다. 즉 기도한 내용과의 연관관계를 살펴보면 미세한 상황 변화의 움직임을 포착할 수 있다. 바꿔 말하면 실행에 옮기기 전에 확신이 들 때까지 잠시 기다릴 필요가 있다는 것이다. 눈에 띄는 상황의 변화 조짐은 하나님의 개입하심을 보여주는 강력한 증거로써 받아들일 수 있다. 인간의 방법으로는 해결될 기미가 보이지 않는 상황일지라도 하나님께서 정하신 시점에 개입하시면 상황의 변화(반전)가 일어남을 볼 수 있다.

사도 바울의 예를 보면 상황과 환경을 절묘하게 사용하시는 하나님의 역사하심을 살펴볼 수 있다. 빌립보에서 바울이 실라와 함께 복음을 전할 때 귀신들린 여종이 이들을 뒤따라오면서 소리를 지르며 복음을 방해하였다. 이에 심히 괴로워한 바울은 그 여종에게서 귀신을 쫓아내었으나 그를 통해 돈벌이를 하던 여종의 주인들이 바울과 실라를 고발하기에 이른다. 이 뜻밖의 사건으로 감옥에 갇히게 된 바울과 실라는 심한 매질을 당하고 감옥에 갇히게 된다. 예상치 못한 상황에서 그들은 한밤중에 기도를 하며 하나님을 찬양하는데 그때 갑자기 큰 지진이 일어나면서 옥토가 움직이고 문이 다 열리게 되었다. 모든 사람들의 차꼬(죄인의 발목에 채우는 형구)가 풀리는 믿기지 않는 놀라운 일이 일어난 것이다. 감옥을 지키던 간수는 죄수들이 도망한 줄 알고 생각해 칼로 자결을 하려고 하지만 바울은 그를 말리고 간수와 그의 가족들 모두를 구원시킨다. 하나님은 바울의 순종과 믿음을 보시고 기상천외한 방법으로 그를 구출하신 것이다. 바울은 자신이 당한 일이 도리어 복음의 전파에 진전이 된 줄을 너희가 알기를 원한다고 말했다. (빌 1:12)

바울은 자신에게 일어나는 모든 상황과 환경이 주의 뜻 가운데 일어남을 전적으로 받아들인 것이다. 하나님의 고난 주심 속에서 당신이 그분을 외면하면 그 믿음은 가짜 믿음이요. 흔들리는 믿음이다. 하나님은 당신에게 허락한 고난 속에서 예비하신 놀라운 뜻(결실, 열매)을 이루기 위해 그것을 거치게 하신다. 하나님은 우리가 선을 행함으로 고난을 받는 것이 하나님의 뜻이라고 하셨다. (벧전 3:17) 어찌 아픔을 주는 고난이 하나님의 뜻일까? 시편기자는 고난을 당한 것이 내게 유익이라 이로 인하여 내가 주의 율례를 배우게 되었다고 말한다. (시 119:71) 즉 우리가 하나님의 영광을 위해 살려면 고난도 함께 받아야 한다는 사실이다. (롬 8:17)

주어진 환경을 사용한 예로 주의 음성임을 확증받기 위해 하나님을 시험한 기드온의 양털시험이 있다. (삿 6:36~40) 기드온은 하나님으로부터 이스라엘 민족을 미디안 족속 원수와 대적하여 싸워 구원하라는 지시를 받았으나 믿음의 확신을 가질 수 없었다. 자신의 판단과 능력으로는 도저히 승산이 없음을 알고 하나님께 확증을 보여 달라는 양털시험을 하게 된다. 그는 정말 승리를 확신할 수 있는지를 하나님께 물어보고자 말씀하시는 이가 주가 되시는 표징을 보여 달라고 말한다. (삿 6:17) 그는 자신이 하나님을 시험하는 것을 알고 하나님께 "주여 내게 진노하지 마옵소서! 내가 이번만 말하리이다. 구하옵나니"하며 자신의 양털시험에 대한 양해를 미리 구한다. (삿 6:39) 그리고 나서 하나님의 뜻이 확실한지를 구하는 양털 뭉치를 타작마당에 두고 두 번의 시험(양털과 땅에 번갈아 가며 이슬이 맺히는 것을 시험)을 하게 된다. (삿 6:37~40) 그 결과 두 번 다 하나님께서 환경을 통해 그에게 확신과 믿음을 주게 되었다. 기드온이 하나님을 믿지 못해서 시험한 것은 아니다. 그는 자신의 힘으로는 도저히 주의 사명을 수행할 자신이 없었고 확신조차 가질 수 없었다. 그래서 그는 하나님으로부터 확증을 얻고자 묘안을 내어 시험하기에 이른 것이다.

| 자연을 통해서 |

요나의 이야기에서 요나가 하나님 앞에서 끝까지 반항하는 마음을 보였어도 하나님께서는 그를 끝까지 사랑으로 배려하셨다. 요나가 니느웨에 도착하여 성읍이 어떻게 되는 것을 보려고 초막을 지었을 때이다. 하나님은 따가운 햇볕에 그의 얼굴과 머리가 노출되는 것을 막기 위해 박 넝쿨까지 마련하여 그의 머리에 그늘을 만들어 주셨다. 요나는 박 넝쿨로 인해 그늘이 지자 너무나 기뻐했다. (욘 4:6) 하나님의 손길은 이처럼 우리가 전혀 눈치 채지 못하게 자연 속 가운데서도 그분의 음성을 나타내시어 우리를 배려하시기도 한다.

「하나님께서 박 넝쿨을 준비하사 요나위에 가리우게 하셨으니 이는 그 머리를 위하여 그늘이 지게하며 그 괴로움을 면케 하려 하심이었더라 '요나가 박 넝쿨을 인하여 심히 기뻐하였더니'」

(욘 4:6)

《영혼의 창》 Window of the soul 이란 책을 낸 크리스천 작가 켄 가이어(Ken Gire)는 말하기를 하나님은 우리의 일상사 모든 것에서 그분의 뜻과 생각을 내보이실 때가 있다고 한다. 즉 우리 눈에 보이는 모든 것을 영혼의 창문을 통해서 들여다보면 하나님이 주시는 메시지를 어느 순간 읽을 수 있다는 것이다. 카메라 시야를 갖게 되면 남들이 미처 못 보는 것을 포착할 수 있는 것처럼 영적 시삭능력이 트이게 되는 것을 말한다. 켄 가이어가 전하는 메시지는 하나님이 이 땅의 만물(자연)을 통해서 어느 순간에 우리의 마음을 적시듯이 그분의 뜻이 자연의 일부분을 통해서 선명하게 아로새겨짐을 말하고 있다.

하나님은 영혼의 눈과 귀를 열어 자연 속에서 그분의 뜻하심을 나타내신다. 나는 이것을 '하나님의 숨결'이라 부르고 싶다. 좀 더 구체적으로 설명하면 육의 눈이 어느 대상을 바라볼 때 하나님은 즉각적으로 영의 눈을 열어 그분이 전하시고자하는 속마음을 알게 하도록 당신의 마음을 살짝 터치하신다는 것이다. 당신은 그 점을 전혀 눈치 채지 못한다. 하나님의 음성은 이토록 신묘하다. 그분의 숨결이 당신의 심장에 닿을 때 당신의 마음에서는 진동이 일어난다. 만약 당신이 하나님의 음성을 듣는 주 통로로 자연을 벗 삼아 사용하길 원한다면 하나님은 기꺼이 당신과의 교제의 통로로 자연을 통해서 음성을 나타내실 것이다.

| 지식의 말씀을 통해서 |

「너는 귀를 기울여 지혜있는 자의 말씀을 들으며 내 지식에 마음을 둘 찌어다」(잠 22:17)

성경에는 성령이 주시는 지식의 은사(9가지 은사 중 하나)로 지식의 말씀을 전하고 있다. (고전 12:8) 잠언 1장 7절에는 하나님을 경외하는 것이 지식의 근본이라 말씀하시며 미련한자는 지혜와 훈계를 멸시한다고 말씀하신다. 우리는 그분이 주시는 지식으로 새사람(새롭게 하심을 입은 자)이 된다. 지식은 하나님의 온전한 뜻과 생각을 알게 되는 지식을 뜻한다. 지식의 말씀은 하나님이 주시는 직관적인 통찰력에 속한다. 이 능력은 계시의 은사이다. 그 지식은 각자의 영에 불어넣는 계시의 은사로 하나님의 지혜(또는 말씀의 깨달음)를 영적 지각을 통하여 직관적으로 깨닫게 된다. 즉 성령의 기름부음으로 우리에게 가르치시는 것이다. 하나님의 지식은 직관이란 통로를 통해서 임하신다.

「너희는 거룩하신 자에게서 기름 부음을 받고 모든 것을 아느니라」(요일 2:20)

직관적인 깨달음은 성령님과 직접적으로 교통하여 일어나는 현상으로 영감 또는 강렬한 느낌, 생각의 이미지가 전달되어진다. 그것은 학습 또는 훈련, 배움에 의해 터득함으로써 알게 되는 것이 아니다. 직관은 세상적인 관점에서 보게 되면 '통찰'에 속한다. 이성적인 판단이나 추리, 분석적 사고, 경험에 바탕을 둔 추론에 의지하지 않고 보는 즉시 파악하는 것이다. 우리의 영이 그 분의 임재와 함께 함을 인식하고 언제든지 성령님을 의식하며 그분의 말씀을 구하면 우리를 살피시는 이가 지식의 말씀을 주실 것이다.

「진리의 성령이 오시면 그가 너희를 모든 진리 가운데로 인도하시리니 그가 스스로 말하지 않고 오직 들은 것을 말하며 장래 일을 너희에게 알리시리라」(요 16:13)

| 천사를 통해서 |

성경에는 주께서 천사(하나님의 특명을 부여받은 천상의 사자, 메신저)를 보내어 하나님의 명을 전하는 구절이 여러 곳(행 8:26, 10:4, 눅 2:10, 창 19:15, 마 28:5 외)에 등장한다. 마노아의 아내는 임신을 하지 못해 출산을 할 수 없는 여성이었다. 그런데 어느 날 여호와의 사자(천사)가 그녀에게 나타나 "보라 네가 본래 임신하지 못하므로 출산하지 못하였으나 이제 임신하여 아들을 낳으리니 그러므로 너는 삼가 포도주와 독주를 마시지 말며 어떤 부정한 것도 먹지 말지니라 ..그가 블레셋 사람의 손에서 이스라엘을 구원하기 시작하리라"라는 메시지를 전한다. 그 여인이 낳은 아들의 이름은 바로 힘의 장사인 '삼손'이었다. 비슷한 또 다른 예가 하나님 앞에 의인으로 연로한 늙은 제사장인 사가랴의 아내 엘리사벳 역시 잉태를 못하여 자식이 없었다. 제사장의 직무를 행하던 사가랴에게 어느 날 주의 사자(가브리엘 천사)가 나타나 "사가랴여 무서워하지 말라! 너의 간구함이 들린지라. 네 아내 엘리사벳이 네게 아들을 낳아 주리니 그 이름을 요한이라 하라"고 전한다. (눅 1:13)

창세기 19장 1절에는 롯이 소돔의 성문에 앉아 있다가 두 천사의 방문을 받고 일어나 영접하고 땅에 엎드려 절한 뒤 그들을 집으로 안내하여 식사를 대접한다. 그리고 롯은 천사들로부터 하나님의 진노와 심판이 소돔과 고모라에 내릴 것이라는 말과 함께 그의 가족들을 모두 성 밖으로 피신시키라는 말(경고)을 듣는다.

영왕기상 19장에는 선지자이며 하나님을 경외한 자로 엘리야의 이야기가 나온다. 이세벨로부터 목숨을 보전하기 위해 도망을 가다가 광야에서 지치고 힘든 여정을 보내던 중 한 로뎀나무 그늘에 누워 자고 있을 때였다. 천사가 나타나 그를 어루만지며 탈진해있는 그에게 준비한 숯불에 구운 떡과 한 병의 물을 "일어나서 먹으라"고 말한다. (열왕 19:5) 힘을 얻은 엘리야는 천사의 지시로 호렙이라는 산에 도착한 후 굴에 들어가 머물 때 하나님이 그에게 임하여 "엘리야야! 네가 어찌하여 여기 있느냐?"라고 말씀하셨다. (열왕 19:13)

민수기에는 선지자인 발람(복술가)이 자신의 탐욕에 의해 그릇된 결정을 내려 강행하자 하나님은 이를 아시고 진노하시며 천사를 내려 보내어 최후의 경고를 전하는 대목이 나온다. 하나님은 그의 가는 길을 막기 위해 기상천외한 방식으로 나귀의 입을 열어 그를 책망하셨다.(민 22:28~30) 그런데 그가 하나님의 진노를 알아채지 못한 채 완강하게 말을 안 듣자 하나님은 그 순간 발람의 눈을 밝혀 손에 칼을 빼들고 길에 선 천사를 보게 하셨다.(민 22:31) 이에 발람은 그 즉시 머리를 숙이고 엎드렸다. 하나님의 명을 전달받은 천사는 발람에게 "보라 내 앞에서 네 길이 사악하므로 내가 너를 막으려고 나왔더니 나귀가 나를 보고 이같이 세 번을 돌이켜 내 앞에서 피하였고 나귀가 만일 돌이켜 나를 피하지 않았더라면 내가 벌써 너를 죽이고 나귀는 살렸으리라"라는 경고의 말을 전하였다.(민 22:32~33) 이에 발람은 심히 두려워 자신의 잘못(하나님의 지시를 어긴 것)을 인정하고 책망을 받되 천사에게 돌아가겠다고 말했다.(민 22:34) 이후 발람은 전과 같이 점술을 쓰지 아니하고 이스라엘을 향한 축복과 하나님의 말씀대로만 전했다.

제 3 장

하나님의 음성 : 분별

우리는 기도는 하되 그분을 뜨겁게 사랑하는 마음과 주의 음성을 듣고자 하는 갈망이 냉담하여 그분의 응답(음성)을 받지 못하거나 놓치고 만다. 기도가 하나님께 드리는 '비밀 편지'(소망을 담은 편지)라 한다면 하나님의 음성은 그분이 보내오시는 '답장 편지'(응답을 담은 편지)라 할 수 있다. 주님은 당신의 편지에 어김없이 일대일로 답하시는 분이시다. 문제는 그 답장이 다른 편지들(스스로의 생각으로 자문자답한 것들, 사탄의 목소리)과 섞여있어 어떤 편지가 주님이 보내오신 답장인지 식별하는 것이 쉽지 않다는 점이다. 하나님의 응답편지를 놓치는 가장 큰 원인은 그분으로부터 온 편지(답장)임을 나타내는 소인(성령의 보증 표시)을 식별하지 못하는데 그 원인이 있다. 우리가 알아야 할 것은 하나님의 소인임을 확인하여 분별해내는 방법을 아는 것이다.

「**거룩하고 속된 것을 분별하며**」(레 10:10)

당신은 하나님으로부터 온 편지임을 분별하는데(소인을 식별하는데) 필수적으로 알아두어야 할 특징들(하나님의 음성의 특성과 패턴)과 그분의 뜻이 담긴 편지임을 확증해내는 진단방법(필터링)에 대해 배우게 될 것이다. 당신이 어느 순간 하나님의 음성에 눈을 뜨게 되는 첫 경험을 갖게 될 것이라는 걸 확신하라! 하나님께서 언제 어느 때 어떤 방식으로 당신에게 답장편지를 보내 오실지에 대한 염려는 하지마라. 처음부터 분별하고자 하는 무거운 마음(분석적인 모드)으로 대하지 말라는 말이다. 실수할까 염려하지 말고 실수에 민감해하지 마라.

먼저 기도 일기장을 마련하여 발송 란과 답장 란, 수신 란을 만들어두어 기도제목을 달리할 때마다 기록해가라. 답장이라 생각되는 마음에서 일어나는 생각(불현 듯 생각나는, 떠오르는)이나 상황과 환경에서 어떤 변화가 일어나는지 수신 란에 그때그때 기록해가라. 그런 가운데 어느 시점에 리스트를 점검할 때 하나님의 음성이 담긴 편지가 포함되어 있음을 알게 되는 시점이 올 것이다. 음성식별 필터링 진단법에 의해 주님으로부터 온 뜻인가를 최종 분별하여 답장 란에 기재하면 된다.

당신은 이 실전 연습과정을 통하여 주님의 시선과 일치하는 순간을 자각하게 되는 날이 온다. 이 말은 주님의 뜻하심을 발견해내는 영적 지각능력이 향상됨을 말한다. 그 경험이 싸이면 시간이 갈수록 주님의 음성임을 발견하고 접하는 것이 얼마나 큰 기쁨인지를 알게 될 것이다. 하나님은 당신의 그런 태도를(하나님과 가까이하고

자 하는 마음자세) 하늘에서 성령님을 통하여 하나도 빠짐없이 눈여겨보시고 계신다. 마침내 당신은 하나님의 음성 분별에 눈을 뜨게 될 것이다. 성령님께 감사를 표하는 기도를 잊지 말자.

하나님의 음성은 어떻게 분별하는가?

당신의 눈앞에 겉으로 보기엔 똑같아 보이는 볍씨가 나란히 있다고 하자. 둘 중 쭉정이와 알곡을 가려내라고 한다면 어떤 방법으로 구별해 낼 수 있을까? 답은 소금물에 넣어보면 금방 알게 된다. 정상적인 볍씨는 밑으로 가라앉으나 쭉정이는 물위로 뜨게 된다. 달걀도 신선한 달걀은 소금물에서 밑으로 가라앉지만 오래된 달걀은 마찬가지로 물위로 뜬다. 사금의 채취방법도 이와 다르지 않다. 사금이 섞인 모래를 물속에서 채로 흔들게 되면 모래는 물에 씻겨 나가게 되지만 사금은 가라앉는다.

「목자가 양과 염소를 분별하는 것 같이 하여」(마 25:32)

이처럼 겉으론 같아 보여도 정상적인 것(진짜, 정품)과 비정상적인 것(가짜, 모조품)의 차이는 확연하게 드러난다. 진짜와 가짜의 차이를 분별하기 위해서는 진짜가 갖는 특성을 확실하게 알고 있으면 헷갈리지 않는다. 예를 들어 위조지폐의 식별은 정밀도에 좌우되지 않는다. 진짜 지폐는 가짜 지폐가 도저히 흉내 낼 수 없는 고유의 독특함이 곳곳에 배어 있다. 비추어보고, 기울여보고, 만져보면 나타나는 특징이 있는 것이다. 가령 빛에 비추어보면 인물초상(숨은 그림)이 나타나며 기울여보면 보는 각도에 따라 홀로그램의 세 가지 무늬가 번갈아 나타난다. 또 손으로 만져보면 오톨도톨한 볼록 인쇄로 입체감을 느끼게 한다. 그런 반면 가짜 지폐는 언 듯 보았을 때 대수롭지 않게 넘어갈 수 있도록 전체적인 무늬를 진짜처럼 보이도록 그럴듯하게 모조하여 만든다. 이렇듯 진짜와 가짜는 분명하고 두드러진 차이점(성질)을 가지고 있다. 사탄은 속임의 대가로 그의 행위(속임수, 미혹)도 바로 이런 점들(겉모양, 환경과 상황)을 이용한다.

「부정하고 정한 것을 분별하고」(레 10:10)

진짜와 가짜의 속성을 파악하고 있으면 사탄(악한 영의 왕 또는 마귀, 악한 자, 미혹의 영)이 제아무리 온갖 속임수를 동원하여 충동질을 해도 그 '성질'을 시험하여 가짜 음성임을 가려낼 수 있다. 사탄의 궁극적인 목적은 하나님과 우리와의 연결된 관계의 끈을 단절시키는데 있다. 어떻게든 그리스도인이 갖는 속성(믿음, 순종, 복음, 사역)에 균형을 잃게 만들어 하나님과의 관계가 소원해지도록(불순종하도록) 하는데 역점을 둔다. 그래야 하나님을 원망하고 불평과 불만으로 대적할 수 있게 되기 때문이다. 그래서 사탄의 접근은 처음에 그럴듯한 명분을 제안하여 귀를 솔깃하게 만들며 사악한 것을 숨긴 채 먼저 좋아할 만한 것(관심을 끌만 한 것)을 내민다. 사탄의 목소리는 달콤한 속삭임(처음엔 선과 사랑을 내보인다)에 가깝다. 마음에서 일어나는 생각도 자신의 탐욕에 전적인 도움이 된다고 생각하면 그 생각은 점점 굳어져 결정을 내리게 하고 마침내 그릇된 행동으로 옮기게 하지 않는가?

따라서 우리의 마음 안에 들려오는(일어나는, 주입되는, 떠오르는) 수많은 음성들(주의 음성, 내 생각의 목소리, 사탄의 음성, 세상의 소리) 중에 하나님의 음성을 식별해야 하는 이유가 여기에 있다. 엉뚱한 목소리에 현혹되지 않고 낭패를 보지 않으려면 음성분별의 기준점이 세워져 있어야 한다.

「우리가 스스로 옳은 것은 택하고 무엇이 선한가 우리끼리 알아보자」(욥 34:4)

당신이 기도한 후에 어느 순간 내 마음에 떠오르는 음성이 하나님의 음성이기를 확증하기 원한다면 먼저 하나님의 음성이 보이는 고유의 특성들과 그분의 음성이 보이는 특정 패턴에 대한 지식을 습득해 두어야한다. 아울러 내안의 목소리(생각의 성질)와 사탄의 목소리(유혹, 미혹, 속임수, 충동질)는 어떤 특징과 차이점을 보이는가를 정리해두어야 한다.

하나님의 음성 분별의 최전선은 하나님의 음성으로 기록된 성경을 읽어 하나님의 성품을 알아가며, 성경에서 전하는 말씀구절들을 머릿속에 저장하고, 마음 밭에 말씀의 씨앗을 심어 뿌리를 깊게 내리면 말씀(성령의 검)이 곧 빛이 되어 '어둠의 목소리'를 금방 찾아낼 것(분별해낼 것)이다!

| 하나님의 음성에 눈을 떠라! |

하나님의 음성은 영의 음성이시므로 우리처럼 말로 주고받는 대화방식을 따르지 않으신다. 그래서 우리는 그분의 음성을 침묵이 흐르는 가운데 들려오는 음성, 거룩함을 입으신 메시지, 마음의 감화를 일으키는 거룩한 음성으로 받아들인다. 미혹의 영도 우리의 생각에 역사하는 힘을 가지고 있다. 사탄은 당신의 마음이 끌리는 대상에 집착하도록(충동을 일으킴) 만드는 계략을 구사한다. 그래야 마음 안에서 쉼 없이 떠드는 자신의 목소리에(생각에) 늘 잠기게 되어 주의 음성으로부터 멀어질 수 있기 때문이다. 자신의 목소리(자아, 내 주장)가 더 크게 들린다는 것은 성령님의 목소리를 들을 수 있도록 자신을 낮추고 자리를 내어드리는 자세가 준비되어 있지 않음을 나타낸다. 자아로 물들어진 당신의 마음을 찢어라! 내 마음을 찢지 않고는 결코 하나님의 음성을 들을 수 없을 것이다. 그 자리에 하나님을 사모하는 마음으로 가득 채워나가라! 내 본성이 예수 그리스도의 성품을 닮아가기를 힘쓰라! 성경을 읽어 말씀의 씨앗들이 마음 밭에 뿌리를 내리도록 기도에 힘쓰라! 더하여 별도의 시간을 내어 잠잠한 가운데 그분의 음성을 들으려는 '듣는 마음'으로 마음 다지기 연습을 자주 해보라!

「너희는 옷을 찢지 말고 마음을 찢고 너희 하나님 여호와께 돌아올 지어다」(욜 2:13)

특히 믿음이 없는 사람들은 마음 안에 자신의 자아가 꿰차고 있어 그 자리에 하나님을 두기를 싫어한다. 마음의 주인이 자신이므로 하나님보다도 자신을 더 사랑하는 것이다. 따라서 그들에게는 언제나 자신의 생각이 옳다고 여기며 끝까지 고집스럽게 주장한다.

「저희가 마음에 하나님 두기를 싫어하매」(롬 1:28)

하나님은 그럴 때 그들이 상실한 마음대로 내어버려 두사 합당치 못한 일을 하게 하신다. (롬 1:28) 믿음 안에 거하는 성도들도 한 가지 조심해야 할 점이 있다. 그분의 음성을 들었을 때 내 생각대로 듣고자 하는(바꾸어 해석하는, 자의적으로 해석하여 본래의 의미를 왜곡시킴) 마음이 발동하지 않도록 각별히 주의해야 한다. 선지자인 발람이 그랬던 것처럼 발람의 이야기가 주는 교훈을 잊지 말자. (민 22:19~20)

마음이라는 곳은 상상의 놀이터이기 때문에 왜곡하여 듣거나 자기 생각에 맞도록 가공하여 필터링을 할 수 있다. 그 놀이터에는 온갖 사람들의 목소리와 세상의 소리들이 뒤섞여 난무한다. 미혹의 영은 당신이 그 놀이터에서 벗어나지 못하도록 막느라 갖은 수단(탐심을 조장)을 다 동원할 것이다. 다시 말해 사탄은 당신이 하나님의 음성을 알아채지 못하도록 이것저것을 뒤섞어놓거나 그럴듯해 보이는 목소리로 가장하여 왜곡하도록 만든다. 사탄은 우리가 하나님의 음성을 듣는 것을 가장 두려워한다. 그 이유는 하나님의 음성을 듣게 되면 그동안 속아왔던 생각들(그릇된 결과를 가져온 판단들)이 자신(사탄)의 목소리였음이 들통(탄로)이 나기 때문이다.

당신이 하나님의 음성에 눈을 뜬다는 것은 비로소 영적 귀가 열리는 것(뚫리는 것)을 말한다. 하나님과의 관계가 긴밀히 연결되고 기도의 응답 분별력이 바로 세워지고 있음을 뜻한다. 그분의 음성은 곧 언약의 말씀으로 하나님은 예수님을 언약의 보증으로 내세우셨다. 나는 그동안 그분의 음성 들음을 통해서 하나님이 어떠하신 분이며 그분의 인격과 성품이 어떠하신 지를 차츰 알아가게 되었다. 또 그분의 응답하심으로 기록된 성경말씀이 진실의 약속임을 명확하게 알게 되었다. 더 나아가 하나님께서 자신의 음성을 들려주시는 목적이 단지 우리가 원하는 응답을 받아내는 것에 있지 않다는 것도 알게 되었다.

그분의 음성은 응답을 주심으로 인도를 이끌어내신다. 그분의 음성은 응답을 나타내심으로 동행하심을 나타내신다. 그분과의 아름다운 동행으로 인도하심을 받는다는 것이 얼마나 큰 기쁨인지 체험해보라. 내가 주의 음성을 들은 후 변화된 것은 나 자신을 통해 보는 시각에서 예수님이 보시는 시각으로 점차 바뀌었다는 점이다. 그럼으로써 우리는 그분의 뜻(또는 생각, 의도)에 점점 더 가까이 갈 수 있게 된다. 나는 주께 기쁨으로 응답되어지는 열매 맺는 삶을 살고 싶다.

「나는 항상 그가 기뻐하시는 일을 행하므로 나를 혼자 두지 아니하셨느니라」(요 8:29)

내가 극적으로 체험한 주의 음성이 초자연적인 특별한 방식으로 응답하신 배경에는 주님의 기뻐하시는 뜻에 합한 나의 동기가 결정적으로 작용하지 않았나 생각을 해본다. 내 뜻의 정함과 결단에 따른 간구의 기도에 하나님께서 크게 기뻐하셨음을 나는 알고 있다. 하나님은 이 땅에서 주를 간절히 찾고자 하는 사람을 하늘에서 굽어 살피사 나의 마음을 감찰하시고 나의 의도(주께서 기뻐하실 것이 무엇인지 시험하는 것)를 최종 허락해 주셨다.

「하나님이 하늘에서 인생을 굽어 살피사 지각이 있는 자와 하나님을 찾는 자가 있는가 보려 하신즉」(시 53:2)

진실로 그분이 기뻐하시는 뜻에 합당한 동기를 내보이는 기도로서 마침내 그분의 허락하심과 응답하심이 동시에 모두 이루어졌다. 내 귀에 들린 트럼펫 연주음의 팡파르는 하나님께 화답되어지는 여정의 첫 신호탄 이었다! 비로소 나는 주의 음성에 눈이 뜨이는 첫 순간을 맞이한 것이다.

| 하나님의 음성에 나타나는 특징 |

성경에 기록된 주의 말씀(뜻)을 모른 채 단지 기교와 방법론만 익혀 그분의 음성을 듣고자 한다면 결코 듣지 못할 것이다. 주의 음성 들음은 지식적인 습득에서 오는 것이 아니라 마음이 온전한 믿음으로 채워져 의심이 사라지고, 완악하고 고집스런 불순종의 태도가 순종하는 자세로 바뀌어 질 때 비로소 그분의 음성을 들을 수 있게 된다.

하나님의 음성임을 식별하기 위한 가장 멋진 방법은 성경을 꼼꼼히 읽어 하나님의 '성품'을 차츰 알아가는 것에서 시작된다. 그분은 사랑과 의와 공의의 하나님이시며 그 지으신 모든 것에 긍휼을 베푸시는 분이시다. (시 145:9) 그분은 거룩하시며 신실하신 하나님이시다. (신 7:9) 또 은혜의 하나님이시다. (벧전 5:10) 그분은 모든 것을 하나로 통일(조화롭게)되게 하시는 분이시다. (엡 1:10) 그분의 말씀은 상황에 따라 달리 말하시지 않으시며 항상 일관성을 보이신다. 하나님은 거룩하심으로 말씀하신다. (시 60:6) 하나님의 가장 대표적인 속성은 사랑이시다. 사랑은 하나님께 속한 것이다. (요일 4:7) 그분의 음성에는 사랑이 배어있으시고 온유하게 말씀하신다.

하나님의 성품은 그분의 음성의 특질과 직결된다. 그분의 음성의 특질은 그분만이 가지고 계시는 고유한 특성에 속한다. 비유를 들어 설명하면 하나님의 음성은 변색되지 않은 뚜렷한 색감을 가지는 트루 컬러(TRUE COLOR)이시다. 트루 컬러란 그 어떤 색과도 차별화된 신비할 정도로 독특함을 자아내는 색깔이다. 트루 컬러는 세상에 존재하는 그 어느 컬러에도 속하지 않은(같지 않은) 진짜임을 스스로 드러낸다. 성경적으로 말하면 트루 컬러는 진리에 속하나 모방 컬러는 비 진리에 속한다. 진리는 그 어떤 것과도 모순을 일으키지 않으며 모순처럼 보이는 것은 비 진리인 것을 억지로 갖다 대려는 주장 때문이다. 하나님의 말씀은 진리이기 때문에 성경의 말씀을 당신의 머릿속에 담아두었을 때 말씀의 잣대로 그분의 음성인 것을 분별해낼 수 있다.

당신에게 들려온 음성이 하나님으로부터 온 음성인지 아닌지를 분별하기 위해서는 앞서 언급한대로 하나님의 성품 외에 하나님의 음성에 나타나는 고유의 독특한 특성(하나님의 음성만이 가지는 유일한 형질)을 인식하고 있어야 한다. 하나님의 음성에 나타나는 특성들은 어떤 점들이 있는지 살펴보기로 하자.

'첫 번째 특성은 사랑과 온화, 권위와 무게, 존귀와 위엄을 가지고 계시다는 점이다. 또한 그분의 음성에는 신성함과 강력함이 배어 있으시고 동시에 사랑과 따스함이 배어있는 세미한 음성이시다.(보통은 세미하고 나지막한 속삭임에 가깝다고 표현할 수 있다) 엘리야가 들은 불후에 세미한 소리(엘리야야! 네가 어찌하여 여기 있느냐?)는 주님의 나지막한 조용한 음성이었다.

「**하나님의 음성이 많은 물소리와 같고**」(겔 43:2)

「**또 지진 후에 불이 있으나 불 가운데에도 여호와께서 계시지 아니하더니 불 후에 세미한 소리가 있는지라**」(왕상 19:12)

하나님의 음성이 매번 조용한 음성으로만 들리는 것은 아니다. 상황에 따라 나팔소리와 같은 큰 음성으로 말씀하실 때도 있으시다. (계 1:10~11) 그 분의 목소리에는 힘이 있고 권위와 위엄이 있으시며 살아있고 운동력이 있어 우리의 생각과 뜻을 감찰하신다.(시 29:4)(히 4:12) 욥기 37장 4절에는 '그 후에 음성을 발하시며 위엄의 울리는 음성을 내시고는 그 음성이 들릴 때'라는 표현에서 그분의 음성이 권위와 위엄을 갖추시고 있음을 알 수 있다.

「여호와의 소리가 힘 있음이여 여호와의 소리가 위엄차도다」(시 29:4)

그분이 가르치시고 말하실 때 우리는 그분의 음성에서 권세 있는 자와 같은 것을 알 수 있고 사랑을 느낄 수 있다. (마 7:29) 왜냐하면 사랑은 하나님께 속한 것이고 율법의 완성이라고 말씀하셨음이다.(요일 4:7)(롬 13:10)

「존귀와 위엄이 그의 앞에 있으며 능력과 아름다움이 그의 성소에 있도다」(시 96:6)

마태복음에는 예수님의 말씀이 권위와 능력을 가지고 계심을 알아챈 인물이 나온다. 예수님이 가버나움에 들어가셨을 때 한 백부장이 나아와 이르되 '내 하인이 중풍에 걸려 누워 몹시 괴로워하나이다.'하며 간구를 청한다. 이에 예수님은 바로 '내가 가서 고쳐주리라'하신다. 백부장은 대답하기를 '주여 내 집에 들어오심을 나는 감당하지 못하겠사오니 다만 말씀으로만 하옵소서. 그러면 하인이 낫겠사옵나이다.'라고 말한다. 예수님은 백부장의 말속에 '순결한 믿음'이 있음을 아시고 놀랍게 여기시면서 '이스라엘 중 아무에게서도 이만한 믿음을 만나보지 못하였노라'고 대답하셨다. (마 8:5~10) 백부장은 이미 예수님의 말씀 자체에 권능(권세와 능력)이 살아계심을 알고 있던 것이다.

두 번째 특징으로 하나님의 음성에는 인격적인 배려가 배어있으시다는 점이다. 하나님은 우리를 인격적으로 대하시는 분이다. 나는 주께서 매 응답을 주실 때마다 나를 향한 깊으신 배려(상황에 따른 적절한 시점을 고려하심)가 있다는 것을 느껴왔다. 또 하나님은 강요하지 않으시며 결코 서두르지 않으신다. 우리의 반응을 살펴보시면서 단계적으로 인도하시며 말씀하신다. 그분은 모든 일들을 질서 있게 행하시며 무질서함(어지러움)을 싫어하신다. (고전 14:40)

「**하나님은 무질서의 하나님이 아니시요**」(고전 14:33)

각자의 생각에 따른 판단과 선택을 존중해주시며 자유의지를 훼손시키면서까지 강권하시지 않는다. 그분은 우리의 생각에 참견하지 않으신다. 다만 우리가 그분의 뜻을 이해하고 받아들여 옳은 결정을 내릴 때까지 그분은 조용히 기다리신다. 하지만 그른 결정을 내리게 되면 재차 말씀하실 것이다. 그래도 말을 듣지 않으면 다른 조치를 취하신다. 흥미로운 점은 우리도 그분의 음성을 들었을 때 우리의 내면에서 그분의 음성임을 자각하여 인격적으로 대하는 반응이 자발적으로 일어난다는 사실이다. 그 반응은 두 가지 형태로 나타난다. 첫 번째 반응은 평소 닫혀 있던 완악한 마음의 빗장이 스스로 열려 갇혀 있던 영혼이 비로소 깊은 숨을 몰아 내쉬는 현상이 일어난다. 이어 두 번째 반응으로는 당신의 마음에 성령의 감동과 감화로, 기쁨과 감사로, 평안과 담대함으로, 내적인 확신과 확증으로, 기쁨과 회개의 눈물로 임하게 하신다. 그런 뒤 믿음과 결단으로, 순종과 겸손으로 그분 앞으로 가까이 나오게 하신다. 성령의 음성이 당신의 영에 임하면 이와 같은 인격적인 반응이 일어나 그분의 뜻과 생각을 인지하게 되고, 마음에 감화를 일으켜 의지로써 행동으로 옮기게 하신다.

세 번째 특징(패턴)으로는 하나님의 음성은 안정적이고, 불변이시며, 일관성을 보이시고, 거짓이 없으시며, 짧고 함축된 문장으로 간결하게 말씀하신다. 늘 한결같은 불변의 말씀을 주신다. 이랬다저랬다 다른 말로 뒤바꾸시지 않는다. 그분의 음성은 우리의 생각과 섞이지도 않고 설득하려 들지도 않으시며 이해시키려고 애쓰시지도 않으신다. 단지 그분은 말씀하실 뿐이다. 때로는 단호한 어조로 짤막한 음성을 들려주실 때도 있다. 하나님은 또 상황에 따라 아주 구체적인 지시(또는 주의, 경고)로 말씀하실 때도 있으시다. 하나님은 노아에게 40주야를 비를 내려 홍수가 나기 전에 방주를 제작할 것을 명하시고 방주의 제원에 대한 수치를 아주 세부적으로 노아에게 일러주시지 않았던가. (창 6:15~16) 또 다윗이 언약궤(하나님의 궤)를 이스라엘로 옮겨오고자 할 때 언약궤를 운반할 때에는 반드시 기구를 사용하여 멜 것을 구체적으로 지시하시기도 했다.

| 내 생각과 사탄의 목소리 식별 |

하나님의 음성을 식별하기 위해서 앞서 우리는 하나님의 음성에서 나타나는 세 가지 특성들에 대해 자세히 살펴보았다. 다음으로 내면에서 들려오는 생각의 목소리와 사탄의 목소리의 특성은 어떤 면을 보이는지 알아보기로 한다. 가짜 음성(내 생각의 목소리, 사탄의 목소리)이 진짜 음성(하나님의 음성)과 매우 비슷해 보일지라도 그 음성들은 위장하여 살며시 들어온다. 그 이유는 그들 음성에는 속임이 들어가 있어 담대하지 못하며 떳떳하지 못하고 당당하지 못함이 서려있기 때문이다.

먼저 '생각'의 보편적인 특성부터 살펴보기로 한다. 생각은 자의적 음성에 속한다. 자기 독백이라 부른다. 생각은 대체적으로 자신의 탐욕과 욕망, 이기적인 욕심과 포부와 친근하다. 내 뜻을 펼치기 위해 육신적인 자아가 주도권을 가지고 결정권을 행사하려는 고집스런 의지의 표현이 생각이다. 우리는 스스로가 연출자가 되어 이 생각 저 생각을 짜내면서 가상현실(VR)을 곧잘 만들어낸다. 이성적이고 합리적인 결론을 도출하려는 논리적인 생각에 골몰하거나 때로는 생각하기 싫은 문제로 고민하며 끙끙 앓기도 한다. 그러다가 내가 원하는 결과를 캔버스에 미리 그려보거나 하는 미술가적 기질이 발동하기도 한다. 이처럼 육신의 생각은 마치 비눗물의 거품처럼 부풀었다 터지기를 반복하는 특성을 보인다. 생각의 기질은 시작하기 전부터 늘 결과를 염두에 두기에 선택의 기로에서 머뭇거리게 만들며 불안감과 두려움을 불러들인다. 생각은 이성적이고 합리적이라는 옷을 입고 등장하므로 당신에게 매혹적으로 보이게끔 만드는데 선수다. 따라서 이성적인 면이 지나치게 앞서게 되면 믿음은 제자리에 멈춰 요지부동이 된다. 반대로 믿음을 내세우면 이성은 제자리에 멈춰있게 된다. 달리 말하면 혼(육)의 생각은 영의 생각과 부조화를 일으킨다는 사실이다. 마음 안에서 이러지도 저러지도 못하는 내부 분란이 일어나는 것이다. 생각의 집착을 가라앉히는 유일한 방법은 육신의 일을 생각하는 걸 멈추는 것이다.

그럼 내 생각이란 어떤 특징을 보이는가? 내가 떠올리는 생각의 두드러진 현상은 확신을 주지 못한다는 점과 감동과 감화가 일어나지 않는다는 점이다. 그 생각이 나로부터 일어난 생각이므로 심리적으로 어느 순간 흥분이 고조될 수는 있으나 참된 기쁨과 감사, 진정한 평안과 담대함이 주어지지는 않는다. 내가 떠올리는 생각은 내가 늘 집착하고 있는 것(자신의 유익, 욕구, 욕망)에 초점을 두고 있기 때문이다. 그래서 내 생각이란 걸 금방 알아챌 수 있다. 그럼에도 불구하고 떠오른 생각이 내 생각이 아닌 것처럼 느껴질 때가 있는데 그런 경우는 생각이 '위장'하여 나타난 것이다. 가령 나쁜 생각이 들면 나는 긍정적인 사람이기 때문에 이 생각은 내 생각이 아니야 라고 왜곡하여 주장할 수 있는 것이다. 또 내 생각은 고민이 부풀었다 터지기를 반복하여 일어나는 습성이 있다. 기분이 일시적으로 좋았다가도 의구심으로 추락하게 만드는 기질을 보인다.

또한 이해타산적인 면이 강해 양쪽을 저울질하고 앞뒤를 재는 자기중심적인 면을 품고 있다. 또한 일관성을 보이지도 않는다. 어느 것이 좋은 선택인지 가려내기 힘들 정도로 안개처럼 희미하게 나타나 보일 때가 있다. 생각이 생각으로 끝날 때가 많다. 생각은 끝없는 욕망과 탐심, 시기와 질투, 번민과 고민, 걱정과 근심, 통제와 억누름 등으로 얼룩져 있어 늘 어두운 계열의 회색 컬러를 띤다.

「하나님께서 사람의 죄악이 세상에 관영함과 그 마음의 생각이 모든 계획이 항상 악할 뿐임을 보시고」(창 6:5)

악한 영은 바로 이런 감정의 상태에 빠져있을 때 살며시 접근하여 미혹의 미끼를 던져서 그 감정 상태에 더욱 빠져들게 만들고 끝내 균형을 깨뜨려(잃게 하여) 파멸시키려 한다.

사탄의 음성은 어떤 특성을 보이는가? 사탄의 음성은 비성경적이며(성경의 가르침을 벗어나는 것) 하나님의 음성처럼 교훈과 위로를 주지 못하고 억압을 주거나 어떤 무언가를 탈취하기 위해 요구하며, 마음을 흩뜨려 놓거나 균형을 잃도록 만들고, 불화와 분열, 불평과 불만, 교만과 자만, 불신과 의심, 우울과 낙심을 부추기고 조장하며 악한 수단 등을 동원하게 한다. 사탄의 음성은 속이기 위해 그때그때 변덕스런 말투(꼬드김)로 바꾼다. 사탄이 그렇게 우리를 회유하듯이 접근하는 이유는 우리의 의지를 자신의 힘으로 통제할 수 없기 때문이다. 때문에 그들은 속임수라는 양면 작전을 펼친다. 이 작전은 두 가지 형태로 나타난다. 밖에서 미혹의 덫으로 유인하여 유도하는 것과 안에서(자신이) 스스로 넘어가도록 유도하는 방법이다. 우리의 내면에서 스스로가 내 뱉는 부정적인 말에 자기최면이 걸리도록 하는 것이다. 가령 '난 맨 날 왜 이러지', '되는 게 없어', '오늘도 마찬가지야', '항상 그렇지 뭐' 등 이런 말들을 자주 쓰면 스스로를 낙심하게 만든다. 빙판 위를 헛도는 바퀴처럼 한 치 앞으로 나가지 못하도록 심리적인 정체상태에 머물게 만든다. 사탄은 우리가 단번에 넘어가지 않을 때 또 다른 방법으로 접근할 구실을 찾는다. 그래서 사탄은 속임수의 영을 우리에게 보내 어떻게든 당신을 미혹시켜 성령의 간섭으로부터 벗어나도록 만들게 한다. 속임수란 진리인 참과 비 진리인 거짓을 알아채지 못하도록 교묘하게 섞어놓는 것을 말한다. 옳고 그름을 분간할 수 없도록 하기 위해서이다. (보이스 피싱은 악한 영의 조종을 받는 전형적인 예에 속한다)

사탄의 목소리의 속성은 인격적으로 대하시는 하나님의 음성과는 달리 비인격적인 목소리로 접근한다. 사탄의 음성 역시 마음에서 일어나는 생각처럼 주입되게 한다. 느닷없이 이끌림을 당하는 일시적인 최면효과를 일으킨다. 요한복음 13장 2절에 보면 '마귀가 벌써 시몬의 아들 가룟 유다의 마음에 예수를 팔려는 「생각을 넣었더니」'라는 말씀이 나온다. 사탄은 이처럼 악을 부추기는 충동적인 생각을 집어넣는다. 이에 예수님은 심령이 괴로워하면서 '내가 진실로, 진실로 너희에게 이르노니 너희 중 하나가 나를 팔리라' 말씀하신다. (요 13:21) 제자들은 이 말씀을 듣고 서로 보며 누구에게 말씀하시는 것인지 의심하게 된다. 예수님은 떡 한 조각을 적셔서 가룟 시몬의 아들 유다에게 주시는데 유다가 조각을 받은 후 곧 사탄이 그 곳에 들어갔다고 했다. (요 13:27)

「어찌하여 사단이 네 마음에 가득하여 네가 성령을 속이고」
(행 5:3)

사도행전 16장(16~18절)에는 사탄의 영에 사로잡힌 한 여종의 이야기가 나온다. 사도 바울이 기도하는 곳에 가다가 점하는 귀신들린 한 여종이 몇 날을 쫓아다니면서 소리를 지르자 그는 심히 불쾌하고 괴로워하여 예수 그리스도의 이름으로 귀신을 쫓아낸다. 그럼 바울이 어떻게 단번에 그 여종이 귀신들린 것을 알았을까? 여종이 사탄(악한 영)의 하수인 역할을 하면서 하나님을 절대적으로 믿는 사도 바울이 나타나자 그 본색을 드러낸 것이다. 여종은 마치 진리를 내세우는 듯 했다. 여종은 소리 질러 말하길 "이 사람들은 지극히 높은 하나님의 종으로 구원의 길을 너희에게 전하는 자"라고 고함을 치며 말한 것이다. 이는 여종 안에 깃든 악한 영이 하나님의 영을 즉시 알아보고 가까이 오지 못하게 하기 위해 스스로 본색을 드러냈던 것이다. 사탄은 이처럼 무질서하며 균형을 깨뜨리는 급하고 혼란스런 말로 다그치듯 말하며 강압적이고 구속 또는 억압을 주는 느낌을 갖게 한다.

그럼 악한 영이 어떤 통로를 경유하여 우리의 마음 안에 생각을 침투시킬 수 있는가?(미혹의 생각을 넣을 수 있는가?) 비유를 들어 설명한다. 파리가 부패된 더러운 곳을 기가 막히게 찾아다닌다는 사실은 누구나 알고 있다. 묵은 쓰레기가 겹겹이 쌓여 썩는 냄새가 나는 곳을 파리의 후각은 정확히 감지해낸다. 악한 영의 접근도 이와 유사한 방식으로 우리에게 접근한다. 생각 없이 내뱉는 믿음이 없는 말과 두려운 마음과 정결치 못한 생각을 하거나, 내 마음을 탐닉하게 하는 우상(세상의 미혹)을 두거나, 비성경적인 생각과 행동을 범할 때 사탄의 간교함이 침투할 수 있는 통로와 기회를 열어주는 것이다. 사탄은 당신이 보고 듣는 것의 통로를 통하여 유인하며 그렇게 함으로써 당신이 감정과 이성이라는 틀 안에서 안주하도록 하게 한다. 사탄의 계략은 죄로 인한 담을 쌓도록 하나님과 당신사이의 영적 교감이 끊어지길 원한다. 하나님은 죄를 가장 미워하시는 분이지만 사탄은 인간이 죄를 짓도록 만드는 것(죄의 구렁텅이에 빠져 드는 것)을 가장 좋아한다. 그래야만 죄로 인해 하나님과 당신 사이가 멀어지도록 하고 그분에 대한 신뢰관계가 깨지도록 하면 자기편이 되어줄 수 있기 때문이다. 또 사탄은 당신이 지금은 하나님을 찾지 않아도 된다고 여길 때를 포착하여 공격할 준비태세에 들어간다. "지금은 굳이 하나님의 도움까진 필요 없어요."라고 여길 때, 즉 모든 것이 순조롭고 평탄하다고 여길 때가 바로 사탄이 공격할 수 있는 최적의 시점이자 기회인 것이다. 왜냐하면 우리가 하나님과 함께 하는 시간이 적어질수록 사탄이 침투할

여지(허를 보임)를 그만큼 더 열어주기 때문이다.

하나님의 지배를 받는 사탄이 우리에게 합법적으로 접근할 수 있는 유일한 때는 우리의 마음이 자신(타락한 천사들, 악한 영)들의 본성인 [1]불순종, [2]교만함, [3]용서하지 않음이란 통로에 놓여있을 때이다. 사탄은 우리의 교만함에 편승하여 그럴듯한 말로 왜곡시켜 전할 때가 있다. 교만의 죄는 마음이 부패한 것으로 이는 불순종함으로 말미암아 하나님과의 관계를 멀어지게 만든다. 즉 하나님을 반역(대적)하는 죄를 짓게 한다. 따라서 우리는 그분을 존중하여 받들며 겸손한 자세를 가져야 한다. 하나님은 "나를 존중히 여기는 자를 내가 존중히 여기고 나를 멸시하는 자를 내가 경멸이 여기리라" 말씀하셨다. (삼상 2:30) 자칫 불순종에 빠질 우려가 있는 이유는 어느 순간 자신의 판단을 더 신뢰하려는 성질 때문이다. 사탄은 이 불순종을 대환영한다. 왜냐하면 불순종은 의심과 불신을 조장하여 그분과의 관계를 끊어놓게 하는데 유용한 올무가 될 수 있기 때문이다. 용서하지 않음 역시 분노와 증오를 만들어 낸다. 성경말씀에는 "네가 땅에서 무엇이든지 매면 하늘에서도 매일 것이요. 네가 땅에서 무엇이든지 풀면 하늘에서도 풀리리라"하셨다. (마 16:19) 그러므로 당신의 기억 속에 남아있는 누군가를 용서함은 하나님의 응답을 받는데 있어 필수적인 요소이다.

이렇듯 우리가 사탄의 접근을 막기 위해서는 늘 깨어있어야만 하는 것이다. "마귀에게 틈을 주지 말라"(마귀로 틈을 타지 못하게 하라) (엡 4:27) 는 말씀은 바로 이런 이유로 우리에게 주시는 말씀이시다.

그러므로 우리는 마귀의 간계를 능히 대적하기 위하여 하나님의 전신갑주를 입어야 한다. (엡 6:11)

「근신하라 깨어라 너희 대적 마귀가 우는 사자 같이 두루 다니며 삼킬 자를 찾나니」(벧전 5:8)

신실한 크리스천은 사탄의 음성인 것을 알아채고 예수 그리스도의 이름으로 물리치고 기도하며 본능적으로 즉각 거부하는 마음의 자세를 보인다. 우리 안에 성령님이 내주하심은 큰 영광이다. 왜냐하면 하나님의 말씀은 곧 '성령의 검' 이시기 때문이다. (엡 6:17) 그러므로 우리는 성령의 검으로 사탄의 접근을 막을 수 있다. 하나님은 그리스도를 믿는 우리의 믿음이 굳건한 것을 기쁘게 보신다. (골 2:5) 예수 그리스도께서 우리 안에 계신 줄을 우리가 스스로 알지 못하면 우리는 그분으로부터 버림받은 자(고후 13:5)와 같아 언제든지 사탄의 속성(거짓말, 속임과 미혹)에 이끌림을 당할 수 있다. 사탄은 우리의 약점을 잘 알기에 우리가 받아들이기에 다분히 미혹당할 만한(마음을 혼미하게 하는) 미끼(속임수)를 던진다.

「이 세상의 신이 믿지 아니하는 자들의 마음을 혼미케 하여」(고후 4:4)

아무 생각 없이 생존본능에 따라 먹이를 취하는 물고기처럼 미끼를 덥석 물게 되면 사탄의 함정에 빠지게 되어(꾐에 빠지는 것) 죄를 짓게 된다. 사탄은 우리가 죄(함정, 덫)를 구별하지 못하도록 함정 주변을 교묘하게 위장시켜 접근하도록 만든다. 자신을 광명의 천사로 가장하는 것이다.(고후 11:14)

| 하나님의 음성 들음의 왜곡이 일어날 때 |

성경에는 탐닉자를 뜻하는 발람이란 인물이 나온다. 그는 당대에 유명한 복술가였다. 그의 소문이 자자한 것을 안 모압왕 발락은 이스라엘 백성을 저주해달라는 부탁을 하기위해 그에게 사절단을 보낸다. 그러나 발람은 "너는 그들과 함께 가지도 말고 그 백성을 저주하지도 말라 그들은 복을 받은 자들이니라."는 하나님의 말씀을 듣고 그대로 순종하여 발락이 보낸 귀족들의 청을 단호하게 거절한다.

「내가 능히 여호와 내 하나님의 말씀을 어기어 덜하거나 더하지 못하겠노라」(민 22:18)

그런데 그들이 순순히 포기하기는커녕 오히려 그를 회유케 하기 위해 갖은 수단(재물과 권세)으로 발람의 마음을 미혹시키려고 재차 접근을 시도한다. 이에 발람은 하나님께 어찌하면 좋을지를 다시 여쭈어보는데.. "그런즉 이제는 너희도 이 밤에 유숙하라 여호와께서 내게 무슨 말씀을 더하실는지 알아보리라" 말한다. (민 22:19) 발람이 그들의 회유 간계를 몰라서 하나님께 다시 물어보려 했을까? 뭔가 아쉬운 것을 놓치기 싫은 발람의 속마음이 드러나는 대목이다. 하나님은 그에게 다시 말씀하시기를 이르되 "그 사람들이 너를 부르러 왔거든 일어나 함께 가라" 하시면서 "그러나 내가 네게 이르는 말만 준행할 지니라" 말씀하신다. (민 22:19~20) 발람은 두 번째 하나님의 음성을 듣고 난후 아마도 그런 생각을 속으로 했으리라. '내가 하나님의 의중을 다시 한 번 확인하길 정말 잘했구나!' 하고 말이다. 하나님은 발람이 물욕에 눈이 어두워져 자신의 음성을 왜곡하여 들었음을 알고 계셨다. 결국 발람은 아침에 나귀와 함께 모압 고관들과 함께 떠나간다.

「오직 각 사람이 시험을 받는 것은 자기 욕심에 끌려 미혹됨이니」(약 1:14)

그때 하나님께서는 그가 그릇된 판단으로 강행하는 것을 보고 진노하신다. (민 22:22) 하나님은 지시를 어기고 강행하는 그에게 곧바로 천사를 보내시어 특단의 조치를 취하시는데.. 왜 하나님은 발람에게 첫 번째 지시인 "가지도 말고"와 다르게 두 번째 하신 말씀에서는 그에게 "가라!"고 하셨는가? 하나님께서 판단을 잘못하신 걸까? 아니면 발람의 소원을 들어주시기 위해 생각을 더 해보신 후 허락을 하신 걸까? 그렇지 않다! 발람이 하나님께 재차 여쭈어 본 것은 그의 숨은 의도가 깔려있었기 때문이다. 그 의도란 그의 능력의 힘을 빌려 목적을 쟁취하기 위한 이방인 왕의 끈질긴 미혹(물질적인 공세)에 마음이 쏠려 하나님의 음성을 잘못들은 것처럼 비켜가도록 한 것이다. 발람은 하나님의 음성에 고의적으로 귀를 막아 자신의 생각을 지지하는 쪽으로 받아들였다. 발람은 하나님의 응답을 듣기 전에 이미 자신이 취할 행동에 대해 결정을 내렸다. 발람은 하나님께서 자신이 결정한 것과는 달리 말씀하실 것을 미리 알고서 그분의 음성이 비켜가도록 불분명하게 들은 것처럼 귀를 슬쩍 막아버린 것이다.

다시 말하면 분명 이 말씀이긴 한데 나에게 이런 뜻(내 뜻에 기우는 생각)으로 하신 말씀은 아닐까? 하고 왜곡시켜(살짝 바꾸어) 그 생각으로 굳힌 것이다. 이처럼 자신의 생각이 정당성을 주장하기 시작하면 하나님의 음성은 왜곡되기 시작한다. 이런 현상(왜곡하여 듣는 것)은 그분의 음성을 듣고서도 받기를 거부하려는 태도를 가질 때 마치 잘못 알아들은 것처럼 꾸며낼 수(자작할 수) 있다는 것이다. 은근슬쩍 그분의 음성을 의도적으로 기피하는 것이다. 이 점은 하나님이 전달하신 올바른 뜻을 받아들이는데 있어 대단히 중요한 점이다.

하나님은 일구이언하시는 분이 아니시다. 사람은 두 마음을 품어 한 입에서 서로 다른 두 가지의 말을 내뱉을 수 있으나 하나님은 한 번 우리에게 전하신 말씀은 불변이시다. 그분의 말씀에서 중간 지점을 찾지 말라! 발람이 주는 교훈은 두 가지이다. [1]첫째는 주의 음성을 듣고서도 끝내 탐욕에 눈이 어두워져 미혹당해 바른 길을 떠나 주의 명령을 어긴 점(자기의 불법)이다. (벧후 2:15~16) 그 결과 하나님의 진노를 사게 되었고 하나님의 사자(천사)로 인해 책망과 함께 그의 목숨까지도 위태로운 상황에 처할 수 있었다.

「세상의 염려와 재물의 유혹과 기타 욕심이 들어와 말씀을 막아 결실하지 못하게 되는 자요」(막 4:19)

[2]둘째는 하나님의 음성을 처음에 들은 그대로를 이행하여 따르지 않았다는 점이다. 그는 재차 두 번째 들려온 주의 음성을 왜곡시켜 자신의 생각을 옹호하는 쪽으로 방향을 틀어 받아들였다. 주께서 그에게 '가라'하고 들리게 된 것은 그가 탐심에 미혹당해 주의 음성을 왜곡시켜 받아들인 것임을 알 수 있다. 왜냐하면 하나님의 음성은 거짓을 말씀하지 않으시며(히 6:18) 그 뜻이 변하지 아니함(히 6:17)의 일관성을 보이시기 때문이다.

「또 이르시되 너희가 무엇을 듣는가 스스로 삼가라」(막 4:24)

하나님의 음성이 왜곡(둔갑)하여 들릴 수 있는 것은 최종 결정을 내가 주도적으로 내리겠다는 마음(내 판단이 내게 유리할 것이라는 생각)이 솟구칠 때이다. 발람은 하나님의 말씀을 듣기는 들어도 깨닫지 못하게 하여 돌이켜 죄 사함을 얻지 못하게 되는 상황에 스스로 처한 것이다. (막 4:12) 평소 하나님의 말씀이 당신의 마음 밭에 깊게 뿌리를 내리지 않으면 이런 왜곡현상이 충분히 일어날 수 있다. 사탄은 하나님의 음성을 가로채 갈 것이다! 우리는 하나님이 주시는 말씀이 길 가에 뿌려지지 않도록 주의해야 한다. 이는 비유적으로 우리가 곧 말씀을 들었을 때에 사탄이 즉시 와서 우리에게 뿌려진 말씀을 빼앗는 것이라 했다. (막 4:15) 즉 사탄이 말씀을 빼앗는 것(낚아채어 가는 것)이다. 내린 뿌리가 약할 때 말씀이 뽑히는 것이다!

「말씀이 길가에 뿌리웠다는 것은 이들이니 곧 말씀을 들었을 때에 사단이 즉시 와서 저희에게 뿌리운 말씀을 빼앗는 것이요」
(막 4:15)

다시 말해 우리가 마음의 문을 어느 순간 닫게 되면 그분의 말씀이 튕겨나가 사탄은 옳거니 잘됐군! 하면서 금세 주님의 말씀을 거두어(강탈해)간다는 것이다. 마치 공중의 새가 어디선가에서 먹이를 노리다가 잽싸게 땅위로 하강하여 씨앗(하나님의 말씀)을 낚아채는 것과 같다. 듣고도 빼앗긴다는 것은 먹고도 소화되지 않은 채 바로 배설하는 것이다.

사탄은 우리가 말씀을 들을 때 그 말씀으로부터 스스로 시험을 당하도록 만들기도 한다. 우리는 절박한 상황과 조급한 마음으로 인해 그분의 말씀을 세상과 타협하도록 적절히 버무려 놓을 때가 있다. 희석된 말씀은 결국 내 입맛에 맞는 음성으로 변질되어 내가 원하는 방향으로 이끌도록 말하셨음을 인정하게 만든다. 즉 말씀으로 온전함을 이루도록 해야 하는데 마귀는 이를 교묘하게 세상적인 것과 결부시켜 결실을 맺지 못하게 방향을 틀도록 종용하는 것이다.

우리는 주의 말씀을 기름진 옥토(마음 밭)에 깊이 심어야 한다. 얕게 심으면 뿌리가 약하여 내리지 못한 채 싹이 나오다 말라 죽어버린다. 믿음은 말씀의 뿌리를 깊게 내리게 하는 영양분 역할을 한다. 믿음으로 연마된 기도의 화살은 하나님의 보좌 앞에 논스톱으로 날아간다. 그러므로 우리는 말씀으로 흔들림 없이 무장되어 있어야 한다. 겸손의 옷을 입고 흔들림이 없는 거목의 믿음과 어린아이와 같은 순수함을 가질 때 하나님과의 관계는 더욱 돈독해진다. 기도의 순수한 동기와 무릎 꿇는 순종의 자세는 하나님의 음성을 듣는데 필수 요소이다. 우리는 우리가 헤아리는 대로 받게 된다.(막 4:24) 내 마음안의 집요한 집착 덩어리를 주님 앞에 내려놓고 주님의 음성으로 헤아림을 받을 때 당신의 판단은 올바른 결실을 맺도록 인도를 받게 될 것이다.

| 하나님의 음성이 들리고 나타나는 때 |

「어떻게 무엇을 말할까 염려치 말라 그때에 무슨 말 할 것을 주시리니」(마 10:19)

하나님의 음성이 임하는 때를 우리가 전혀 알 수 없다고 해서 조바심을 내며 애타게 기다리거나 더 이상 기다릴 수만은 없다는 판단으로 성급한 행동을 취하는 우를 누구나 범할 수 있다. 하나님이 당신에게 어떤 메시지를 전달할 필요가 있어 부르시고자 하면 어떤 상황에서도 당신에게 알아듣도록 전하실 것이다. 우리가 배워야 할 것은 그분의 인도를 받기 위해서는 먼저 하나님을 향한 전적인 신뢰가 뒷받침되어야 한다는 점이다. 또 그분이 움직이실 때까지 잠잠히 지켜보며 기다릴 줄 알아야 한다. 우리는 그새를 기다리지 못하고 하나님이 왜 나에게 답답함을 주시는지 반문을 한다.

성도들의 간증을 유심히 살펴보면 하나님의 응답시점이 막바지에 이르러서야 응답되는 경우를 종종 보게 된다. 그 즉시 내 문제를 해결해 주실 수 있는 전능하신 하나님께서 꾸물거리듯 지체하시며 응답을 미루시는 이유는 무엇일까? 나는 이 점에 대해 두 가지로 답변 하고자 한다.

'첫 번째 이유는 하나님은 당신이 그분을 입술로만 시인하는지 아니면 그분의 말씀을 굳게 믿고 끝까지 그분을 신뢰하는지를 살펴보신다는 점이다. 주님을 전적으로 신뢰하고 있다면 고민되는 일이나 갑작스럽게 감당하기 힘든 일이 닥쳐도 마음이 요동하지 않는다. 신실한 하나님의 자녀는 오히려 그때에 간절한 마음으로 두 손을 모아 침묵의 기도에 돌입한다.

[2]두 번째 이유로 하나님은 당신만을 위해서 일을 단독적으로 처리하지 않으신다는 점이다. 그분이 응답하시는 방식중 하나는 그것이 이루어지도록 다른 사람들과의 관계를 조율하여 풀어나가신다는 점이다. 때로 하나님이 침묵하시는 것처럼 보여 지는 이유 중의 하나는 당신의 기도가 이루어지기 위해 우리의 활동무대 뒷전에서 조용히 준비 중에 있으실 때이다. 주님께서 그 일을 성취시키기 위해 그와 연관된 일이나 사람을 서로 합력하여 선을 이루도록 각 상황에 맞도록 조율하시는 중에 있으신 것이다. 그래서 우리는 그분께 응답하실 시간을 충분히 할애해 드려야한다.

[3]세 번째 이유는 하나님은 또 우리의 생각을 앞서가시는 분이란 점을 잊지 말자. 그분은 우리의 기도를 듣기 전부터 그 일을 성취시키기 위해 이미 시작하시고 준비해두실 때가 있다. 그리고 그것이 가장 좋은 결실을 맺는 그 때를 위해 기다리게 하신다.

이 세 가지를 알아두고 온전히 받아들이면 그분이 언제? 어느 때? 응답을 주실 지를 애타게 기다리는 조급함과 성급한 마음을 내려놓을 수 있게 된다.

| 하나님이 정하신 때를 기다려라 |

당신이 원하는 때에 맞춰 하나님의 응답이 임하길 원하는가? 단도직입적으로 말하면 하나님의 음성은 그분이 '정하신 때'에 임하신다. 정확히 말하면 '때가 찰 때' 임하신다. (갈 4:4) 하나님이 '보시는 시점'과 내가 '원하는 시점'의 차이를 인정해야 한다. 하나님의 음성은 우리가 생각지도 못한 때에 갑자기 임하시는 경우가 많다. 내가 체험한 경우에서도 전혀 예측할 수 없는 때에(기도한 지 43일째 되는 날) 주의 음성이 들려왔다. 하나님의 음성(응답)은 우리가 읽어내는 단기적인 안목의 타임 스케줄과는 다르시다. 그분의 안목은 기도의 내용과 연관된 모든 것(상황과 환경)을 살피시므로 '아직 때가 이르지 않았다면'(준비되지 않았다면) 무응답(침묵하심, 무응답도 응답이다)을 하시거나 응답하시기를 지체시키신다. 설령 모든 정황이 맞아떨어지는 상황일지라도 그것이 본인에게 아무런 도움이 되지 못한다면 응답을 거부하실 수 도 있다.

하나님은 분명 우리의 기도에 응답하시기를 기뻐하시는 분이시지만 우리가 원하는 시점에 맞춰 응답하시지 않을 때가 많다.

하나님의 응답(음성)이 늦어지는 것처럼 여겨지는 이유는 당신이 전혀 모르는 것(또는 놓치는 부분)을 그분은 이미 알고 계시기 때문에 당신에게 그 점을 인지시키기 위해 잠시 생각할 시간을 줌으로서 응답을 지체시키신다. 예컨대 당신이 그것을 이루기 위해 무엇을 먼저 해야 하는지 무엇을 반드시 거쳐야 하는지를 그분은 정확히 알고 계신다. 또 그 일을 현재 당신이 감당하기에 충분한지 부족한지도 아시고 계신다. 즉 하나님의 정하신 때는 우리의 이끄심의 시작과 깊은 관계가 있는 것이다.

성경은 모든 것에는 때(범사가 기한이 있고)가 있다고 말한다. (전 3:1) 그것을 시작할 때가 있고 멈출 때가 있음을 말하고 있다. 그러므로 우리가 원하는 응답 시점(때)을 손꼽아 기다리거나 고집스런 마음의 주장으로 기도하거나 왜 응답을 주시지 않는가 하는 집착을 내려놓아야 한다. 우리의 기다림은 아직 그분의 때가 이르지 않았다는 것을 알게 한다. (요 2:4) 그 때는 하나님이 허락하시는(통과시키시는) 시점을 말한다. 때와 시기는 전적으로 그분의 권한에 속해있다. (행 1:7) 그것은 우리가 알바가 아니다.

「이르시되 때와 시기는 아버지께서 자기의 권한에 두셨으니 너희가 알 바 아니오」(행 1:7)

사람들이 말하는 '때'란 자신의 판단 하에 정하는 때이다. 현재 추진하는 일이 성취되기에 충분한 여건이 마련되었을 시점(또는 시기)을 말한다. 그러나 신실한 성도는 하나님의 뜻에 따라 행하기를 원하므로 때를 기다리는 것도 그분께 전적으로 맡겨드린다. 당신은 차가 고장이 나면 어떻게 하는가? 유능한 정비사에게 전적으로 맡기지 않는가? 정비사는 차의 상태를 점검해보고 당신에게 언제쯤 오시면 된다고 일러줄 것이다. 당신은 정비사를 신뢰하기 때문에 차의 수리가 끝날 때까지는 도중에 성급한 태도로 나서지 않는다. 단지 잠잠히 기다릴 뿐이다.

「사람이 여호와의 구원을 바라고 잠잠히 기다림이 좋도다」
(애 3:26)

아브라함의 이야기에서 그의 아내(사라)는 자신의 늦은 나이에 아들을 주시겠다는 하나님의 약속을 의심하여 믿지 않았다. 왜냐하면 너무나 늙은 나이라 아이를 가진다는 것이 불가능함을 알기 때문이었다. 수년이 지나도 하나님의 약속이 이루어지지 않자 그녀는 기다리다 못해 궁리를 한끝에 여종 하갈을 아브라함에게 붙여 아들을 얻게 하였다. 이를 보면서 사라는 하나님의 약속이 마침내 이루어진 것으로 기뻐했을 것이다. 아브라함과 그의 아내는 세상적인 방식으로 그분의 약속 성취를 이루려고 했던 것이다. 그리고 자신의 생각이 합당하였음을 스스로 인정했을 것이다. 그의 여종을 통하여 이스마엘을 얻었을 때 아브라함의 나이는 86세였다. 그런데 아브라함이 99세가 되었을 때 하나님께서 다시 오셔서 그에게 언약을 세우시고 그의 나이 100세가 되었을 때 아들(이삭)을 주시고 약속을 성취하셨다.

「여호와께서 또 가라사대 은혜의 때에 내가 네게 응답하였고」
(사 49:8)

아브라함이 우리에게 주는 교훈은 우리의 앞날이 주님의 손에 달려 있다는 것을 인정할 때 그분의 언약을 굳게 믿고 잠잠히 기다릴 수 있다는 점이다.

「나의 앞날이 주의 손에 있사오니」(시 31:15)

우리의 '기다림' 속에는 그분에 대한 신뢰가 내재되어 있다. 신뢰함은 그분을 향한 바라봄을 이끈다. 그분을 신뢰하지 못할 때 우리는 조급증으로 앞서가려 하거나 뒤로 미루거나 포기하고 만다. 참된 믿음은 기다림을 '다가옴'으로 받아들인다. 하나님의 타이밍은 정확하고 절묘하기 때문에 당신이 그분을 정말 신뢰한다면 기다림은 크게 문제가 되지 않을 것이다. 그분 앞에 기다림이란 무작정 손을 놓고 그분이 움직이실 때를 넋 놓고 바라보는 것은 아니다.

다시 말해 기다림이란 하나님께서 인도하시는 방향이 어디로 향하여 나아가고 있는지를 예의주시해가며 확인해가는 과정이다. 아브라함이 실수를 한 것은 하나님의 약속하심의 때를 잠잠히 기다리지 못하고 아내의 말을 듣고 세상적인 생각으로 돌아가 하나님이 주신 약속을 자신들의 방식대로 의도적으로 이루려고 했다는 점이다. 하나님의 약속을 자기 나름의 방식으로 성취시켜 마침내 하나님의 약속하심이 이루어진 것으로 받아들인 것이다.

현재에와서도 이와 비슷한 일들이 한 개인에게 일어날 수 있는 여지는 누구에게나 잠재해 있다. 아브라함의 경우처럼 하나님의 응답하심이 제때에 안 오시거나 늦으시거나 침묵만(또는 보류)하신다고 여겨질 때에 당신은 어떻게 하겠는가? 당신은 아브라함의 아내가 생각해낸 것처럼 기다리다 못해 차선책으로 숨겨놓은 세상적인 방안을 강구하여 시도할 수 있다는 것이다. 믿음이 슬며시 뒷전으로 밀리게 되면 발람의 경우처럼 들려온 하나님의 음성을 왜곡하여 받아들이게 된다.

당신은 그럴 필요가 없다. 당신이 더 준비되어야 하는지 곧 바로 시작해도 좋은지를 그분은 아신다. 그러니 사전에 '하나님의 허락'을 받고 시작하라! 그렇게 하는 것은 하나님의 '보증'을 힘입어 당신이 힘을 얻고 담대함으로 나아가기 위함이다. 또 한 가지 보너스는 당신이 주님의 허락을 받으면 그 일은 반드시 '성취' 된다는 것이다. 따라서 하나님의 허락하심은 보증수표와도 같다.

하나님의 목적하신 바가 이루어지기 위해 그분은 우리의 배후에서 조용히 일하신다. 목적을 세우면 목표는 자연스럽게 드러난다. 그 목표가 어떤 목적을 위한 목표인지가 분명해진다. 그분은 우리에게 다양한 방법으로 제안하심을 알게 하신다. 물론 하나님은 당신의 생각을 존중하신다. 그러나 그분의 생각이 당신의 생각보다 우위에 있음을 인정해야 한다. 그분께서 합당한 좋은 길로 인도하신다는 사실을 믿어라. 하나님은 우리의 응답을 통해서 신뢰에 대한 믿음을 가르쳐 주실 뿐 아니라 주님과의 동행이 얼마나 큰 기쁨을 안겨다주는지 깨닫게 하신다. 또한 그분은 한 개인의 응답을 통해서 주변을 변화시키고 성장시키며 선을 이루어가는 것을 매우 기뻐하시며 좋아하신다.

「우리가 선을 행하되 낙심하지 말지니 포기하지 아니하면 때가 이르매 거두리라」(갈 6:9)

| 하나님의 절묘한 타이밍 |

모세가 이스라엘 백성을 이끌고 이집트를 탈출하는 과정에서 홍해의 기적이 일어난 것을 당신도 잘 알고 있다. 그 기적은 모세가 하나님의 명령을 받들고 순종하여 이스라엘 백성을 애굽에서 출애굽 시키는 대장정의 역사였다. 당시 뒤에서는 이집트 병사들이 추적해오고 있었고 앞쪽으로는 거대한 홍해가 가로막아 그야말로 진퇴양난의 상황에 처해 있었다. 그런 위급한 상황에서도 하나님은 앞으로 나아가라는 명령을 내리셨다. 모세가 바다를 향해 지팡이를 들어 내밀자 놀라운 장관이 펼쳐지게 된다. 바다가 갈라지면서 양쪽에 장엄한 높이의 물 벽이 생기고 땅이 훤히 보이는 길이 트여져 200만 명에 달하는 이스라엘 백성이 길을 따라 건너가 무사히 구출된다. 하지만 뒤따라오던 병사들은 바다가 다시 합쳐지면서 모두 바다 속에 수장이 되어 버리고 말았다. 그때 당시의 상황을 그려보면 하나님이 얼마나 절묘하게 시기적절한 순간을 잘 활용하시는지를 짐작할 수 있다. 모세의 기적에서 엿볼 수 있는 것처럼 하나님은 '지금 이때'라는 가장 적절한 순간을 정말 절묘하게 포착하신다. 그것을 가능하게 하는 힘은 한 치의 오차도 없이 완전하게 이루시는 하나님의 계획에 달려있다.

이처럼 하나님의 응답 타이밍은 마감시한이 임박하는 시점에 임하실 때가 많다. 하나님은 우리의 시간기준으로 바라볼 때 '바로 지금!' 이라는 현재 시점(헬라어로 시간을 뜻하는 카이로스; kairos)에 초점을 두신다. 하나님이 정하시는 때란 그분이 '지금이 적기'라고 판단하시는 결정적인 시점을 말한다. 하나님은 특정 시점(적절한 때)을 기회 포착의 타이밍으로 잡으신다. 결정적인 시점이란 절호의 시간 '때'를 말한다. 비유를 들어 설명하면 마라톤 경기에서 각 선수들은 처음부터 급하게 무리하며 뛰지 않는다. 일정 페이스를 유지해가며 막바지 결승점을 몇 분 앞두고 있을 때 스퍼트(막판에 전속력을 내어 달림)를 내게 된다. 어떤 경기든 선수는 예정된 결정적인 순간이 오는 때(타임 존)를 노려 승리의 깃발을 꽂으려 한다. 결정을 짓는 절호의 타이밍을 잘 알기에 초반부터 무리하지 않고 그 때를 기다려(포착하여) 그 순간에 힘껏 돌파하는 것이다.

당신은 하나님의 음성이 들리는 때(또는 응답하시는 때)를 노심초사하며 집착할 필요가 없다. 무엇보다 중요한 것은 그것이 하나님께서 기뻐하시는 뜻(또는 하나님이 그 일에 대해 생각해 두신 것)이라면 그분이 허락하여 정하신 때에 이루어질 것임을 조금의 의심도 없이 믿는 것이다. 특히 하나님이 정하신 때가 길면 길어질 수 록 당신에게 지금은 아니라는 것을 깨닫도록 응답의 시점을 미루시거나 침묵으로 일관하실 수 있다. 하나님은 당신이 미처 간파하지 못하는 부분을 이미 알고 계신다. 하나님은 정해두신 때가 이르기 전까지는 침묵하시거나 우리의 일에 일체 간섭하지 않으신다. 대신 하나님은 당신의 기도가 방향을 틀도록(기도의 오류를 바로잡기 위해) 유도하신다. 당신은 그 점을 잘 포착하여 기도의 동기와 방향을 선회하여 바로 잡도록 다시금 기도문을 작성하라.

지금 당장 아무 일이 일어나지 않더라도 그분의 은혜의 때에 이르게 되면 현실에서 징후(변화의 조짐)가 나타나게 된다. 그러므로 하나님께서 침묵하시는 기간 중에는 앞서가질 말고 잠잠히 기다리며 그분의 뜻이 무엇일까를 생각해보는 시간을 가져야 한다. 그렇게 하면서 외적 상황이 어떻게 돌아가는지 그 미묘한 움직임을 주의 깊게 살펴봐야 한다. 차분히 돌아가는 상황과 환경의 변화를 감지해가라. '하나님께서 현 상황이 이렇게 돌아가는 것과 그렇게 허락하신 이유가 분명 있으실 거야!'를 생각하며 잠잠히 기다려라. 그리고 상황변화를 중간 중간 노트일지에 메모해가라! 훗날 하나님의 인도하심이 어떤 식으로 진행되어 왔는지를 살펴보면 나중에 그와 유사한 상황에 놓여있을 때 유용하게 적용될 수 있다. 그때 당신은 크게 기뻐할 것이다.

하나님은 이 땅에서 돌아가는 전반적인 상황을 살피시어 가장 적절한 때를 아시고 때로는 의도적으로 정한 시점에 그 일이 일어나게도 하신다. 성경의 '때가 이르매' 거두리라는 말씀은 그 일이 무르익어 '때가 차는 것'을 말한다. 하나님에 의해 그 일이 최종 완성되는 때(결실을 이루는 때)를 말한다. 때는 '그 일이 일어날' 만반의 준비가 완료된 상태를 암시한다. 준비의 또 다른 개념은 '그 일을 하기위한' 사전 준비를 뜻한다. 다시 말해 준비는 착수와 완료의 개념을 동시에 가진다. 하나님의 때는 우리의 시각으로 보는 늦은 때와 이른 때가 아니시다. 하나님의 때란 바로 하나님의 영광이 가장 빛을 발하는 그 순간을(때를) 말한다!

하나님의 뜻을 분별하는 방법

「영적인 일은 영적인 것으로 분별 하느니라」(고전 2:13)

「하나님의 음성」(출처:IVP)의 저자인 달라스 윌라드(Dallas Willard)는 내가 들은(내게 들려온, 떠오른, 주입된, 전달된) 음성이 '정말 하나님으로부터 온 뜻을 품고 있는 것일까?'를 분별하기 위한 간단 명료한 방법을 조언하고 있다. 그가 말하는 '하나님께서 원하시는 방향' 임을 알 수 있는 세 가지 포인트는 '성경말씀', '성령의 감화', '환경'이다. 이 세 가지가 각각 동일한 방향을 가리킨다면 그것이 곧 '하나님께서 원하시는 방향'이라고 믿어도 좋다는 것이다. [1]'성경말씀'은 우리의 갈 방향을 안내하는 지표와도 같다. 당신이 하나님 앞에 담대하게 정한 뜻을 보여드릴 때 하나님은 당신이 어떤 동기로 그 일을 시작하려는 것인지 살펴보신다. 동기는 뜻보다 앞선다. 또한 그 동기는 말씀의 지침에 위배되지 않아야 한다. 그 동기가 합당한 것이라면 성경말씀이 힘을 실어줄 것이다. [2]'성령의 감화'는 성령의 조명하심으로 내적 확신(내면의 감화 또는 감동)과 평안, 담대함을 부어주고 최종 성경말씀과 합치될 때 그 길이 옳다는 것을 확신하게 한다. 촛불과 횃불의 차이를 주변 밝기의 차이로 바로 식별할 수 있듯이 우리의 영적 지각능력은 내적 경험으로 분별할 수 있는 힘을 얻는다. 그 힘의 원천은 성령님으로부터 온다. 그분의 영을 통해 마음에 전달해주시는 내적 증거(담대함, 기쁨, 평안, 내적확신, 자유, 위로, 힘, 교훈, 책망 등)가 그것이다. [3]'환경'은 열린 문과 닫힌 문으로 구별할 수 있는데 열린 문이라고 해서 나에게 좋은 탄탄한 길임을 의미하진 않는다. 단지 그 문은 목적지로 가는 도중의 이정표일 수 있다. 그리고 닫힌 문은 목적을 이루기 위해 선한 수단을 버리고 무질서한 방식(지름길로 가기위한 수단과 방법을 가리지 않고 가는 것)으로 나가기 때문에 하나님이 길목에서 그 문을 의도적으로 닫으신 것일 수 있다. 우리는 닫힌 문에 대해서 부정적인 생각으로 민감해할 필요가 없다. 닫힌 문을 안타까워할 게 아니라 오히려 수용할 수 있는 자세가 필요하다. 방향만 제대로 유지해 가고 있다면 아무런 문제가 되지 않을 것이다. 요셉을 보라! 요셉은 그 험난한 과정을 묵묵히 통과한 사람이다. 당신이 지금 험난한 롤러코스터(급격한 변화의 흐름)를 타고 있다 해도 하나님의 손을 꽉 잡고 놓치지 마라! 오직 그분만을 바라보라! 추호도 흔들리지 마라! 바람이 어떻게 불더라도 하나님의 뜻과 인도하심을 줄곧 따라가라!

| 정말 하나님으로부터 온 뜻일까? |

「그러므로 어리석은 자가 되지 말고 오직 주의 뜻이 무엇인가 이해하라」(엡 5:17)

하나님의 뜻은 당신의 삶을 유익한 방향으로(올바른 길로 인도하심) 인도하시며 그분께 영광을 돌릴 수 있는 은혜로움을 품고 있다. 정말 당신이 하나님을 깊이 사랑하고 있다면 그분과의 친밀한 관계 속에 그분의 뜻을 기도 중에 자연스럽게 느끼거나 알 수 있게 된다. 그 순간 하나님께서 왜 그런 인도를 하시려는지를 더 이상 고민하지 않고 받아들일 수 있다. 당신이 하나님의 첫사랑을 체험했다면 그 사랑이 식지 않도록 그분과의 교제가 지속되어야 함이 마땅하다. 하나님과의 첫사랑을 항상 기억하라. 사랑이 식게 되면 하나님과의 관계가 침체되어 자연히 거리감을 두게 되고 결국 나 홀로의 생각과 판단에 치중하게 된다. 반대로 하나님을 진정 사모하게 되면 몸과 마음이 바쁘고 힘들지라도 그분이 기뻐하시는 것을 찾게 된다.

「너의 처음 사랑을 버렸느니라」(계 2:4)

우리는 그분의 종으로써 믿음의 전진기어를 힘차게 넣어야 한다. 매번 마음에 들지 않는 상황(또는 환경)이 닥칠 때마다 불만을 달고 살면 당신은 하나님을 온전히 의지하고 있지 않다는 것을 드러내는 것이나. 하나님의 뜻을 외면한 채 자신의 독단적인 생각에 매달리고 있다는 증거를 스스로 나타내는 것이다. 살다보면 예상치 못한 일로 시소 게임하듯 오르락내리락 할 때가 있다. 그럴 때 간절함을 가지고 전심을 다해 주님의 뜻을 구하고 기다리면 마침내 문이 열리게 된다. 결과적으로 삶의 여정에 훼방을 놓는 것은 나의 정욕에 의해 내 마음이 세상에 미혹 당하는 것과 마귀의 짓에 의해서이다. 만약 우리가 시작한 일이 하나님의 뜻에 반한다면 하나님은 그 일이 더 이상 진행되지 못하도록 문을 닫으시거나 내버려 둘 것이다.

「이 세상도 그 정욕도 지나가되 오직 하나님의 뜻을 행하는 자는 영원히 거하느니라」(요일 2:17)

중요한 것은 우리의 마음 안에 '말씀의 거울'을 항시 비치해두어야 한다. 나의 기도가 하나님이 생각하시는 뜻과 생각에 부합되도록 하려면 말씀의 거울에 비추어 담대히 세울 수 있어야 한다. 정확히 말하면 기도의 동기, 기도의 목적, 기도의 방향이 무엇인지에 따라 응답의 허용여부와 결과가 다르게 나타나게 된다. 이 세 가지(기도의 동기, 목적, 방향)는 하나님의 뜻을 구하고(또는 하나님의 생각을 여쭈어보고) 그분의 응답받음(하나님의 허락하심-주님이 지향하시는 뜻과 부합되는 것)을 확인하는데 가장 좋은 방법으로 사용될 수 있다.

나는 이 점을 스스로 알고 직접 경험(말씀-기도-응답-체험)을 했기 때문에 당신에게 자신 있게 말할 수 있다. 물론 기도와 응답에 관련한 모든 주권을 하나님이 쥐고 계시다는 점을 잊지 말자. 모든 일은 그분의 뜻에 의해 결정하신다. (엡 1:11) 무엇보다 기도의 동기가 바로서면 기도에 담긴 목적과 기도가 지향하는 방향은 자연스럽게 따라올 것이다. 그에 따른 필요의 공급은 순적하게 정렬되어 갈 것이다. 기도의 동기가 하나님을 기쁘시게 하고 그분의 영광을 나타내는 것이라면 더 말할 나위가 없다.

「우리가 담대하여 원하는 바는 차라리 몸을 떠나 주와 함께 있는 그것이라 그런즉 우리는 몸으로 있든지 떠나든지 주를 기쁘시게 하는 자가 되기를 힘쓰노라」(고후 5:8)

수많은 기도가 주님께 모두 상달되진 않는다. 어떤 기도는 응답이 거부되며 또 어떤 기도는 응답이 지체되거나 침묵으로 일관되기도 한다. 반대로 어떤 기도는 그 즉시 응답되고 또 어떤 기도는 허락과 함께 상황의 개입이 일어나기 시작한다. 그러므로 당신에게 중요한 문제의 기도일수록 기도하기 전에 마음을 가라앉히고 기도문을 작성해보라. 기도의 동기(본심이 향하는 곳)가 어디에 있는지 살피는 것은 대단히 중요하다. 달리 말하면 기도의 향로에 담겨질 당신의 뜻이 어떠한 동기로 그렇게 세워졌는가의 연결 관계를 살펴봐야 한다는 점이다. 하나님 앞에 기도의 동기를 분명하게 당당히 담대하게 내세울 수 있고 스스로 책망할 것이 없다면 당신의 믿음은 시험받지 않는다. 당신의 인내(기다림)는 결실을 맺는다. 당신의 기도는 무엇이든 돌파된다. 당신은 하나님의 응답하심의 때와 이루는 방식을 고집하지 않으며 그분께 온전히 맡겨 드린다. 응답의 기다림은 초조함이 아니라 다가옴의 기쁨과 설렘이 될 것이다.

이에 모범이 되는 훌륭한 실전 사례(하나님의 뜻인가를 분별함)가 있다. 고아의 아버지이자 기도의 아버지라 불리는 조지 뮬러 목사의 귀한 경험담이다. 그는 자신이 살고 있는 브리스톨에 고아들을 돌보기 위한 고아원 설립에 깊은 고심을 하게 되었다.

그는 고아원을 설립해야겠다는 생각이 '자신의 뜻인지 정말 하나님으로부터 온 생각인지'를 알길 원했다. 그래서 그는 자신에게 떠오른 생각이 하나님의 뜻인가를 분별하기 위해 기도하기 시작했다. 그의 기도는 다음과 같았다. "하나님으로부터 온 생각이 아니라면 내 마음에서 그 생각을 없애주시고 주님의 뜻이라면 기도의 동기를 살피어 확신을 가질 수 있도록 구합니다." 그 확신이란 고아들을 돌볼 마땅한 일손들의 적임자와 물질적인 재원의 필요까지 공급해주실 것을 온전히 믿는 마음이었다.

사실상 그에게는 고아원을 설립하고 운영할 재원이 전혀 마련되어 있지 않은 제로 상태였다. 그렇게 기도하기를 며칠이 지났을 때 어느 날 그의 눈길을 사로잡은 성경 말씀구절이 있었는데 그 구절은 시편 81편 10절의 "네 입을 넓게 열라 내가 채우리라"는 말씀이었다. 그는 이 말씀을 붙잡고 무릎을 꿇은 채 전심으로 기도하기 시작했다. 오랜 기간 동안 묵상한 끝에 이 말씀이 고아원 사역으로의 인도함을 갖도록 하는 확신을 주었다. 그는 시편의 말씀대로 입을 크게 열어 고아원 사역에 당장 필요로 하는 집과 운영에 필요한 재원, 가구와 의복, 일손들을 보내달라는 청을 주님께 간절하게 기도했다. 그 결과 그의 기도에 하나님은 고아원을 운영하는데 필요한 기부금, 가구, 설비, 의복, 자원 봉사할 일손들을 보내주셨다.

그는 오직 기도로써 자신의 마음을 열어 기도에 담은 뜻이 하나님의 뜻으로부터 온 것인가(하나님의 뜻에 부합하는가)를 주님께 확증(허락)을 구했으며 친구의 조언과 성경말씀으로(시편 81편 10절) 최종 확증 받는 응답을(보증을) 받게 되었다.

「사람이 하나님의 뜻을 행하려 하면 이 교훈이 하나님께 로서 왔는지 내가 스스로 말함인지 알리라」(요 7:17)

이렇듯 하나님은 인도자로, 조력자로, 상담자로, 위로자로, 조언자로 대하시며 그분의 지혜를 나누어주시길 좋아하시는 분이다. 그분은 우리에게 최상의 좋은 것으로 안내하신다. 또 우리를 격려하시고 위로하시며 평안을 주시며 기쁨으로 전하시며 내려놓게 하시며 내적 확신과 담대함을 부어주신다. 하나님은 또 우리의 자유의지를 존중하신다. 나의 의지가 하나님과 동행한다는 것은 그분의 인도하심을 순종하여 따라가는 것을 말한다.

「너희 중에 누구든지 지혜가 부족하거든 모든 사람에게 후히 주시고 꾸짖지 아니하시는 하나님께 구하라 그리하면 주시리라」 (약 1:5)

하나님을 기쁘시게 하는 일이라면 당신에게도 기쁨이 일어난다. 하나님은 그가 기뻐하시는 자에게는 지혜와 지식과 희락을 주신다. (전 2:26) 따라서 하나님의 선하시고 기뻐하시고 온전하신 뜻이 무엇인지 분별하여야 한다. (롬 12:2) 분명한 사실은 하나님의 성품에 따른 뜻(하나님이 원하시는 방향)에 부합될 때 우리는 안전한 길로 들어서서 열매를 맺고 그분께 영광을 돌릴 수 있는 길이 열린다는 것이다. 예컨대 바른길로 행하는 자의 걸음은 평안을 느끼게 된다. (잠 10:9) 그분의 영광을 위한 것이라면 불의(정의롭지 못하고 도리에 어긋남)가 없을 것이다.

「보내신 이의 영광을 구하는 자는 참되니 그 속에 불의가 없느니라」(요 7:18)

| 하나님의 음성임을 확증시키는 단서 |

고린도후서 13장 1절에는 “내가 이제 세 번째 너희에게 갈 터이니 두세 증인의 입으로 말마다 확정하리라"라는 구절이 나온다. 하나님이 정말 당신에게 말씀하신 거라면 '두 번' 이상의 확증을 보여주실 거라는 점을 내포하고 있다. 이 점은 우리가 불확실하게 여길 수 있는 하나님으로부터 온 말씀인지 여부를 확증시켜주시는 그분께서 우리를 배려하시는 방식이다. 하나님은 최종 확증함을 두 번에 걸쳐 우리에게 재차 보여주신다는 점이다. 성경에는 사도 사울이 다메섹에 도착할 무렵 하늘로부터 '사울아! 사울아!' 하시며 사도의 이름을 부르실 때조차 두 번을 부르셨다. (행 22:7) 또 모세가 호렙 산에 이르렀을 때 떨기나무 불속 가운데서 '모세야! 모세야!' 하시며 그를 두 번 부르시는 하나님의 음성이 들려왔다. (출 3:4) 요셉의 꿈도 그의 비전(장차 한 나라의 높은 관직에 오르는)을 암시하는 동일한 비슷한 꿈을 두 번에 걸쳐 꾸었다.

성경에 이른 대로 그 말씀이 전하는 뜻대로 나에게도 똑같은 상황이 일어났음을 알게 되었는데 그것은 하나님의 음성임을 확증시키는 결정적인 단서였다. 그 단서는 최초의 응답부터 시작해서 마지막의 응답이 이루어질 때 까지 매번 동일한 상황 속에서 일어났다. 그 단서란 단 한 번이 아니라 매번 두 번에 걸친 역사가 일어났다는 점이다. 그리고 성경말씀을 통하여 그 응답이 하나님으로부터 온 음성임을 최종 확정할 수 있었다. 구체적인 실 예를 들어보기로 한다. 하나님을 기쁘시게 할 동기로 책을 집필하려는 목적과 방향을 세우고 허락을 구하는 기도를 드린 지 43일째 되던 날 갑자기 오른쪽 귀에서 들리기 시작한 아름다운 나팔(트럼펫) 연주음악 소리를 기억하고 있다. 그 연주음악의 첫 곡이 약 1분 30초 후에 끝나자 곧 이어서 다른 나팔연주 음악이 또 시작되었다. 두 번에 걸쳐 나팔소리가 연속적으로 들려 왔다는 사실이다. 또 하나님의 임재의 영광이 임하기 전 징후가 내 방안의 벽에 시간차를 두고 동일한 위치에 사각형 모양으로 두 차례 황금빛이 비추었다. 그 빛은 나를 창가 베란다로 유도하여 밤하늘에 고요히 떠있는 장엄한 스케일의 하나님의 영광(백색 광채)을 보게 했다. 그런 뒤 3개월이 지나 성령님의 내적음성을 두 번에 걸쳐 동일한 음성으로 동일한 시간대에 들은 적이 있었다. 당시 나는 성령의 내적음성에 대해 전혀 모르는 상황이어서 그 음성의 진위에 대한 의심이 일어났다. 나는 하나님께 오늘 이른 아침에 들었던 음성이 주의 음성임이 맞는다면 다시 한 번 확증해 주시길 원한다는 기도를 재차 드렸다. 그러자 놀랍게도 주님은 다음날 이른 아침 세 번째 동일한 음성을 또 한 차례 들려주셨다. 나는 하나님과 기도의 채널을 통해서 대화를 하고 있었던 것이다.

나는 하나님을 기쁘시게 할 동기로 무엇인가를 시험하는 과정에서 한 가지 분명한 사실을 알게 되었는데 그것은 상황에 따라 하나님께서 응답임을 확증시키기 위해 재차 동일한 역사를 두 번에 걸쳐 나타내신다는 점이다.

| 하나님의 뜻인가를 분별하는 강력 필터 |

하나님의 응답하심이 맞는다고 여길 때에도 왠지 그 응답을 받아들이기가 꺼려지는 느낌이 들 때가 있는가? 진정 하나님이 원하시는 방향과 내 뜻이 지향하는 방향이 서로 일치하는가를 스스로 확정지을 수 있는지 묻는 것이다. 그럴 때 우리는 두 가지 형태로 흔들림이 올 수 있다. 좌측으로의 흔들림은 발람의 경우처럼 내 뜻을 지지해주는 음성으로 '왜곡'하여 받아들이는 경우이다. 반대로 우측으로의 흔들림은 내 뜻과는 상반된 것을 알고 그분의 음성을 '거부'하는 경우이다. 결과는 전자로 기울든(좌측으로의 흔들림) 후자로 기울든(우측으로의 흔들림) 두 가지 모두 그릇된 결과를 초래한다. 왜냐하면 그 상황을 내가 보는 기준에 의해 결정하기 때문이다. 그릇된 결과의 초래는 잘못된 검증 기준에 있는 것이다. 우리에게는 그래서 하나님의 다림줄이 필요하다. 다림줄은 그 문제를 올바르게 분별해내는 기준이자 척도라 할 수 있다.

「입이 식물의 맛을 변별함 같이 귀가 말을 분별하나니」(욥 34:3)

이제 3장에서 가장 중요한 부분인《하나님으로부터 온 뜻인가를 식별하는 법》을 배울 차례이다. 갑자기 떠오른 생각이나 주입된(떠오른) 생각의 '출처'가 과연 하나님으로부터 온 것인지 분별하는 수단은 대단히 중요하다. 누구나 처음에는 응답처럼 여겨지는 상황이 과연 하나님의 뜻인지 불분명한 그림으로 보여 질수 있다. 이때 흐릿해 보이는 것을 걷어내어 '확증' 시킬 수 있는 진단방법이 존재한다.

이 분별 법은 곧 배우게 될 하나님으로부터 온 뜻인가를 식별하는 필터링이란 검증단계를 통해서 이루어진다. 일명 「진단 필터링」이라 이름 붙여진 이 방식은 다섯 단계의 필터로 걸러내어 최종적으로 진단결과를 확정시킨다. 진짜처럼 보이는 위장된 응답(내 생각으로부터 온 주장, 사탄의 왜곡된 속임수, 세상이 내보이는 뜻)을 걸러내는 것이다. 이 진단 방법은 정수기 내부에 장착된 불순물 여과필터로 유해한 물질들을 단계별로 걸러내는 필터링 과정과 매우 유사하다. 사용되는 필터는 총 다섯 개의 강력한 진단 필터로 구성된다. 이 방법을 도입하면 내 생각에서 오는 목소리인지, 사탄의 음성인지, 세상이 미혹하는 소리인지를 걸러낼 수 있다.

각 필터의 세부기능은 다음과 같다. 첫 번째 필터는 '성경말씀'으로, 두 번째 필터는 '상황과 환경'으로, 세 번째 필터는 '내적확신'으로, 네 번째 필터는 '담대함'으로, 다섯 번째 필터는 '평안함'이라는 필터이다. 유의해야 할 점은 이 다섯 가지 필터를 모두 통과해야 하는 AND 조건(모든 필터를 다 만족시키는)이라는 점이다. 어느 한 가지만 통과하면 되는 OR 조건이 아니다.

혹 당신은 그런 생각을 할지 모르겠다. 5개의 진단 필터가 하나님으로부터 온 뜻인가를 분별해내는데 분명 도움이 되는 것은 사실이겠지만 정말 내가 받고 싶은 하나님의 뜻하심을 자칫 놓치는 것은 아닐까 하는 우려의 생각을 할 수 있다는 점이다. 나의 답변은 그런 염려를 내려놓아도 좋다는 것이다. 그 질문에 대해 아주 적절한 비유가 당신의 우려를 불식시킬 것이다. 실제 유리 소재로 그릇을 만드는 공장에서는 불량제품을 검출하기 위해 7단계의 품질검사 과정을 거친다. 문제는 만들어진 제품이 그 중 한 단계라도 통과하지 못하면 그 제품은 무조건 폐기된다는 점이다. 한 마디로 모양만 그럴듯한 것은 모두 불량품이라는 것이다.

나는 이 진단 필터링의 이해를 돕기 위해 내가 실제 겪은 사례를 통하여 필터링한 예를 이 책에 실었다. <실전 사례: 하나님이 인도하시는 뜻인가를 분별하다> 이 진단방법은 생각보다 강력하며 실전에서 매우 유용하게 사용될 수 있다.

[필터링_1] 성경말씀에 환히 비추어보라

첫 번째 필터는 하나님의 다림줄(물체의 수직 또는 수평여부를 측정하기 위해 내리는 줄)인 성경말씀을 통하여 그분의 뜻이 담긴 음성인지 여부를 진단해보는 것이다. 성경말씀은 들려온 음성이 하나님으로부터 온 음성인지를 가려내는 강력한 필터 역할을 한다. 성경말씀에 비추어보고 걸러보는(필터링) 것이다. 하나님의 음성에는 성경에 들어있는 말씀들과 동일한 뜻을 품고 있다. 바꿔 말하면 성경말씀이 전하는 지침(가르침)의 범위를 넘어서지 않는다. 즉 성경적인 가르침에 위배되는지, 벗어나는지, 비켜나가는지를 분별하는 것이다.

「**너희로 하여금 기록한 말씀 밖에 넘어가지 말라 한 것을**」(고전 4:6)

따라서 그 음성이 정말 주님으로부터 온 음성인지를 구별하려면 기준의 으뜸이 되는 성경말씀의 지침에 새겨진 뜻과 전하심에 비추어봐야 한다. 이 과정은 주입된 음성의 출처와 그 생각이 온전한 것을 담고 있는지 검사해보는 것과 같다. 마치 X-선 파장이 몸을 뚫고 들어가 어느 부분에 이상이 있는지를 발견해내는 것처럼 떠오른 생각이 오염된 생각인지를(사탄의 음성, 내 생각) 성경말씀을 통하여 훤히 비추어 보는 것이다. 다시 말해 불 켜진 환한 조명아래서 사과인지 배인지를 금방 구별해내는 것과 같다.

「**거룩한 것과 속된 것을 구별하는 것이라**」(겔 42:20)

그러므로 일차 필터링을 확실히 해두기 위해서는 평소 성경말씀을 마음 안에 심어 기억해둘 필요가 있다. 기록된 말씀이 가슴 안에 있지 않고 매번 매뉴얼을 찾듯이 대하면 우리는 성경을 마치 필요할 때 단어 사전을 찾아보듯 하는 행동을 보이는 것이다. 하나님의 음성듣기의 기초는 성경말씀에서 시작된다. 우리가 매일 성경을 읽어야 하는 이유도 그와 맥락을 같이한다. 당신의 핸드백에 작은 손거울 하나가 있듯이 '말씀의 거울'을 가슴에 지니고 다녀라. 큰 힘이 될 것이다.

「율법의 교훈을 받아 하나님의 뜻을 알고 지극히 선한 것을 분간하며」(롬 2:18)

[필터링_2] 상황과 환경의 문이 열리는가를 지켜보라

하나님이 개입하실 때에는 주어진 상황의 변화와 닫혔던 환경의 문이 서서히 열리게 되는 징후가 먼저 나타난다. 현실의 상황이 꽉 막혀 도무지 어찌할 방도를 모르는 상황일지라도 하나님께서 개입하시면 굳게 닫혔던 문이 열리는 극적인 반전의 변화조짐이 일어나게 된다. 예상하지 못했던 상황의 반전이 일어나는 것이다. 도저히 있을 수 없는 일이 눈앞에서 현실로 일어난다.

「볼지어다. 내가 네 앞에 열린 문을 두었으되 능히 닫을 사람이 없으리라」(계 3:8)

그분이 문을 열면(성령의 기름부음의 역사가 일어나면) 힘들게 문을 열려고 노력하지 않아도 순적하게 일이 풀려나가게 된다. 하나님께서 문을 열면 닫을 사람이 없고 닫으면 열 사람이 없는 것이다. (계 3:7) 큰 힘을 가하지 않아도 가볍게 문이 열리는 것처럼 느껴진다. 이는 하나님의 섭리(그 분의 뜻에 따라 예정되어진 행하심)가운데 일어나는 것이다. 성령님의 역사(기름부음)가 임하게 되면 그 일은 이루질 수밖에 없다. 기름부음의 역사는 눈에 띌 정도로 일이 순적하게 풀려나간다. 세차게 흐르는 강물처럼 거침없는 행보를 보인다. 결실(열매를 거두는 것)을 예비해놓으신 상태에서 순적하게 인도하시는 경우(때에 따라 응답하심)이다. 보이지 않는 배후에서 끝까지 동행하시고 우리가 모르는 가운데 은밀히 준비해가시며 인도하는 방식이다. 반대로 기름부음이 없는 때에는 힘이 들고 기쁨이 없으며 노력한 만큼 결실을 거두지 못한다.

주의할 점은 주님께서 문을 여셨다고 해서 단박에 모든 것이 풀리는 그런 열린 문으로 생각지 말라. 상황이 열리는 것처럼 보인다고 해서 하나님께서 문을 여시는 것으로 섣부른 판단을 내리지 말라는 것이다. 현실의 반응(돌아가는 외적 상황)을 보고 고무되어 속히 결정을 내렸다가 후회하는 경우가 얼마나 많은가? 또 도중에 문이 닫힌다고 해서 염려하지 말라. 가망성이 없어졌다고 받아들이지 말라. 우리는 문이 닫힐 때 앞이 캄캄한 생각부터 먼저 한다. 뭔가 잘못 돌아가고 있다고 여기는 것이다. 닫히는 문이란 어떤 이유로 갈 길을 막으시거나, 방향을 바꾸도록 하거나, 더 좋은 길을 예비하시려는 계시의 문이라고 받아들여라. 그러므로 문이 닫힐 때에는 낙심하지 말고 숨을 고른 후 잠잠히 기다려라. 그리고 하나님께서 어떤 문(새로운 문)을 여실지 묻는 기도를 하고 무엇 때문에 문을 닫으셨는지 성령의 음성에 귀를 기울여라.

[필터링_3] 내적확신이 임하는가를 체크하라

「우리가 그 안에서 그를 믿음으로 말미암아 담대함과 확신을 가지고 하나님께 나아감을 얻느니라」(엡 3:12)

세 번째 필터링 단계는 내적확신이 임하는가를 살펴보는 것이다. 우리는 무슨 일을 시작하기 전에 그 일에 대해 확신을 갖기를 원한다. 확신한다는 것은 '그렇게 되리라'는 것에 조금의 의심조차 하지 않는 것을 말한다. 내적확신은 하나님의 말씀가운데 임하는 흔들림이 없는 확고한 믿음의 상태이다. 성경은 하나님을 향한 확신에 대해 "우리 복음이 말로만 너희에게 이른 것이 아니라 우리가 그리스도로 말미암아 하나님의 능력과 성령과 큰 확신으로 된 것이다."라고 전하고 있다. (고후 3:4)(살전 1:5)

하나님이 허락하신 일이거나 말씀하신 것이라면 성령님은 우리의 마음 안에 평강과 내적확신이 임하도록 응답하신다. 우리가 하나님의 자녀인 것을 성령님의 증거 하심으로 알 수 있듯이, 하나님의 뜻임을 알 수 있는 방법도 성령님이 하나님의 뜻하심을 내적증거를 통해서 말씀하시는 것이다.

「너희로 하나님의 모든 뜻 가운데서 완전하고 확신있게 서기를 구하나니」(골 4:12)

내적확신은 성령님이 우리의 마음에 불을 켜는 지시등과 같다. 당신의 간구기도가 그분으로부터 허락을 받게 되면 성령님은 당신의 마음에 확신을 불러일으키는 푸른 등을 켜신다. 만일 내적확신이 임하지 않을 때(적색 등)에는 잠잠히 기다리며 행동으로 옮기지 말아야 한다. 그리스도의 평강이 내 마음을 주장할 때 까지는 기다림이 필요한 것이다.

[필터링_4] 담대함이 솟아나는가를 지켜보라

네 번째 필터링 단계는 담대함이라는 필터를 사용한다. 담대함이란 무엇인가? 담대함은 밖으로 표출되는 거침없는 자신감, 내적확신, 용기, 대담함으로 흘러나오는 감화의 드러남을 말한다. 그 경험은 하나님의 숨결(호흡하심)이 우리의 내면을 적시는 감동, 감화로 느낄 수 있다. 담대함이 우리에게 있어도 되고 없어도 상관없는 선택 옵션이 아니다. 담대함으로 나아가게 하려면 진실한 고백과 진심어린 회개, 순종하는 자세와 온전한 믿음, 기대감과 갈망, 간절함, 내적확신이 임해야 한다. 믿음을 가진 우리가 종종 담대히 나아가지 못하는 원인은 기도하지 않는 죄, 두려움, 낙심, 회의, 선

입견, 시기와 질투, 양심의 가책, 불순종, 연약한 믿음, 세상의 집착, 자격지심, 죄책감, 내적확신의 부족 등으로 돌파하지 못하는 것이다.

「우리가 그 안에서 그를 믿음으로 말미암아 담대함과 확신을 가지고 하나님께 나아감을 얻느니라」(엡 3:12)

하나님은 "내가 명령한 것이 아니냐! 강하고 담대하라! 두려워하지 말며 놀라지 말라!"고 우리에게 명하셨다. (수 1:9) 하나님은 의인은 사자같이 담대하니 우리에게 강하고 담대하라고 말씀하신다. (잠 28:1, 시 31:24) 담대함이 없게 되면 우리의 마음 안에는 두려움이 엄습한다. 반대로 담대함이 자리하면 두려움이 물러가게 된다.

「너희 담대함을 버리지 말라 이것이 큰 상을 얻게 하느니라」
(히 10:35)

성경은 담대함에 대해 성령 충만을 언급하고 있다. 담대함은 성령님이 우리에게 주시는 선물이기도 하다. 성경은 우리의 마음 안에 책망할 것이 없을 때(불순물이 없는 상태) 하나님 앞에서 담대함을 얻게 된다고 말한다. 즉 우리 마음이 책망할 것이 없으면 하나님께 무엇이든지 구하는 바를 그에게서 받고 이는 우리가 그의 계명을 지키고 그 앞에서 기뻐하시는 것을 행할 때이다. (요일 3:22)

「사랑하는 자들아 만일 우리 마음이 우리를 책망할 것이 없으면 하나님 앞에서 담대함을 얻고」(요일 3:21)

베드로가 '성령이 충만하여' 백성의 관리들과 장로들에게 거침없이 담대하게 하나님의 말씀을 전함을 보고 관리들이 이상히 여겨 더 이상 그의 말을 부인하거나 비난할 수 없었다고 전한다. 왜냐하면 그가 본래 학문이 없는 평범한 범인인데 이상하리만큼 이치에 맞는 말을 늘어놓았던 것이다. 그들은 도무지 어떻게 처벌할지 방법을 찾지 못하고 다시 위협하여 놓아주었다. (행 4:8~21) 그가 주눅이 들지 않고 위풍당당하게 주의 말씀을 전할 수 있었던 것은 그의 마음이 주를 힘입었기 때문에 담대하게 말할 수 있었던 것이다. 이처럼 담대함이 없이는 주의 일을 제대로 성취해 갈 수 없으며 당신 앞에 놓인 온갖 장애물들을 돌파할 수 있는 힘을 얻지 못한다.

그리스도인은 우리가 어디로 가든지 하나님께서 함께 동행 하신다는 것(떠나지 아니하시고 버리지 아니하심)을 알고 있다. (신 31:6) 하나님의 백성인 자는 언제든지 그분 앞에 담대히 나아갈 수 있는 그분의 의로 입혀진 내적확신이 차오르는 용기가 솟아나야 한다. 나는 말한다. 몇 차례의 기도 후 당신의 내면에 어느 순간 담대함이 차오르면 당신에게 들려온 그 음성이 주님으로부터 온 것으로 인정해도 좋다. 따라서 담대함의 신호여부를 꼭 필터링해야 한다.

「그를 향하여 우리가 가진 바 담대함이 이것이니 그의 뜻대로 무엇을 구하면 들으심이라」(요일 5:14)

[필터링_5] 평안이 임하는가를 살펴보라

이제 마지막 필터링 단계이다. 다섯 번째 필터링 단계는 평안(평강)이라는 필터를 사용하는데 이는 하나님의 응답(허락)하심을 확신할 수 있는 가장 보편적이면서 유용하게 사용되는 방법이다.

하나님이 주시는 평안이 내 마음 안에 깃드는가를 점검해보는 것이다. 일반적으로 하나님의 음성은 평안이라는 통로를 사용하여 그 분의 뜻을 알게 하시고 인도하신다. 동일한 기도를 몇 차례 드리고 나서 내 마음이 평안한지를 체크해보라.

마음을 정결하게 하여 가다듬고 기도의 골방에 들어가 '주님, 제게 말씀 하옵소서. 주의 음성을 제가 듣겠습니다. 주의 음성 들음에 가까이 하지 못한 저를 긍휼히 여기시어 제 기도에 합당한 주의 뜻과 길을 제가 알기를 간절히 원하옵나이다.'라고 무릎 꿇어 기도해보라! 하나님이 주시는 평안은 기도의 긍정적 응답결과를 가리는데 중요한 역할을 한다. 매 기도 후 당신의 마음에 진정한 참된 평안(영적인 평안)이 임하면 하나님의 음성을 듣고 있을 가능성이 매우 높다. 반대로 진정한 평안이 없다면 결정을 미루고 선택을 재고할 필요가 있는 것이다.

「그리스도의 평강이 너희 마음을 주장하게 하라」(골 3:15)

기도의 아버지라 불리는 죠지 뮬러(George Muller)는 하고자 하는 일을 실행에 옮기기 전에 하나님이 정하신 때를 얻기 위해 몇 차례 기도를 드리고 나서 '마음의 반응'(마음의 평안이 주어지는지 여부)을 살폈다고 한다. 자신의 생각으로 심사숙고한 판단을 내리되 두 번이상의 간구 후에도 지속적인 평안이 임하는가를 살펴보고 난 후 자신의 계획을 실행에 옮겼다. 그만큼 내적 평안은 그분의 '허락하심'을 결정짓는 강력한 단서이다.

「모든 지각에 뛰어난 하나님의 평강이 그리스도 예수 안에서 너희 마음과 생각을 지키시리라」(빌 4:7)

그리스도의 평강은 필요가 충족(또는 해결)되어 나타나는 세상적인 평안(일시적인 만족감)과는 다르다. 거짓 평안이란 감정의 지배에 놓인 상태로 일시적으로 반짝하고 수그러든다. 감정이란 부풀어진 생각의 거품에 젖어든 상태이다. 반면 주님이 주시는 평안은 제아무리 폭풍이 몰아치고 파도가 넘치는 상황에서도 흔들림이 없도록 잡아주는 닻과 같다. 잔잔한 호수처럼 우리의 마음을 잠잠하게 만든다. 그분의 음성에는 요동침이 없기 때문이다.

「평안을 너희에게 끼치노니 곧 나의 평안을 너희에게 주노라 내가 너희에게 주는 것은 세상이 주는 것 같지 아니하니라」

(요 14:27)

거짓평안(세상적인 평안)은 느낌과 감정의 신호가 물들면서 마음에 채워지는 것에 반응하는 상태이다. 따라서 거짓 평안을 분별하는 방법은 지나친 감정의 기조가 일어나는 가를 살펴보면 된다. 거짓 평안은 소망을 간절히 원하는 시점에서 그것을 충족시킬 만한 어떤 단서(또는 방법)가 발견되었다고 여겨지면 바로 흥분을 야기해 감정의 쏠림현상을 촉발시킨다. 반대로 하나님께서 우리의 마음에 평안을 주실 때에는 지속적인 기쁨이 일어난다. 당장 그 문제가 해결 받지 못한 상황에서도 내적확신을 불러일으켜 더 이상 염려와 근심을 하지 않아도 될 만큼 당신 스스로가 마음의 확증을 갖게 한다.

| 실전 사례 : 하나님이 인도하시는 뜻인가를 분별하다 |

2018년 2월말, 저는 다니던 직장을 그만 두게 되었습니다. 당시 나이 57세에 들어간 그 직장에서 제가 일했던 업무는 전공분야인 컴퓨터 기반 SNS를 활용한 홍보 마케팅과 문서작성, 기획하는 업

무였습니다. 나름 윗사람의 인정을 받아가며 성실히 근무를 해왔으나 일 년 반 뒤에 회사가 문을 닫게 되면서 나올 수밖에 없었습니다. 실직자의 생활이 시작되면서 국가에서 지급하는 구직급여를 신청했고 5개월이란 구직기간이 주어졌습니다. 저는 이 시간을 책을 완성하기 위한 유일한 시간으로 정하고 집중적으로 집필에만 몰두하였습니다. 하루 평균 13시간 이상을 집필에 할애했습니다. 그러기를 어느새 시간이 흘러 5월초가 되었습니다. 취업의 당면 문제가 서서히 제 마음을 압박해오기 시작했습니다. 저는 주님께 현재의 필요와 상황에 대해 기도를 올리기로 정하고 특별 기도문을 작성하였습니다. 서두에는 그동안 주님의 인도하심으로 순적하게 집필에 전념할 수 있었던 것에 진심으로 감사를 드림과 현 시점에서 직장을 구해야만 하는 당위성을 적었습니다. 그리고 마태복음 6장 33절의 「그런즉 너희는 먼저 그의 나라와 그의 의를 구하라 그리하면 이 모든 것을 너희에게 더하시리라」라는 말씀을 기도문의 끝자락에 덧붙였습니다. 이 말씀 구절을 따온 이유는 하나님 나라의 확장을 위한 그분의 의를 구하는데 최우선을 두고 싶었기 때문입니다. 나는 주께서 내가 최선을 다해 하나님의 의를 성취하고자 노력할 때 나의 필요(취업)를 채워주신다는 것을 믿음으로 응답받기를 원했던 것입니다.

기도문 작성을 끝내고 난후 매일 저녁 11시에 특별 간구기도를 드리기 시작했습니다. 그러던 어느 날 아침, 불현 듯 걸려온 한 통의 전화를 받고 저는 깜짝 놀라지 않을 수 없었습니다. 저에게 전화를 걸어온 분은 제가 퇴사 후 2개월이 되어 가는 시점에 모 프로젝트를 추진하기 위해 저에게 자문을 해왔던 분입니다. 저는 그 프로젝트와 관련하여 밖에서 그분을 처음 만나 대화를 하던 중에 저의 취업 문제를 조심스레 꺼내어 정중히 말씀을 드린 적이 있었습니다. 그분은 지방에 자체 제조 공장을 가지고 있고 수십 명의 직원에 연간 매출액도 수십억에 달하는 견실한 업체를 경영하고 있는 대표였습니다. 그분이 그동안 저의 직장 문제를 곰곰이 고민하셨는지 자신의 회사에 입사를 권유하는 건으로 전화를 걸어온 것입니다. 직위와 급여, 숙식제공의 세부조건을 확정하고 저에게 제안을 건네시면서 빠른 시일 안에 결정해주기를 원한다고 하셨습니다. 그분과 통화를 하는 동안 제 마음은 입사권유의 파격적인 제안에 마음이 고조되면서 그분의 깊은 배려에 고마움을 느꼈습니다. 통화가 끝난 후 잠시 저는 숨을 고르면서 책상 앞에서 잠잠히 생각하는 시간을 가졌습니다. 우선 종이 한 장을 꺼내어 메모를 하기 시작했습니다.

당시 저는 원고의 마무리가 덜 된 상황에서 조기결정으로 갑작스럽게 지방으로 이동해야 한다는 점이 무엇보다도 마음에 걸렸습니다. 마음이 점점 무거워지면서 환경이 바뀐 상태에서 집필 작업이 순조롭게 진행될지도 걱정이 되었습니다. 또한 이사비용, 출판사 섭외문제 등 모든 것이 얽힐 수 있는 상황이었습니다. 결정을 내리는데 심사숙고해야하는 시간을 가져야만 했습니다. 그러나 한편으로 제 나이 때에 직장을 구하기가 매우 어렵기 때문에 구해졌을 때

바로 움직여야 하지 않는가 하는 생각이 끊임없이 맴돌고 있었습니다. 어찌되었든 제 결정을 대표에게 선해야 하는 시간이 점점 다가오고 있었습니다. 그래서 저는 지인에게 조언을 얻기 위해 인연이 닿은 분으로부터 이런 입사제의가 왔는데 어떻게 생각하느냐를 물어 보았습니다. 그들의 의견은 그쪽으로 옮겨 그분의 회사에 들어가는 것이 좋겠다고 말했습니다. 그들의 조언도 틀린 의견은 아니었습니다. 다만 저의 현 상황을 직시하지 못한 채 단지 직장만 보고 그렇게 하는 것이 좋겠다고 말했던 것입니다. 아마도 그런 좋은 조건의 제의가 왔을 때 길게 생각지 말고 얼른 움직이는 것이 낫지 않겠느냐 하는 마음에서 그랬던 것 같았습니다.

저는 최종적으로 문제가 될 만한 상황들과 우선순위를 정하여 마음의 정리를 끝냈습니다. 저의 입장을 전달하기 위해 문자로 정중히 보냈습니다. 보낸 회신은 제게 있어 현재 진행 중인 기도서의 원고 집필 마무리 작업을 6월말까지 끝낸 후 출판사 섭외에 곧바로 들어가야 하기 때문에 7월까지는 시간이 필요하므로 그때까지 기다려 주셨으면 한다는 양해를 구하는 내용이었습니다. 다행히도 대표는 저의 입장을 받아들이셨는지 잘 이해하겠다고 답장을 전해 왔습니다. 저는 그 답장을 받고서도 마음이 편치 않아 주님께 응답의 확증을 구하는 기도를 다시 하기로 했습니다. 기도를 며칠 동안 했으나 주님이 주시는 내적 평안은 임하지 않았습니다.

그렇게 시간이 흘러 7월 둘째 주초에 접어들 때 한 출판사에서 책을 내겠다는 출간제의의 전화를 받게 되었습니다. 마침내 저의 숙원인 책 출간이 결정되는 순간이었습니다. 저는 곧바로 회사대표에게 책 출간이 결정되었으니 이동을 하기 전에 미리 숙소에 한 번 내려가 어떤지 둘러보겠다고 문자로 전했습니다. 그런데 답변이 바로 오질 않았습니다. 3일째 되던 날 돌아온 답장은 충격적이었습니다. 현재 회사를 매각단계에서 구조조정 중에 있으며 상황이 좋지 않으니 이해를 해달라는 회신을 보내온 것입니다. 약 두 달간에 걸쳐 그동안 벌어진 일에 대해 저는 까마득히 모른 채 지낸 것입니다. 저는 그 답장을 확인하고 난 후 가슴을 쓸어내렸습니다. 하마터면 섣부른 성급한 조기결정의 실수로 큰 낭패를 당할 뻔했기 때문입니다. 급작스런 상황과 환경의 변화로 내려갔다가 다시 올라와야 하는 문제에 따른 이사비용의 손실초래와 원고의 마무리 작업 지연, 출판사 섭외 문제 등 여러 가지 문제들이 얽히고설킬게 불 보듯 뻔했기 때문이었습니다. 아마도 예전 같았으면(믿음생활을 하기 전) 그런 상황에서 바로 섣부른 결정을 내려 실행에 옮겼을 것입니다.

제가 실제 겪은 이 응답 사례가 하나님으로부터 온 응답(뜻)으로 최종 판단을 내릴 수 없었던 이유는 <하나님의 뜻을 식별하는 방법>을 통하여 필터링한 결과 잘못된 가짜 응답이었음을 진단할 수 있었기 때문입니다. 결과적으로 저는 이 사례를 통하여 하나님으로 온 뜻(응답)인가를 분별할 수 있는 실전경험을 한 것입니다. 그럼 진단 필터링 방법에 의해 단계별로 어떤 점이 필터링을 통과하지 못하게 했는지 점검해보기로 하겠습니다.

첫 번째 필터인 '성경말씀'을 통한 필터링 첫 단계에서 통과하지 못했습니다. 당신은 제가 겪은 이 경험에 대해 성경말씀이 그것과 대체 무슨 연관성이 있을까하는 의아함을 가질 수 있습니다. 충분히 제기할 만한 좋은 질문입니다. 당시 대표는 저에게 빠른 시일 안에 결정하여 내려오길 바라는 요청을 해왔습니다. 그분의 제안을 수용하는 결정을 내리기 위해서는 원고 집필의 마무리 문제, 거처의 이동 문제, 이사비용 문제, 출판사 섭외문제가 동시에 겹쳐있었다는 점이 심적인 부담감(압박)을 주었다는 것입니다. 더구나 모든 것이 동시에 정리되지 않으면 안 되는 상황이었습니다. 한마디로 뒤죽박죽이 될 수 있는 충분한 여건이 조성될 수밖에 없었습니다. 성경은 이 점에 대해 어떤 말씀을 전하고 있을까요? 하나님은 무질서의 하나님이 아니시라고 말하십니다.(고전 14:33) 다시 말해 혼란을 가중시키는 어지러움의 하나님이 아니라 화평의 하나님임을 말하고 있습니다. 하나님은 모든 일을 질서 있게 행하시는 분이십니다. (고전 14:40)

이 두 가지 성경말씀의 필터에 걸러보면 하나님의 말씀에 어긋난다는 것입니다. 하나님의 인도는 혼란스런 상황을 잠재우시며 급하게 강권하듯이 정신적인 강박감을 주면서까지 일을 처리하지 않으시며 품위 있게 하십니다. 하나님으로부터 온 응답은 무질서함을 보이지 않습니다. 정확히 말해서 그분의 응답하심은 당신이 처한 현재의 상황과 환경을 혼란스럽게 흩뜨려놓지 않으십니다.

「하나님은 무질서(어지러움)의 하나님이 아니시오 오직 화평의 하나님이시니라」(고전 14:33)

두 번째 필터인 '상황과 환경의 문이 열리는가를 지켜보라'는 필터링은 통과되는 듯 했습니다. 구체적인 입사제안을 제의해왔다는 점에서 그동안 닫혔던 문이 극적으로 열리는 환경이 조성되는 듯 했습니다. 그러나 2개월간의 기간을 보내면서 '지켜본 결과' 그 문은 열린 문이 아니라 닫힌 문이 되어버렸습니다. 발람의 경우처럼 나에게 찾아온 절호의 기회를 어떻게든 붙잡으려는 생각으로 기울었다면 응답을 받은 것으로 결정을 내렸을 것이라는 점입니다. 즉 하나님의 음성을 충분히 왜곡하여 들을 수 있었다는 것입니다. 사람은 때가 이르면 바른 교훈을 받지 아니합니다. 귀가 간지러워지는 것입니다. 만약 그 문을 통과하여 들어갔다면 계획했던 모든 일들은 엉망진창이 되어 수포로 돌아갈 수 있었습니다. 극적으로 위기상황을 잘 넘길 수 있었던 것은 환경만을 바라보지 않고 성경말씀의 잣대로 합당한 문인가를 두들겨 보았다는 점입니다. 성경은 좁은 문으로 들어가라 하십니다. (마 7:13)

「바른 길로 행하는 자는 걸음이 평안하려니와」(잠 10:9)

세 번째 필터인 '내적확신이 임하는가?'라는 필터도 역시 통과하지 못했습니다. 기쁜 소식임에도 불구하고 마음의 무거움과 공허함이 엄습해 그쪽으로 가도 좋다는 내적확신이 들지 않았기 때문입니다. 제안을 받은 상태에서 기쁨이 지속되지 않았고 마음의 편안함이 없었으며 무엇보다 성령님이 주시는 내적확신이 임하지 않았습니다. 내적확신은 상황의 추이를 읽어본 후 그렇게 됨을 믿어 의심치 않는 상태일 때 주어지는 것이 아닙니다. 오히려 그 반대로 앞날이 어떻게 전개될지 전혀 알지 못하더라도 하나님의 뜻을 좇아 기쁨으로 성령님께서 부어주시는 내면의 확신을 증거 함을 말합니다.

「너희로 하나님의 모든 뜻 가운데서 완전하고 확신 있게 서기를 구하나니」(골 4:12)

네 번째 필터인 '담대함이 솟아나는가?' 필터도 통과되지 못했습니다. 내가 만약 그쪽으로 움직이는 것이 하나님이 원하시는 방향이라면 내 마음 안에 자신감이 차오르는 담대함이 일어나게 됩니다. 그 마음은 자유 함으로 이끄는 그분께서 기쁨으로 채워주시는 마음이기 때문입니다. 구체적인 제안에도 불구하고 저는 담대한 마음으로 용기를 내어 과감하게 일을 처리할 수 없었습니다. 그래서 더 이상 미련을 두지 말아야겠다는 최종 결단을 내린 것입니다.

「성령이 충만하여 담대히 하나님의 말씀을 전하니라」(행 4:31)

다섯 번째 필터인 '평안이 임하는가?'의 필터링도 통과하지 못했습니다. 최종 결정을 내리기 위해 하나님의 확증을 구하는 기도를 할 때마다 무거운 마음이 짓눌렀습니다. 그리고 내려가서는 왠지 일이 순적하게 진행되지 못할 것이라는 생각이 내내 제 마음을 괴롭혔기 때문에 내적평안이란 전혀 없었습니다. 당시 제게 잠시 동안 주어졌던 평안은 저의 필요조건만을 충족시키는 세상적인 평안이었습니다. 하나님이 주시는 참된 평안은 육신적인 만족감에서 오는 일시적인 평안과는 다릅니다. 하나님은 말씀하시기를 '내가 너희에게 주는 것은 세상이 주는 것 같지 아니하니라'고 하셨다. (요 14:27) 하나님이 부어주시는 평안의 깃듦은 주님의 응답을 확증하는 전형적이며 보편적인 방식에 속합니다. 평강의 하나님이 우리와 함께 계시므로 그분이 우리의 마음과 생각을 지키신다고 하셨습니다.

「그평안을 너희에게 끼치노니 곧 나의 평안을 너희에게 주노라」(요 14:27)

이 사례를 통하여 제가 깨달은 두 가지의 교훈은 다음과 같습니다.

[1]첫째, 하나님의 응답받음으로 충분히 오인할 수 있는 겉보기 상황과 환경에 쉽게 미혹당해 곧바로 섣부른 판단을 내리지 말라는 것입니다. 우리는 진짜 응답처럼 보이는 외적 상황에 눈길이 그대로 멈춰서는 안 됩니다. 당신에게 도착한 응답편지에 '하나님의 소인'이 찍혀 있는지 확인해야 하지 않습니까? 편지를 보낸 출처도

확인하지 않은 채 내용물부터 눈이 가는 것은 무분별한 행동입니다. 또한 그 내용이 합당해보이더라도 현재 진행 중인 주님의 뜻을 이루어가는 사역이 지장을 받는다면 우선순위가 밀리는 것입니다. 즉 사역보다도 내 뜻을 앞세우는 것입니다.

「주의 교훈으로 나를 인도하시고」(시 73:24)

[2]둘째, 참된 응답이란 내 뜻이 관철되는 응답이 아니라는 점입니다. 다시 말해 내 뜻을 관철시키기 위해 최우선순위를 바꿔가며 하나님보다 앞서가려고 하지 않습니다. 하나님의 뜻하심(의중 또는 의도)을 역행(우선순위를 뒤로 미루는 것)하지 않는 응답이 진짜 그분의 응답입니다. 우리가 그릇된 응답편지(위장한 답장편지)에 속는 이유는 나의 욕구(정욕: 바람 또는 소원)가 앞서는 것과 그것을 기준으로 삼고 대하기 때문입니다. 올바른 응답편지(하나님의 소인이 찍힌 편지)는 당신의 스케줄에 끼어들어 방해하지 않습니다. 하나님의 응답은 그분이 이미 저에게 허락하신 일을 어수선하게 하거나 망가뜨리지 않습니다. 그분의 섭리에 따라 그분의 타임 스케줄대로 진행될 뿐입니다. 그분의 뜻은 정하신바 한결같으십니다. 또 그분은 자신의 뜻을 온전히 이루시기 위해 절대 서두르시지 않으십니다. 내 뜻을 하나님의 의도하심에 담대히 심을 수 있다면 그 뜻은 온전함을 품고 있다고 볼 수 있습니다.

제 4 장

하나님의 음성 : 듣기

「하나님의 음성 곧 그 입에서 나오는 소리를 똑똑히 들으라」
(욥 37:2)

하나님의 음성 듣기에 관한 모든 것의 근원은 바로 하나님에 대한 '사랑'에서 시작된다. 그분을 향한 진정한 사랑함이 없이 그 어떤 것도 출발하지 못하며 결실(열매)에 도달하지도 못한다. 하나님은 우리의 마음의 중심을 보신다. 하나님은 우리가 자신을 사랑하는지 여부를 알기위해 우리를 시험하시기도 한다. (신 13:3) 하나님께서 우리에게 자기의 사랑을 확증하셨듯이 우리도 그분을 뜨겁게 사모함이 내안에 있음을 흠 없이 담대하게 주장할 수 있어야 한다. 그런즉 그분에게 순종하고, 그분을 경외하며, 그분의 명령을 지키며, 그분의 목소리를 청종하며, 그분을 섬기는 자세로, 그분에게 부종(하나님께 밀착되는 가까이함)이 되어야 한다. (신 13:4) 그것이 하나님에 대한 사랑함의 증거이다.

「오직 내가 너희를 향하여 넘치는 사랑이 있음을 너희로 알게 하려 함이라」(고후 2:4)

하나님은 당신과 대화를 하고 싶어 하시며 당신의 눈이 주의 얼굴을 바라보고 당신의 귀가 주의 음성을 청종하길 원하신다. 하나님과의 친밀한 단계에 들어가려면 가장 먼저 성경을 가까이 해야 한다. 하나님이 어떠하신 분인지를 알고 말씀이 전하는 의미를 깨닫기 시작하면 당신의 마음이 그분의 사랑으로 입혀지게 된다. 그러면 그동안 주인행세를 해왔던 내 자아가 그분께 자리를 내어드리게 된다. 성령님이 함께 하시는 것이다. 당신의 마음 밭에 말씀의 씨앗(말씀에 담긴 뜻과 지혜)이 뿌리를 내리기 시작하면 당신은 기름진 마음 밭으로 가꾸기 위해 또 다른 말씀의 씨앗들로 채워나가는 기쁨을 누리게 된다. 그분의 말씀이 내 안에 온전하게 심어질 때마다 영적 생명력이 날로 더해지게 된다. 이 생명력이 영적 성장을 이루게 하는 원동력이 되면서 하나님과의 관계가 더욱 밀착되어 그분의 부르심을 알아듣는 기회를 더 많이 갖게 된다. 그동안 둔감해 있던 내 마음(육신적인 생각에 갇혀있는 상태)이 성령의 충만함으로 닫혀있던 영의 귀가 열려 그분의 음성을 듣게 한다.

잠자는 영을 살리시는 성령님

이사야 1장 3절에 "소는 그 임자를 알고 나귀는 그 주인의 구유를 알건마는 이스라엘은 알지 못하고 나의 백성은 깨닫지 못하는도다."라는 말씀구절이 나온다. 동물도 아닌 사람이 우리를 지으신 하나님의 음성(말씀)을 깨닫지 못하고 있다는 점을 지적하고 있는 것이다. 예컨대 주인과 매일 가깝게 지내는 애완견은 어떤가? 강아지는 자신을 부르는 주인의 음성을 자주 듣게 되면서 듣는 경험이 축적되어 멀리서도 주인의 목소리를 알아듣는다. 하물며 우리를 지으신 하나님의 목소리를 우리가 알아듣지 못한다면 우리는 사실상 하나님과 분리된 채 살아가는 것과 다를 바 없다. 그럼 어떻게 해야 하나님의 음성을 알아듣고 그분의 가르침을 인도받을 수 있을까? 4장에서는 그 점에 대해 집중적으로 다룰 것이다.

우리 안에 내주하시는 성령님께서 전하시는 음성에 귀를 기울임은 무엇을 말하는가? 그분은 영이시므로 영의 목소리를 들으려면 영적 귀가 열려야 하는 것이다. 영적 귀란 '듣는 마음'이다. 그분의 음성을 잘 알아듣기 위해서는 '듣는 준비'와 '듣는 자세'가 되어 있어야 한다. 그렇지 않고서는 결코 그분의 음성을 들을 수 없을 것이다. 먼저 완악해진 마음을 내려놓고 자아를 죽이고 주님께 복종하여 따르겠다는 순종하는 마음 자세를 가져야 한다. 불순종하는 자에게는 주님은 입을 다무신다. 불순종은 길들여지지 않은(훈련되어 있지 않은) 야생마처럼 제멋대로 행동하게 한다. (자신의 의와 생각으로 판단과 결정을 내리고 행동하는 것을 말한다)

당신은 혹 그런 생각을 할 수 있다. 그분이 우리를 지으셨으면 자유의지를 주신대로 자유롭게 풀어놔야지 왜 그분께 복종하고 순종해야 하는가를 물을 수 있다. 우리는 모두 주님이 빚은 자 아닌가? 주님은 토기장이(우리를 지으신 자)시며 우리는 진흙(지음을 받은 물건)인 것이다. (사 29:16) 우리는 다 주의 손으로 지으신 것이다. (사 64:8)

「진흙이 토기장이의 손에 있음 같이 너희가 내 손에 있느니라」
(렘 18:6)

그러므로 우리는 그분의 손에 맡겨져 부드럽고 고운 진흙처럼 나의 고집스런 의지와 완악한 마음이 부서져야(깨뜨려야) 한다. (말씀의 씨앗이 내 심령 안에 뿌리를 내릴 수 있도록 마음의 빗장을 활짝 열어 젖혀야 한다) 그럴 때(한 개인에게 영적 부흥이 일어나기 시작할 때)

그분이 당신에게 부어주시는 영적인 힘으로 당신의 잠자는 영혼을 되살리신다. 그것은 마치 딱딱한 호두 껍네기를 뚫고 나와 지금껏 맛보지 못한 충만한 사랑으로 기쁨의 해방감을 체험하는 경험이 될 것이다. 영혼이 살게 되면 '성령님의 운행하심'이 반드시 그를 통해 드러난다. 성령의 충만은 바로 그런 것이다. 영혼이 잠자고 있는 자는 결코 주님의 음성을 들을 수 없는 것이다.

「너희는 귀를 기울이고 내게 나아와 들으라 그리하면 너희 영혼이 살리라」(사 55:3)

영이 죽어있는(잠자고 있는) 사람은 하나님이 살아계심을 인식하지 못한다. 비유를 들어 강아지에게 놀이기구(세상에 물들어 있는 물건)를 던져주면 즉각 '반응'을 하지만 컴퓨터 앞에서는 죽어있는 것(무반응)이다. 강아지는 컴퓨터가 자신과는 아무런 관계가 없는 것으로 무시하는 것(업신여김)이다. 하나님은 그런 사람들에게 다음과 같이 말씀하신다. "대저 너희가 지식을 미워하며 여호와를 경외하기를 즐거워하지 아니하며 나의 교훈을 받지 아니하고 나의 모든 책망을 업신여겼음이라"(잠 1:29~30)

「오직 나를 듣는 자는 안연히 살며 재앙의 두려움이 없이 평안하리라」(잠 1:33)

하나님은 죽어있는 영을 살리시기 위해 약속하신 그리스도의 영(성령)을 우리에게 풍성히 부어주신다. (딛 3:6) 보증으로 성령을 우리에게 주신 이는 하나님이시다. (고후 5:5) 부으신다는 말은 성령의 영적인 옷(영적으로 거듭남)을 우리에게 주시므로 그로 입는 것이다. 그것은 '위로부터의 능력'을 우리가 그분의 은혜로 입는 것이다. (눅 24:49) 그렇게 됨으로써 우리가 그분 안에 거하고 그분이 우리 안에 거하신다. (요일 4:13)

당신은 평범한 평민에서 하나님의 자녀로 신분상의 놀라운 변화가 일어난다. 뿐만 아니라 성령의 도우심으로 하나님의 인도를 받아 모든 일에 기쁨으로 나아가며 그리스도의 증인이 되어 세상 속으로 들어가 복음을 전하게 된다. (행 1:8) 허물로 죽은 우리를 그리스도와 함께 살리셨다. 우리는 그분의 은혜로 구원을 얻은 것이다. (엡 2:5) 하나님은 주의 영을 우리에게 부어주며 주의 말을 우리에게 보이시겠다고 하셨다! (잠 1:23)

「그는 허물과 죄로 죽었던 너희를 살리셨도다」(엡 2:1)

우리는 주님으로부터 받은 기름부음(성령)이 우리 안에 거한다. (요일 2:20) 기름부음은 주의 종임을 나타내는 증표이다. 따라서 아무도 우리를 가르칠 필요가 없고 오직 그의 기름부음이 모든 것을 우리에게 가르치신다. 그 가르침은 참되고 거짓이 없으며 우리를 가르치신 그대로 주 안에 거해야 한다. (요일 2:27) 이것이 그분의 음성을 듣는 방법의 전부이다.

| 양은 목자의 음성을 따른다 |

양은 산악지대에서 산을 타는 산양과 집에서 가축으로 기르는 양이 있다. 집에서 기르는 양은 성질이 온순하여 도적과 사나운 야생 짐승들로부터 자신을 방어할 능력이 없다. 때문에 항시 목자(가축의 떼를 돌보는 사람)의 보호를 필요로 한다. 목자들은 낮과 밤으로 자신의 양떼를 지키기 위해 함께 머무른다. 또한 양들이 밖으로 나갔을 때는 길을 잃지 않도록 지팡이와 개들의 도움을 받아 양들을 인도한다. 양은 시력이 나빠 앞을 잘 분간하지 못하여 선두 양을 따라가는 습성을 가지고 있다. 그럼 선두 양은 어떻게 방향을 알아 앞으로 나가는 걸까? 바로 목자의 음성을 알아듣고 따라 나서는 것이다. 양은 시력이 좋지 않은 대신 청력이 발달해 있기 때문이다.

양이 목자의 음성을 어떻게 분별하기에 그를 따라 나설까? 목자는 양들이 자신의 목소리를 알아듣도록 훈련시킨 것이 아니다. 양들은 그와 함께 오랜 시간을 같이 보내는 동안 목자의 목소리를 알아듣게(인식하게) 된 것이다. 반려견도 마찬가지다. 주인이 자신을 부른다는 것을 알아듣고 얼른 반응하는 것도 새끼 때부터 주인과 함께 커왔기 때문이다. 실제 양들은 멀리서도 목자의 음성을 인식하는데 다른 주인의 양떼와 서로 섞여 있어도 한 목자가 부르면 그 목자가 관리하는 양들만 차례대로 따라 나선다.

「자기 양을 다 내놓은 후에 앞서 가면 양들이 그의 음성을 아는 고로 따라오되」(요 10:4)

한마디로 양들은 자기를 지켜주는 목자의 음성을 정확히 분별하고 있는 것이다. "문지기는 그를 위하여 문을 열고 양은 그의 음성을 듣나니 그가 자기 양의 이름을 각각 불러 인도하여 내느니라. 자기 양을 다 내놓은 후에 앞서 가면 양들이 그의 음성을 아는 고로 따라오되 타인의 음성은 알지 못하는 고로 타인을 따르지 아니하고 도리어 도망하느니라."(요 10:3~4)

「내 양들은 내 음성을 들으며 나는 그들을 알며 그들은 나를 따르느니라」(요 10:27)

이처럼 양은 목자의 음성을 듣고 따라가야만 위험으로부터 보호받고 길을 잃지 않으며 자신의 생명을 보호받을 수 있다. 성경은 우리의 길도 우리 자신에게 있지 않고 걸음을 지도함이 걷는 자에게 있지 않다고 말한다. (렘 10:23) 주의 교훈으로 나를 인도하신다. (시 73:24)

「내가 그를 부르며 그를 인도하였나니 그 길이 형통하리라」
(사 48:15)

| 내 양은 내 음성을 듣는다 |

성경에는 예수님께서 주의 음성을 듣기위한 어떠한 조건도 달지 않으셨다고 말하고 있다. 단순히 "내 양은 내 음성을 들으며"(요 10:27)를 전하셨다. 내 양이란 예수 그리스도를 믿고 따르는 자를 말한다. 하나님은 "내게 오는 자는 내가 결코 내어 쫓지 아니하리라" 말씀하셨다. (요 6:37) 성경에는 하나님을 선한 목자로 비유하면서 그 분은 하나님의 자녀를 알고 그들도 하나님을 안다고 하셨다. (요 10:14) 따라서 내 양(하나님의 자녀)은 내 음성(하나님의 음성)을 들으며 하나님의 자녀들은 그분을 따르게 되어있다.

「우리는 그의 것이니 그의 백성이요 그의 기르시는 양이로다」
(시 100:3)

하나님의 자녀가 아닌 사람들은 하나님의 이름으로 행하는 일들을 믿지 않는다. 즉 내 양(하나님의 자녀)이 아니므로 믿지 않는다는 것이다.(요 10:25~26) 성경에는 예수님의 표현을 '하나님의 어린 양' 또는 '양들의 큰 목자' 이신 우리 주 예수라 말하고 있다. (요 1:29) 또한 하나님의 백성을 양으로 비유하여 '자기 백성을 양같이 인도하고' 목자같이 양 떼를 먹이시며 "양은 그의 음성을 듣나니 그가 자기 양의 이름을 각각 불러 인도하여 내느니라" 하신다.(시 78:52 , 요 10:3) 바로 하나님이 우리들의 선한 목자이시기 때문이다. 목자의 임무는 우리를 푸른 풀밭에 누이시며 쉴 만한 물 가로 인도하는 것이다.

「너희가 전에는 양과 같이 길을 잃었더니 이제는 너희 영혼의 목자와 감독되신 이에게 돌아 왔느니라」(벧전 2:25)

결론적으로 성경은 하나님의 자녀들은 하나님의 음성을 들을 수 있다는 것을 말하고 있다. 하나님의 자녀임에도 불구하고 수많은 크리스천들이 그 분의 음성을 알아듣지 못함은 어떤 이유 때문일까? 나는 그 점에 대해 많은 생각을 해왔다.

[1]무엇보다 우리는 평소 그분의 음성을 절실하게 필요로 하지 않는 것 같다. 왜냐하면 우리의 일상사에서 굳이 그분의 음성을 듣지 못한다 해도 큰 탈이나 별일이 없이 지나가기 때문이다. 그래서 우리의 영적 귀는 둔감한 상태에 놓여 있는 것이다.

[2]또 다른 핑계는 그분의 음성을 듣게 되면 왠지 내 생활에 개입하여 간섭을 받는 것을 아닐까? 하는 그릇된 생각 때문이다. 이제 우리는 그런 이유로 핑계를 대어 스스로 귀를 막아서는 안 된다. 하

나님의 음성을 의도적으로 듣지 않기를 고수하며 거부한다면 우리는 하나님의 말씀대로 사는 삶을 비켜가는 것이다. 그런 사람에게는 하나님이 함께 하시지 않는다.

다시 물음(하나님의 자녀가 그분의 음성을 알아듣지 못하는 이유)으로 돌아가 그에 대한 원인을 짚어보기로 한다. 당신은 친구나 지인의 음성은 목소리의 톤과 억양, 음색으로 대번에 알아듣는다. 그러나 하나님의 음성을 들음에는 뭔가 어색한 부분이 가로 놓여있는 것이다.

[1]가장 큰 요인은 우리의 영적 귀가 닫혀 있기 때문이다. 일반적인 대화 같은 물리적인 소리를 듣는 귀는 열려 있으나 영적 귀는 이미 폐쇄가 된지 오래되었다. 벽시계의 초침소리를 의도적으로 귀 기울여 들으려 하지 않으면 인식하지 못하는 것처럼, 듣기를 거부하는 마음에 놓여있게 되면 그 소리는 의도적으로 세워진 방음벽으로 차단되어 들리지 않게 된다. 그분은 우리의 닫힌 영적 귀를 여시어 그분의 음성을 들리게(깨우치게) 하신다. 마음의 문을 열어(듣고자 하는 마음자세로) 그분을 바라보고 생각하면 우리의 영은 그분의 임재 안에 거하게 되어 묵상하는 가운데 침묵을 깨는 주의 음성이 들리게 된다. 그래서 주님은 나의 귀를 여시어 아침마다 깨우치시되 나의 귀를 깨우치사 학자같이 알아듣게 하신다. (사 50:4)

「**주 여호와께서 나의 귀를 열으셨으므로**」(사 50:5)

따라서 그분의 음성을 듣겠다는 마음자세는 내 자아를 죽이고 그분의 음성을 순종하여 청종하려는 준비된 자세이다. 그분의 음성을 언제든지 받아들일 영적으로 듣는 자세가 바로 섰다는 말이다. 다시 말하면 내 주관대로 살아가는 삶에서 그분의 인도하심을 받는 삶으로 바뀌는 것을 허용하겠다는 결단이다.

「듣는 자의 귀가 기울어질 것이며」(사 32:3)

[2]또 다른 요인은 그분과의 친밀함이 사전에 없었기 때문이다. 다시 말해서 그분과 친분을 쌓는 영적인 통화(묻는 기도와 듣는 기도)를 자주 하지 않은 것이다.

그분의 음성을 구하고자하려면 일방적으로 주님께 전달하는 방식의 기도와는 달리 '묻는 기도'(여쭈어보는 기도, 상의하는 기도, 허락을 구하는 기도)가 선행되어져야 한다. 내 생각에 대한 주의 뜻과 생각을 겸손하게 여쭈어보는 것이다. 반대로 상황과 환경에 따른 주의 뜻을 구하기 위해 그분께 기도로써 전하는 것은 '듣는 기도'(음성을 듣기를 기다리는 마음을 담은 기도)에 속한다. 듣는 기도는 듣는 마음으로 잠잠히 그분의 응답을 기다리는 침묵의 시간이기도 하다. "주님, 현재 제 상황이 이러 하온데, 제가 어떻게 하길 원하십니까? 주님의 뜻과 생각을 제게 부어주시어 주의 뜻으로 인도받기를 간절히 원하옵나이다."라고 기도해보라.

듣는 기도를 평생 수행해온 조지 뮬러 목사는 늘 기도 후 기도의 골방에서 주님의 음성을 듣고자 잠잠히 기다리곤 하였다. 절대 서두름이 없이 주의 말씀을 성경에서 찾고 그 말씀을 손으로 짚어 기도하면서 하나님께서 어떤 응답을 주시는가를 기대하는 마음을 가졌다고 한다. 기도를 한다는 것은 나의 삶에 그분의 일하심을 온전히 받아들여 순종하겠다는 믿음의 표시이다. 따라서 기도는 '하나님의 일하심을 초청하는 초대장'으로 그분의 음성을 듣고 그분의 인도가 정말 필요함을 간절하게 구하는 행위인 것이다. 조지 뮬러는 그 점을 간과하지 않고 온전히 주님께 순수한 동기의 마음을 내보였다. 또한 아무도 모르는 가운데 그분의 음성을 듣고자 기도의 골방에서 무릎을 꿇고 하나님과 독대하며 듣는 기도로 '듣는 마음'의 시간을 가졌다.

우리의 마음이 기도와 묵상을 하려들지 않는다는 것은 영적 나태함에서 비롯된 것이 아니다. 마음 한 구석에 하나님을 도외시하는 거짓된 믿음이 충동질하기 때문이다. 가짜 믿음으로 위장된 크리스천은 하나님을 믿는 척하면서 진작 필요시에는 자신의 판단과 사람을 더 신뢰한다. 자신의 음성(생각)과 타인의 음성(의견)에 더 관심을 갖게 된다. 기도하지 않고 무언가를 이루겠다는 마음은 하나님이 필요치 않음을 나타내며 자신만의 방식과 생각으로 해결하겠다는 의지를 나타내는 것이다. 그들은 겉모양은 알곡이되 실은 쭉정이인 삶을 살아가는 것이다.

| 주님의 음성 들음에 무관심할 때 |

안타깝게도 많은 성도들이 하나님의 음성을 듣는 것에 관해 지대한 관심을 갖고 있거나 듣고자하는 의지를 가지고 있지 않다. 심지어 교회에서도 하나님의 음성 들음에 대해 설교하거나 가르치는 경우가 드물다. 심지어 목회자들 중에서도 하나님의 음성에 대해 잘 모르고 지나치는 경우가 있다. 그런 가운데 오늘날 신앙인들에게 비쳐지는 기도는 단지 주께 복을 간구하고 응답(내가 원하는 결과만을 바라는 것)을 받아내는 도구쯤으로 여기고 있다는 점이다. 이 점은 하나님이 단지 복의 근원인 것으로 국한시키는 그릇된 받아들임에서 비롯된다.

예컨대 하나님의 음성을 들으려 하지 않는 무관심과 방관하는 자세는 영적 성장의 침체와 영적 청각장애를 가져오게 된다. 영적 성장의 침체는 영적인 정욕만을 채우려는 신앙생활로 전락시킬 가능성을 높인다. 다시 말해 영적 부조화로 인하여 하나님의 뜻에 합당하지 않은 잘못된 길로 빠져들 가능성을 높인다. 그리고 영적 청각장애는 영적 귀가 닫혀 있다는 것으로 결국 마음이 완악해져 그 귀가 듣기에 둔해지는 것이다. (마 13:15) 듣기는 들어도 깨닫지 못하고 보기는 보아도 알지 못하게 된다. (마 13:14)

「너희 귀는 들음으로 복이 있도다.」(마 13:16)

하나님의 음성을 잘 듣기위한 준비와 자세

하나님의 음성에는 그분의 뜻하심과 의도하심이 배어 있으시다. 발람이 하나님의 경고를 무시한 채 물질의 유혹과 이방인의 왕의 미혹에 마음이 기울어 길을 떠나자 하나님은 충격요법으로 나귀의 입을 열어 말씀하시지 않았던가! 그것도 안통하자 그의 눈을 밝히 열어 칼을 빼든 천사를 보게 하셨고 천사를 통해 하나님의 의도를 분명하게 전달하자 그 자리에서 바로 무릎을 꿇었다. 내가 발람의 예를 든 이유는 발람이 하나님의 계시를 그분의 음성을 통해 분명하게 들었음에도 불구하고 물욕에 눈이 어두워져 재차 하나님께 또 한 번 확인했다는 점이다. 발람이 하나님의 음성을 제대로 못 알아들어서 그랬던 것은 더더욱 아니다. 발람의 의도는 전혀 다른 곳에 있었다. 그가 하나님의 음성(응답)을 처음 들었을 때는 그분의 의도대로 이행하려는 결정을 내렸으나 다시 확인코자 하나님께 여쭈어 봤을 때에는 그의 마음은 이미 자신이 내린 결정에 기울어진 상태였다. 그는 하나님의 의도를 비켜가기 위해 하나님의 음성을 왜곡시켜 자신의 의도를 최종 허락해주시는 답변으로 둔갑시킨 것이다.

만약 당신에게 내 기도의 물음에 대한 하나님의 음성(응답)이 내가 내린 결정과는 전혀 다른 의외의 답변을 주신다면 당신은 어떤 태도로 임하겠는가? 그분의 음성을 듣는 것에 단순히 초점을 맞추려는 것보다(귀 기울이는 것보다) 더 중요한 것은 '듣는 준비'와 '듣는 자세'에 있다. 이 점이 바로 세워지지 않으면 발람의 경우처럼 듣긴 들었어도 듣는 마음이 삐뚤어져있어 그 행로는 곁길로 빠지게 된다. 결국 그분의 바른 인도를 받지 못하게 되어 나중에 그릇된 결과를 얻게 된다. 그분의 음성을 듣고자 하는 것은 들음으로써 그분의 지혜를 얻어 바른 길(정로)로 인도받는 것에 있다. 듣긴 들어도 그분의 응답을 그다지 중시하지 않으려는 마음으로 기울어지면 그분의 음성을 거부하거나 왜곡하거나 비켜가게 만든다.

「내 아들아 너는 듣고 지혜를 얻어서 네 마음을 정로로 인도할지니라」(잠 23:19)

우리는 하나님 앞에 기도를 올릴 때 두 가지 측면에서 그분의 응답을 기대한다. 내가 생각해둔 것에 대한 하나님의 허락(또는 인정)을 바라는 측면과 내 속마음에 대한 하나님의 뜻하심은 무엇일까를 구하는 측면이다. 이 둘 사이에는 미묘한 차이가 있지만 실은 같은 것을 지향하고 있다. 바로 내 뜻을 관철시키고자 하는 마음의 주장이 담긴 기도라는 점이다. 기도의 본질은 나의 입장을 대변하는데 있지 않다. 나의 하소연을 그분 앞에 쏟아내는 것이 아니다. 기도는 하나님의 인도를 따르기 위해 내 맘대로 하지 아니하고 주의 뜻을 받들어 허락을 구하고 담대함을 얻어 하나님께 기쁨으로 응답(결실, 열매)되어지는 영광을 나타내며 그분께 영광을 돌리는데 그 의의가 있다.

| 듣는 준비: 저해요인과 차단요인의 제거 |

당신이 편안한 자세로 세상속의 온갖 소리들을 공유하면서 하나님의 음성을 편하게 들으려 한다면 이는 그분의 음성을 값싸게 취급하는 행위이다. 마치 언제든지 라디오를 켜면 들을 수 있는 음악과 함께 방송을 진행하는 디스크자키의 목소리를 들으려는 심산과 다를 바 없다. 사실 당신은 세상의 소리에 더 귀를 기울이고 있지는 않은가? 이미 양쪽 귀에는 항상 이어폰을 끼고 다닌다. 물론 당신을 빗대어 하는 말은 아니다. 하나님의 음성은 정말 귀하다! 그분의 음성을 귀하게 여긴다면 결코 그런 자세(세상의 소리를 듣는 것처럼 편하게 들으려는 자세)가 나올 수 없다. 이 책을 펼친 당신에게는 그 무엇보다 그분의 음성 들음을 최우선순위에 두려는 '듣는 마음'의 준비(소중히 받아들이고자 하는 듣는 마음가짐)가 반드시 필요하다. 그러려면 그것에 상응하는 대가를 지불해야 한다. 그 대가란 그분 앞에 몸을 낮추고 내 마음을 어수선하게 만드는 소음들을 멀리하며 응어리진 죄의 보따리들을 숨겨놓지 말고 그분 앞에 고백하고 시인하여 죄 사함을 받는 것이다. 왜냐하면 하나님은 평안 안에서 말씀하시기 때문이다.

당신은 곧 하나님의 음성을 잘 듣기위해서 무엇을 멀리하고 무엇을 제거해야 하는지를 곧 알게 된다. 듣는 준비란 그분의 음성을 듣는데 방해되는 저해요인을 멀리하고 그분의 음성이 전달되는 것을 가로막는 차단요인을 제거하는 것을 말한다. 저해요인이란 음성을 듣기위해 듣는 귀를 기울이는 것을 혼란스럽게 만드는 소음(외부소음과 내부소음)들이다. 그것들은 멀리하거나 단절해야 할 것들이다. 차단요인은 하나님의 음성전달을 막는 그분과 나 사이의 보이지 않는 죄의 장벽을 말한다. 그것들은 부숴 뜨려야 할 것으로 죄악을 품는 부정한 마음과 죄지음을 말한다. 이 장벽이 있는 한 하나님의 음성 듣기를 기대하지 말라. 먼저 그분 앞에 진정으로 회개함으로서 사함을 받아 정결한 마음으로 회복되어야 한다.

† 저해요인 : 외적 소음과 내적 소음

하나님의 음성을 듣는데 방해꾼인 저해요인으로는 물리적인 외적 소음과 심리적인 내적 소음을 들 수 있다. 휴대폰, TV, 라디오, 기타 전자기기, 인터넷, 노트북, PC, SNS, 홈쇼핑, 영화, 드라마, 음악, DVD, 만화, 소설 등과 같은 미디어(정보를 전송하는 매체)들은 모두 물리적인 외적 소음을 일으키는 것들이다. 이들 매체들이 내는 소리들의 공통된 특징은 중독성을 일으킬 가능성이 매우 높다는 것이다. 또한 물리적인 소음은 잡념을 일으켜 놓는가하면 집중력을 떨어뜨리고 주의를 산만하게 만든다. 따라서 당신은 주변의 소음공해로부터 잠시 벗어나 침묵이 흐르는 공간에서 나만의 시간을 가질 필요가 있다. 소음에 시달리는 시간이 많아질수록(세상의 소리에 깊이 잠길 수 록) 하나님과의 거리는 멀어질 수밖에 없다. 기도의 골방과 같은 조용한 곳을 찾아 묵상(말씀이 전달하는 핵심[뜻과 의미]이 무엇인가를 되새김[음미]하는 과정)하는 시간을 갖는 것은 주의 음성을 경청하는데 대단히 효율적인 방법에 속한다.

기도의 골방이 없다면 나만의 하나님의 음성을 듣기에 적합한 외딴 장소를 찾아 그곳을 이용해도 좋다. 어떤 사람들은 그분의 음성을 듣기위해 펜과 종이를 미리 준비할 때 또 어떤 사람은 성경을 읽을 때 그분의 음성을 듣는다고 한다. 그런가하면 숲길을 따라 산책을 할 때 잘 듣는 사람도 있다. 나의 경우는 성경을 읽을 때와 원고를 집필할 때, 말씀을 묵상할 때 그분의 음성을 가장 잘 듣는다. 예수님께서도 새벽 미명에 일어나 한적한 곳인 산으로 이동하여 기도하셨다. (막 1:35) 무리를 보내신 후에 기도하러 따로 산에 올라가시니라 저물매 거기 혼자 계시더니(마 14:23) 다윗도 아침시간이나 저녁시간대를 이용하여 주의 말씀을 듣고자 하였다. (시 143:8) 당신에게 하나님의 음성을 잘 듣기 위한 한 가지 방법을 조언 한다면 늦은 밤중에 불을 끄고 듣는 기도를 드릴 때 예수님의 보좌에 다가가 그분을 바라보며 대화하는 장면을 그리는 것이다. 또는 예수님과 원탁 테이블을 사이에 두고 의자에 앉아 서로 마주보며 대화하는 장면도 좋다. 이처럼 이미지를 연상하는 이유는 마음의 렌즈 초점을 오직 하나님을 향해 맞추기 위해서이다.

심리적인 내적 소음에 속하는 것들로는 두려움, 불안, 불신, 의심, 고민, 낙심, 우울함 등과 같은 마음에서 일어나는 내면의 소리들이 있다. 그런데 가만히 보면 우리는 머리와 마음속에서 일어나는 심리적인 소음들에 유난히 끌리는 경향을 보인다. 대부분은 한 문제에 대한 집착에서 비롯된다. 한 예로 일어나지도 않은 가까운 미래의 상황을 미리 앞서서 끌어당겨 생각할 때 마음은 과부하(심적인 부담)를 일으키고 머리는 그것을 해결하기 위한 수단과 방법을 찾느라 고민하기 시작한다. 물리적인 소음과 심리적인 소음은 서로 상관관계를 가진다. 물리적 소음이 상황과 환경에 의해 일어난다면 심리적 소음은 생각과 느낌, 감정에 의존하여 일어나게 된다. 심리적인 소음 역시 물리적인 소음들로부터 영향을 받아 일어난다. 매체들의 중독과 충동에 의해 빠져나오지 못해 심리적인 올무에 매일 수밖에 없는 것이다.

또 다른 심리적인 소음은 당신이 문제에 과도하게 집착할 때에도 일어난다. 문제가 눈앞에 닥쳤을 때 그것을 예민하게 받아들이기보다는 믿음의 방패로 맞서 문제의 언덕을 타고 넘어가는 지혜가 필요한 것이다. 문제에 매달리게 되면 주님의 음성 전달은 내 마음의 두려움이란 문에 의해 닫혀버려 듣지 못하게 된다. 문제의 크기가 커 보일 수 록(크게 느껴질 수 록) 믿음이(예수님을 향한 마음의 초점 상태가) 나약해짐을 유의하라. 심리적인 불안감이나 흥분 역시 마찬가지로 그분의 음성을 듣는데 혼란스러움을 가중시키는 저해요인으로 작용한다. 사탄은 바로 이런 점을 노려 영적 침체를 가져올 만한 미디어를 적극 활용한다. 또 사탄은 주의력의 산만함과 집중력의 와해를 가져오게 하며 생각의 오염을 부채질하는데 선수다. 저해요인에 의해 방해받지 않으려면 저해요인을 꺼버리거나 주변 소음에 방해받지 않는 조용하고 한적한 곳으로 이동해야 한다.

†차단요인 : 죄지음과 정결치 못한 마음

차단요인이란 하나님의 음성이 전달되는 것을 가로막는 보이지 않는 장벽을 말한다. 이 장벽은 생각보다 두텁고 높다. 죄로 겹겹이 쌓여진 장벽이다. 이 장벽을 허물지 않고서는 하나님을 향해 올리는 기도의 향이 그분의 보좌 앞에 상달되지 못한다. 뿐만 아니라 하나님이 보내오시는 음성도 제대로 수신되지 못하며 듣는다 해도 잡음이 심하여 무슨 말씀인지 알아듣지 못하게 된다. 따라서 우리는 지은 죄와 부정한 마음(죄악을 품음)을 그분 앞에 진정으로 회개함으로서 사함을 받아 정결한 마음으로 회복되어야 한다. 죄지음과 부정한 마음은 모두 주님에 대한 믿음의 부족(주님을 신뢰하는 마음)에서 기인한다. 믿음은 하나님을 전적으로 신뢰하는 마음과 순종함을 밑바탕으로 한다. 반대로 의심은 하나님과 당신 사이의 불순종의 장벽을 쌓도록 만든다. 우리가 하나님의 빛 가운데 거하지 않으면 어두움의 권세를 가진 사탄의 어둠의 장막에 가려져 죄의 고리에 엮이게 된다. 죄를 짓게 되면 하나님이 예비하신 축복을 누리지 못하게 된다. 죄를 녹여버릴 수 있는 영적 뜨거움(부흥)이 살아나야 한다. 부흥은 교회에만 국한된 것이 아니라 한 개인에게 있어서도 반드시 필요하며 영적부흥의 불꽃이 일어나야 한다. 크리스천들 중에는 내면에 심적 고통을 주는 문제들을 껴안고 살 때가 있다. 고통을 벗어나는 방법은 하나님 앞에 마음을 깨뜨려(벽돌 같은 굳어진 자아를 잘게 부숨) 통회(잘못을 많이 뉘우침)하고 겸손함(주 앞에서 낮춤)으로 나아가 하나님에 의한 내적치유(마음과 영을 소생)를 입어야 한다. (사 57:15) 하나님은 우리의 통회하는 마음을 가장 귀하게 여기신다. (시 51:17) 주님 앞에 나의 자세를 낮추고 통회하며 하나님의 빛음에 맡길 때 우리는 하나님과 가까이 하게 된다.

「하나님께 가까이 함이 내게 복이라」(시 73:28)

1주님은 우리의 죄악과 악함을 회개하지 않은 죄를 싫어하신다. 회개는 일회성으로 끝나는 것이 아니라 우리의 삶이 다할 때까지 양심을 벗어난 행위에 따라 그때그때 회개하는 기도를 해야 한다. 그럴 때 당신은 하나님 앞에 담대히게 기도할 수 있으며 그분으로부터 책망을 받지 않게 된다. 하나님은 당신이 지은 죄를 진심으로 회개할 때에 악행을 사하시고 다시는 그 죄를 기억하지 않으신다고 말씀하셨다. (렘 31:34) 먼 과거에 있었던 가끔씩 생각나는 죄 지음 역시 회개해야 한다. 우리는 언제든지 주님 앞에서 '새로 고침' 하려는 마음자세를 가져야만 한다. 우리는 마음을 수선하는 것이 아니라 주님이 주시는 '새 마음'으로 교체해야 한다. 죄의 깊은 뿌리는 마음 안에 있기 때문이다. 발뒤꿈치의 굳은 각질처럼 딱딱하게 굳어진 마음(자기중심적으로 판단하고 교만함으로 똘똘 뭉쳐진 마음)을 제거하고 살같이 부드러운 마음으로 바꿔어야 한다. 그렇지 않으면 영적 흐름이 막혀서 영적 동맥경화로 치닫게 되어 어느 날 긴급수술을 받게 될 위급한 상황이 올수 도 있다.

「새 영을 너희 속에 두고 새 마음을 너희에게 주되 너희 육신에서 굳은 마음을 제거하고 부드러운 마음을 줄 것이며」(겔 36:26)

우리가 간절하게 기도할지라도 내 마음에 죄악을 품으면 주께서 듣지 아니하신다고 분명하게 말씀하셨다. 우리의 마음에 죄악을 품거나 죄를 그대로 놔두면 하나님과 우리사이에 벽이 생기고 우리의 죄가 그분의 얼굴을 가리게 되어 듣지 않으시게 한다. (시 66:18)(사 59:1~2) 열심을 다하여 전심으로 기도하더라도 주님으로부터 응답이 오지 않는다면(시종일관 하나님의 침묵하심이 지속되고 있다면) 자신을 되돌아봐야 한다. 나의 영적인 삶에 '그늘진 곳이 있는지 점검할 필요'가 있는 것이다.

「내가 내 마음에 죄악을 품으면 주께서 듣지 아니하시리라」 (시 66:18)

우리 중 누군가는 손상된 담장을 복구하지 않은 채 그냥 살아갈 때가 있다. 일부가 무너지거나 완전히 회복할 수 없는 상황일 때 포기하거나 재건할 생각조차 하지 않는다. 죄라는 것은 깊은 상처와 같아 늘 마음에 무거움을 지게하고 아픔을 동반한다. 당신의 어깨를 짓누르는 멍에(억압)를 벗어내라. 죄의 그늘에 가리게 되면 우리는 스스로 양심을 저버려 완악한 마음을 갖게 된다.

「네 자신을 지켜 정결하게 하라」(딤전 5:22)

[2]하나님은 또 정결하지 못한 마음을 미워하신다. 두려움은 죄를 감추게 하고 불신은 의심을 품게 하며 의심은 기대를 거부하게 만든다. 이 셋은(두려움, 불신, 의심) 모두 마음의 정결함을 깨는 사탄의 강력한 공격무기다. 자신의 마음 안에 죄를 품고 있다는 것은 자신의 죄를 인정하지 않는 것과 같다. 주님은 말씀하시길 "너희로 정결하게 하되 우리의 모든 더러운 것에서와 모든 우상숭배에

서 너희를 정결하게 할 것이며"라고 하셨다.(겔 36:25) 우상이란 하나님과의 교제시간을 빼앗는 대상은 다 포함된다. 내가 과도하게 지나치게 집착하는 것들은 모두 포함될 수 있다. 세상의 미혹은 물질적인 것과 정신적인 두 가지 형태로 빠져들게 한다. 마음 한 구석에 그것으로 인해 즐거움을 탐닉하고 마음을 빼앗는 어떤 대상을 집착하게 되면 하나님과 자연히 멀어지게 된다. 다분히 쾌락적이고 물질적이며 영혼을 피폐하게 하는 것들은 죄악에 물들어 중독성을 일으키는 것들이다. 즉, 회개하지 않은 죄가 있는 상태에서 기도를 하더라도 그 기도는 주님께 상달되지 못한다. 우리의 악함을 회개하고 기도할 때 그분은 마음에 품은 악함을 사하여 주신다.

「그러므로 너의 이 악함을 회개하고 주께 기도하라 혹 마음에 품은 것을 사하여 주시리라」(행 8:22)

양심이 있음에도 불구하고 죄를 지우지 못한 채 지내는 것은 양심이 화인을 맞아 선악을 구분하지 못하게 하는 것과 같다. 또 다른 크고 작은 죄를 저지를 수 있고 사탄의 편에 서서 하나님과 대적하게 된다. 이는 어둠의 그림자가 더 편하게 느껴지고 광명의 길로 나서길 주저하는 것이다. 우리의 죄악이 그분의 치료의 광선으로 태워 없어지면 억죄는 마음으로부터 해방이 된다. 그분이 십자가에서 흘리신 보혈을 당신의 지은 죄에 발라보라. 용서받지 못할 죄는 없다. 다만 우리의 죄를 인정하고 그분 앞에 진심으로 용서를 구하면 깨끗이 씻겨 정결케 하실 것이다.

| 듣는 자세: 음성을 듣기위해 임하는 자세 |

하나님의 말씀 듣기는 청종함의 자세에서 시작된다. 청종은 귀담아 듣고 그 말씀을 잘 따른다는 것을 뜻한다. 청종한다는 것은 나를 가르치는 스승에게 겸손한 자세(마음을 다하고 성품을 다하여)로 나아와 그분의 말씀에 귀를 기울여 듣는 것이다. (신 30:2) (사 55:3) 즉, '순종함'이 필요한 것이다.

「우리가 당신을 우리 하나님 여호와께 보냄은 그의 목소리가 우리에게 좋든지 좋지 않든지를 막론하고 순종하려 함이라 우리가 우리 하나님 여호와의 목소리를 청종하면 우리에게 복이 있으리이다 하니라」(렘 42:6)

그럼 순종하여 무엇을 해야 하는가? 성경 말씀을 매일 일독하며 필요한 말씀구절이 머리와 마음에 기억되고 심어져 있어야 한다. 자연스런 가운데 빠르게 기억할 수 있는 좋은 방법은 기도문을 작성하는 것이다. 내 경험상 기도하기 전에 기도제목에 합당한 말씀구절을 찾아 기도문에 포함시켜 완성시키는 것이다. 모든 기도는 그에 합당한 말씀구절과 연결이 될 수 있다. 기도문 작성을 귀찮게 여기지 말고 써내려가는 습관을 들이면 기도의 내용도 충실해지면서 나의 기도에 대한 하나님의 뜻을 깨닫게 된다. 이 방법을 꾸준히 사용하면 당신의 기억공간에 말씀구절의 수납장이 마련되어 필요시에 언제든 열어 특정 상황에서 요긴하게 활용될 수 있다. 뿐만 아니라 억지로 외우려하지 않고도 자연적으로 암기되는 효과까지 거둘 수 있다. 또 언제든지 말씀이 상기될 수 있도록 노트에 별도로 카테고리별로 기록해두고 필요시마다 찾아 읽는 습관도 좋다. 늘 지니고 다니는 휴대폰에 폴더를 만들어 저장해두고 시간이 날 때마다 가까이 해보라.

반대로 불순종은 그분의 목소리를 듣지 않겠다는 단호한 거부의 마음가짐이다. 이는 무관심으로 일관하거나 자기의 뜻을 고집하는 태도에서 비롯된다. 하나님의 음성을 신뢰하지 않겠다는 것이다. 우리는 언제부턴가 우리를 가르치는 이에게 귀를 기울이지 아니하였고 그분을 나의 선생님(나를 가르치는 이)으로 대하여 목소리를 청종치 아니하였다.(잠 5:13)

「네가 여호와의 목소리를 순종치 아니하고」(삼상 28:18)

상대방의 말을 듣고자 할 때 귀를 기울이며 존중하는 자세를 보이듯이 하나님의 음성을 듣고자 하는 자세는 더욱 그래야만 한다. 주님과의 돈독한 친밀한 관계의 성장은 바로 그런 자세에서 출발

한다. 당신은 하나님의 속성에 대해 다 알지를 못하지만 그분은 당신에 대해 당신 자신이 알고 있는 것보다 당신의 모든 것을 완전하게 아시고 계신다. 하나님은 말씀하시기를 “나는 인애를 원하고 제사를 원하지 아니하며 번제보다 하나님을 아는 것을 원하노라”하셨다. (호 6:6) 하나님을 사랑하고 사모할 수 록 당신은 하나님과 친밀함을 쌓게 된다. 하나님과 친밀한 관계를 유지해 간다는 것은 하나님을 경외함에서 비롯된다. 세상 사람들의 관심 대상을 세상 속에 두고 있지만 당신의 초점 대상은 언제나 하나님께 맞추어라. 그럴 때 하나님의 시야는 즉시 당신을 향한다! 당신이 할 일은 이제 하나님의 인도하심을 따라가기 위해 영적인 집중력과 민감함을 키워 그분의 음성을 귀 기울여 잘 들을 수 있도록 듣는 자세와 듣는 훈련이 필요할 뿐이다.

「**너희는 가만히 있어 내가 하나님 됨을 알지어다**」(시 46:10)

†성령 안에서 전심으로 기도하라

「**하나님의 영을 그에게 충만하게 하여**」(출 31:3)

듣는 자세의 첫 번째는 성령을 힘입어(성령님이 내 생각을 다스리도록 하여) 기도하는 것이다. 성령님께 영적 귀를 열어 듣는 능력을 향상시켜 달라는 기도를 드려라.

하나님의 음성을 잘 듣기위한 가장 중요한 포인트는 당신이 성령으로 충만해 있는 것이다. 성령이 충만하게 되면 그분의 음성에 민감함이 향상되어 하나님의 음성을 잘 듣게 되며 그럼으로써 하나님의 의중을 감지하는 영적 지각능력이 높아지게 된다. 그동안 내 자아로 똘똘 뭉쳐있던 마음의 공간을 그분의 처소로 내어드려 그분의 지혜와 명철, 그분의 뜻과 생각, 그분의 사랑과 긍휼, 그분의 지식과 말씀으로 채우는 것이 성령 충만함을 이루는 방법이다.

「그 너비와 길이와 높이와 깊이가 어떠함을 깨달아 하나님의 모든 충만하신 것으로 너희에게 충만하게 하시기를 구하노라」
(엡 3:19)

물론 하루아침에 성령 충만이 이루어지는 것은 아니다. 먼저 알 것은 성령을 우리에게 주신 이는 하나님이라는 사실이다. (고후 5:5) 그러므로 우리는 성령 안에서 하나님의 거하실 처소가 되기 위하여 그리스도 예수 안에서 함께 지어져 가야한다. (엡 2:22) 우리는 그 안에 거하고 그가 우리 안에 거하시는 줄을 아는 것이다. (요일 4:13) 내주하시는 성령님의 생각을 포착하기 위해서는 거룩하고 신령한 마음으로 성결케 하고 그분의 음성을 정말 듣고자하는 순수한 영적 갈망이 있어야 한다. 두 마음을 품지 말아야 함은 물론이다.

「너희 속에서 말씀하시는 자 곧 너희 아버지의 성령이시니라」
(마 10:20)

그리스도인들조차 성령이 충만하지 못해 죄를 짓거나 정욕을 위한 기도를 드리거나 자신을 위해서 주님을 그때그때 찾는 것을 쉽게 볼 수 있다. 성령이 충만치 못하다는 것은 자신의 자아(내 생각, 사고, 판단, 감정, 의지 등)로 꽉 채워져 있음을 반증하는 것이다. 자아가 충만하게 되면 자기 주관적인 성향이 강해 하나님의 음성을 잘 듣지 못하게 되며 설사 듣는다 해도 자신이 듣고자 하는 대로(복술가인 발람처럼) 왜곡하여 듣게 된다. 내 안에서 일어나는 나의 생각과 사탄의 주입된 음성을 자칫 하나님의 음성으로 착각할 수 있는 것이다.

하나님 앞에 기도할 때 몇 가지 주의할 점이 있다. 기도가 의무감에서 하게 되면 형식적인 기도에 그친다. 또 요번엔 한 번 주님께 기도해볼까? 하는 일회성의 기도라든지 본인의 할 말만 하고 끝내는 독백방식의 기도를 주의해야 한다. 누군가는 이렇게 말한다. "제가 바쁘기 때문에 그랬어요! 제가 그분을 부르짖고 또 부르짖었으니 아마도 제 기도를 분명히 들으셨을 겁니다. 나의 기도를 주님이 들으셨다면 굳이 들으려고 애쓰지 않아도 언제든 제가 알도록 응답해주시지 않겠어요? 아직 저는 듣는 귀가 약해서(둔감해서) 그분의 음성을 알아들을 수 가 없답니다." 이밖에도 이유를 대라면 얼마든지 또 다른 이유를 댈 수 있을 것이다. 그러나 헛된 부르짖음은 그분이 결코 듣지 않으신다는 사실을 알아야 한다.

「헛된 부르짖음은 하나님이 결코 듣지 아니하시며」(욥 35:13)

우리는 아직 그분의 말씀에 '예' 하며 순종하는 자세가 되어있지 않다. 기도의 중심은 성령 충만한 가운데 드리는 듣는 기도일 때 그분의 음성을 듣는데 부족함이 없을 것이다. 또 중언부언의 기도를 피하고 경우에 따라 짧게 기도하더라도 진실한 마음을 담아 문제의 핵심을 성령 안에서 그분께 진지하게 여쭈어보는 겸손한 마음의 자세가 필요하다.

† 묵상하는 가운데 기다림의 시간을 가지라

듣기 자세의 두 번째는 기도를 마친 후 잠시 묵상의 시간(듣는 연습, 듣는 훈련)을 갖거나 잠잠히 침묵하며 그분의 음성을 듣기를 기대하는 기다림의 시간을 갖는 것이다. 사실 주님의 음성을 듣기 위해 기다림의 시간(마음을 여는 묵상의 시간)을 갖는 것이 가장 어려운 부분이기도 하다. 우리는 평소 성령의 감동주심을 내 마음에서 일어나는 생각과 집착, 두려움으로 인해 뒷전으로 방치하듯 가로막지는 않았는지를(하나님을 잠시 잊어버리는 것) 항상 상기해야 한다. 내 생각의 우위를 무너뜨려야 한다. 마음 안에 잔뜩 부풀어있는 생각의 거품을 터뜨려 주님께서 부어주시는 영의 생각이 자연스럽게 흘러 들어오도록 해야 한다.

「**영의 생각은 생명과 평안이니라**」(롬 8:6)

우리는 종종 그분의 음성을 기다리다가 조급한 마음으로 인해 그분의 생각을 앞지를 때가 있다. 성령님의 음성이 바로 들리지 않는다고 해서 답답해하지 말라. 그분의 답장이 더딘 것같이 느껴진다면 내 안에 어떤 원인이 있는가를 살펴볼 필요가 있다. 베드로후서(3:9)의 구절을 보라. "주의 약속은 어떤 이들이 더디다고 생각하는 것 같이 더딘 것이 아니라 오직 주께서는 너희를 대하여 오래 참으사 아무도 멸망하지 아니하고 다(회개)하기에 이르기를 원하시느니라."라고 말씀하신다.

그분의 조용하신 나지막하게 들리는 음성을 귀 기울여 듣기위해서는 조용한 장소(기도의 골방, 주변 소음이 차단된 곳)에서 묵상의 시간을 가지는 것이 좋다. 즉, 하나님 앞에 잠잠하여 그분의 임재 안에서 그분과 독대하는 시간을 갖는 것이다. 긴장을 풀고 내적인 고요의 시간을 갖는 것이다. 잔잔한 호수처럼 마음을 가라앉히고, 호숫가를 내리비추는 찬란한 태양을 바라보듯이 마음의 초점을 하나님께 두어라.

마음을 가라앉힌다는 것은 주께서 내게 무슨 말씀을 하시는가를 기대하며 '침묵하는 마음'이다. 그리고 마음의 초점을 하나님께 향한다는 것은 내 생각의 방향을 그분께 고정시키는 것이다.

「잠잠하라, 내가 말하리라」(욥 33:31)

하늘위에 계시는 그분의 영광에 들어가는 것이 얼마나 고귀한가. 이 단계에서 중요한 점은 잡념(집착하게 만드는 걱정거리, 근심을 일으키는 것 등)이 섞이지 않도록 나의 주의를 하나님께 집중해야 한다는 점이다.

주의를 집중함이란 영적관문으로 들어가기 위해 일체의 생각을 멈추고 잡념에 파묻히지 않는 것이다. 방해받을 수 있는 다른 것들을 배제시키는 것이다. 오직 그분을 향해 나의 영적 수신 안테나의 출력을 높여 수신 범위를 확장하는 것이다. 정확히 말하면 '성령님에 연합되어 나 자신을 그분과 합하는 것'이다. 고린도전서 6장 17절에 "주와 합하는 자는 한 영이니라" 말씀하신다.

「그날에는 내가 아버지 안에, 너희가 내안에, 내가 너희 안에 있는 것을 너희가 알리라」(요 14:20)

† 성령님께 감사의 마음을 표하라

세 번째 취할 듣기 자세는 기도를 마친 후 묵상하는 동안 성령님께서 어떤 생각을 떠올리게 하시면 감사의 마음을 표하는 것이다. 시편 기자는 주께서 내게 응답하시고 주의 의로운 판단을 배울 때에는 정직한 마음으로 주께 감사함을 표했고 하나님의 이름을 찬송하며 감사함으로 그분을 경외하였다.

그리스도인이 범사에 감사를 해야 하는 이유는 세상의 일들이 하나님의 섭리 하에 일어나고 움직여 감을 믿고 받아들이기 때문이다. 그러므로 우리는 늘 범사에 감사해야 한다. 이것이 그리스도 예수 안에서 우리를 향하신 하나님의 뜻이다. (살전 5:18)

성령님은 우리와 같이 인격체를 가지신 분으로 가르치시고 우리의 연약함을 도우시며 때로는 책망을 주시기도 하시는 분이다. 성령의 감동주심으로 우리가 기쁨의 응답을 받듯이 당신도 그분에게 감사의 표시를 할 때 성령님은 무척 기뻐하신다!

하나님의 음성을 들어야 하는 이유?

그리스도인이 하나님의 음성을 들어야 하는 이유는 어디에 있는가? 이 질문은 의문이 아니라 당연히 물어야 할 질문이다. 질문에 대한 답변 전에 한 가지를 언급하고자 한다. 당신은 하나님의 음성을 듣는 것이 내게 정말 필요한 것인가를 반문하거나 의문을 제기할 수 있다. 어떤 사람은 주님이 주신 성경말씀이 있는데 구태여 그분의 음성을 구하느라 시간을 보낼 필요가 있겠는가를 말한다. 그런 생각의 중심 이면에는 부인할 수 없는 내적 자아가 강하게 꿈틀거리고 있다는 점이다. 또 진정한 하나님의 인도하심을 경험하지 못해서 일수도 있다. 어쨌든 당신도 그런 생각을 한 번쯤은 생각했으리라 본다. 우리의 삶을 경영하는데 있어 두꺼운 성경만으로도 충분한데 굳이 또 하나님께 여쭈어보고 들어야만 하는가의 의구심이 고개를 들 수 있다는 점에 공감한다. 가령 어떤 문제가 되는 상황이 발생했을 때 성경말씀을 찾아서 내 방식대로 판단하고 결정하면 되지 않겠는가? 하는 식이다. 또 다른 생각은 극히 안전 제일주의로 나가겠다는 발상이다. 언제나 먼저 성경말씀으로 인도를 받겠다는 생각이다. 어떻게? 사사건건 행동으로 옮기기 전에 성경을 아무데나 펼쳐 바로 눈에 띄는 구절을 취하는 제비뽑기 식으로 그날그날 말씀에 따라가며 인도를 받겠다고 하는 것이다. 이런 행위는 대단히 위험한 발상이다. 표면상으로 볼 때에는 하나님을 신뢰하고 믿음이 강한 것처럼 보이나 내적으로는 하나님을 자신과 동격으로 보며 가볍게 대하는 사람이다. 실제 그렇게 행하는 사람도 있다. 그것의 함정은 성경을 대하기를 점(占)을 보듯이 취한다는 것이다. 하나님과의 친밀한 관계는 아랑곳하지 않고 그분과의 깊은 교제도 없으며 오직 성경을 자신을 위한 점치는 도구로 활용하는 불손한 태도이다. 그런 사람은 성경을 철썩 같이 믿긴 하되 말씀의 이해와 뜻을 깊이 새기지도 않으며 기도하기와 말씀 읽기를 행하지 않는다.

「너희는 하나님과 화목하라」(고후 5:20)

이제 물음에 대해 답변을 할 차례이다. 우리가 '하나님의 음성을 들어야 하는 이유'에 대한 정답을 공개한다.

「우리가 하나님의 음성을 들어야 하는 이유는 하나님과의 친밀한 관계를 유지하며, 그분의 임재 안에 거하고, 그분이 부어주시는 성령의 충만함을 입어 그리스도를 닮아가는 삶으로 인도받기 위해서이다. 이는 내 주관대로 살아왔던 삶에서 하나님의 인도를 받는 삶으로 바뀌는 것을 허용하겠다는 결단을 수반한다. 그럼으로써 그분의 뜻과 생각을 깨닫게 되고 그분께 기쁨으로 화답되어지는 열매를 맺게 된다. 즉 나를 통하여 역사하시는 하나님의 영광이 펼쳐져서 이 땅위에 모두의 기쁨으로 드러나기 위함이다.」

하나님과의 관계가 친밀해지면 나 자신의 모습에서 그리스도의 모습이 서서히 드러나게 된다. 그분의 음성을 듣는 것은 말할 수 없는 큰 기쁨이다! 하나님과의 관계가 깊어질수록 하나님을 기쁘시게 하는 것을 스스로 찾아 행하게 된다. 내가 정말 그분을 기쁘시게 할 수 있다는 것이 더 없이 기쁘고 즐겁다.

| 하나님의 섭리: 허락하심, 채워주심, 인도하심 |

우리가 하나님의 응답과 인도를 구하는데 있어 실수하는 두 가지 부분이 있다. '첫 번째 저지르는 실수는 그 분의 응답을 기대할 때 너무나 분명하고 확실한 답장을 구하는 경우다. 그만큼 성도의 기도는 다급하고 반드시 이루어져야 할 만큼 본인에게 중대사이기 때문이다. 실제 각자의 삶 중에 어려운 일이 닥친 상황에서 어둠의 터널을 빠져나갈 기미조차 보이지 않을 때가 있다. 그래서 기도하는 그의 심정은 절규에 가깝다. 그런 가운데 나의 기도에 하나님은 침묵하시지는 않을까를 미리부터 염려하여 낙심하고 체념하기도 한다. 또한 기도의 응답이 불분명하게 여겨지거나 지체가 되면 자신도 모르게 하나님을 원망하는 목소리를 내뱉게 된다. 그 심정을 모르시는 하나님이 아니시다.

「네가 고난 중에 부르짖으매 내가 너를 건졌고」(시 81:7)

성경에는 히스기야 왕의 기도와 응답에 대한 이야기가 나온다. 그 이야기 속으로 잠시 들어가 보자. 히스기야 왕(남유다의 13번째 왕)이 어느 날 고칠 수 없는 병이 들어 자신이 죽음에 임박하여 사경을 헤맬 때에 아모스의 아들 선지자 이사야가 그를 찾아갔다. 그는 히스기야 왕에게 "여호와의 말씀이 너는 집을 정리하라, 네가 죽고 살지 못하리라 하셨나이다."라고 그의 죽음을 예고하는 하나님의 음성을 듣고 대신 전한다. 이사야를 통하여 청천벽력과도 같은 하나님의 말씀을 전해들은 히스기야 왕은 자신의 삶이 곧 끝난다는 것을 알게 된다. 곧바로 그는 얼굴을 벽으로 향한 채 심히 통곡을 하면서 하나님께 간절하게 절규하는 심정으로 이렇게 기도를 드린다. "여호와여, 구하노니 내가 진실과 전심으로 주 앞에 행하며 주께서 보시기에 선하게 행한 것을 기억하옵소서!"라고. 히스기야 왕은 기도에서 그는 하나님을 원망하거나 자신의 수명을 연장해달라고 애원하는 응답을 애절하게 구하지 않았다.

「너는 내게 부르짖으라 내가 네게 응답하겠고 네가 알지 못하는 크고 은밀한 일을 네게 보이리라」(렘 33:3)

그런 후 이사야가 성읍에 이르기 전에 히스기야 왕의 기도를 들으신 하나님의 음성(응답)이 그에게 다시 임했다. "너는 돌아가서 내 백성의 주권자 히스기야에게 이르기를 왕의 조상 다윗의 하나님 여호와의 말씀이 내가 네 기도를 들었고 네 눈물을 보았노라 내가 너를 낫게 하리니 네가 삼 일 만에 여호와의 성전에 올라가겠고 내가 네 날에 십오 년을 더할 것이며 내가 너와 이성을 앗수르 왕의 손에서 구원하고 내가 나를 위하여 또 내 종 다윗을 위하므로 이 성을 보호하리라 하셨다 하라"고 들려주셨다. (왕하 20:5~6) 이사야는 말린 무화과 반죽(고약)을 가져오라 하여 히스기야 왕의 상처부위에 놓자 병이 낫게 되었다. 히스기야 왕의 절박한 기도는 하나님의 전에 닿아 이사야를 통하여 응답을 받게 되었다. 히스기야 왕은 사람을 의지하지 않고 오직 하나님께 눈물과 통곡의 기도로 전심을 다해 간절함 마음으로 자신을 내보였다. 그의 기도는 하나님의 마음을 움직였고 병을 고침 받아 죽음이 임박한 상황에서 수명이 연장되는 은혜를 허락받고 응답하심을 이끌어내었다.

²두 번째 저지르는 실수는 하나님에 대한 그릇된 편견과 인식이 기도의 응답에 대한 기대를 뒤흔들게 한다는 점이다. 다시 말해 궁지에 몰린 쥐처럼 내 뜻대로 일이 풀리지 않을 때(도무지 이 상황은 말이 안 돼!) - 하나님은 이런 상황에서 빠져나갈 방도를 주시지 않

고 대체 무슨 생각을 하시고 계실까? 하는 의혹을 그분께 던지는 경우다. 그는 스스로를 높이고 자신의 생각과 뜻이 강퍅하게 되어 하나님의 영광을 가리는 어처구니없는 길로 자신을 유도하게 된다.

요셉의 경우를 보라! 이번엔 요셉의 이야기이다. 그는 시기하고 미워한 요셉의 형들에 의해 노예로 팔려가면서 그의 삶은 전혀 평탄하지 못했다. 억울한 누명을 씌워 급기야 감옥에까지 들어가게 되었다. 그가 감옥에 있는 동안 애굽왕 바로가 악몽을 꾸면서 자신의 꿈을 해몽할 현자를 불러들였는데 아무도 그의 꿈을 해몽할 수 없었다. 그런데 요셉이 감방에 머무는 동안 술 관원의 꿈을 해석하여 주었고 그가 석방된 후 바로에게 고해 요셉은 왕의 꿈을 해석해 주었다. 꿈의 해몽(7년의 흉년과 7년의 풍년-가뭄에 대비케 함)에 큰 감명을 받은 왕은 그를 한 나라의 지도자의 위치에 앉히게 했다. 요셉이 권세 있는 지도자의 자리에 앉기까지 그는 시련과 역경을 통과하는 동안에도 하나님을 원망하지도 않았고 하나님을 바라보는 믿음의 시각도 불변이었다.

요셉의 이야기에서 우리는 요셉이 겪어온 모든 과정이 하나님의 섭리 중에 있었음을 알게 된다! 요셉은 하나님의 섭리(하나님의 뜻이 성취되는 것-하나님의 다스림)에 따라 그분이 꿈으로 부어주신 비전이 이루어질 때까지 낙심하지 않았다. 그가 두 번에 걸쳐 꿈꾼 것은 자신의 꿈이 하나님으로부터 온 것임을 확증하는 비전(예언적인 꿈)이었다. (창 37:7~9) 오히려 그는 그 모든 상황을 묵묵히 받아들이며 충실했다. 요셉의 경우처럼 하나님의 계획과 이끄심(인도하심)에는 험난한 가시밭길도 존재한다. 그분의 인도가 평탄한 삶을 보장해주시는 것으로 착각해서는 안 된다. 예수님도 아버지 하나님으로부터 인도하심을 받았지만 빌라도에게 고난을 받고 결국 십자가의 길을 걸으셨다.

그러나 하나님은 막판에 뒤집으신다. 왜 그러실까? 하나님의 섭리는 중간에 머물지 않으신다! 하나님의 섭리는 인도하심의 '완결판'으로 반드시 매듭을 짓는 분이시기 때문이다.

「우리가 선을 행하되 낙심하지 말찌니 피곤하지 아니하면 때가 이르매 거두리라」(갈 6:9)

†하나님의 허락하심

예수님은 십자가에서 죽임을 당할 줄 아시고 능히 구원하실 이에게 심한 통곡과 눈물로 간구와 소원을 올리셨다. 예수님이 하나님의 아들이시라도 받으신 고난으로 순종함을 배워서 온전하게 되었은즉 자기를 순종하는 모든 자에게 영원한 구원의 근원이 되셨다. (히 5:7~9) 예수님은 자신이 죽음을 피할 수 없다는 것을 아시고 겟세마네에서 얼굴을 땅에 대시고 엎드려 아버지께 통곡의 눈물로 간구의 기도('내 아버지여 만일 할 만하시거든 이 잔을 내게서 지나가게 하옵소서. 그러나 나의 원대로 마옵시고 아버지의 원대로 하옵소서.')를 드렸다. 십자가에 달리신 예수님은 어둠이 깔린 제 구시에 크게 소리를 지르시되 '나의 하나님! 나의 하나님! 어찌하여 나를 버리셨나이까? 내 영혼을 아버지 손에 부탁하나이다.'하고 말씀하셨다. 잠시 후 예수님은 목이 마르다 하시어 신 포도주를 적신 해면을 받으신 후 마지막으로 '다 이루었다'는 말씀을 남기시고 그의 영혼이 돌아가셨다.

하나님 아버지는 왜 그의 아들 예수를 죽음의 곤경에서 피할 수 있도록 허락하지 않으셨을까? 분명 그분은 12군단이나 더되는 천사를 보내어(마 26:53) 능히 구출하실 수 있는 모든 것이 가능하신 분인데(막 14:36) 왜 그렇게 하시지 않으셨을까? 왜 예수는 자신의 원함이 아닌 아버지의 원하심에 맡기신다는 말씀을 하셨을까? 이는 하나님 아버지의 깊으신 뜻과 그분의 원대하신 계획인 구속 곧 죄 사함의 성취가(마 26:54) 성경대로 이루어지기 위함이었다.(마 26:54)

하나님은 자신의 계획하심을 이루시기 위해 예수가 십자가에 못 박히고 부활에 이르기까지의 전 과정을 허락하신 것이다! 즉 하나님의 '허락하심'은 그분의 '계획'과 밀접한 관련이 있다는 점이다. 하나님의 계획은 그분의 인도하심을 통해서 드러나게 된다. 하나님의 인도를 받는 첫 시작의 발걸음도 그분의 허락하심이 있을 때 디딜 수 있다. 또 필요의 채워주심도 그분의 허락하심이 있을 때 더해질 수 있는 것이다.

† 하나님의 채워주심

우리는 기도로써 그분께 필요를 간구하고 그 필요가 채워지기를 그분의 응답을 기대하며 기다리게 된다. 우리의 필요를 공급해주시는 주님은 삼라만상의 주인이시다. 땅과 땅위에 거하는 모든 것과 그 가운데 사는 우리들은 다 그분의 것이다. 우리의 소유가 아닌 것이다. (시 24:1) 그분의 허락이 있으실 때 그분의 소유를 우리에게 떼어주신다.

솔로몬은 하나님 앞에서 그가 사사로이 필요로 하는 자신의 부와 재물, 장수(수명)를 말하지 않고 오직 하나님의 지혜(분별력)와 지식만을 구했다. 하나님은 그의 말을 듣고 감동하시여 그가 구하지도 않았던 부와 장수의 축복을 그에게 주셨다. 솔로몬의 이야기에서 우리는 하나님께서 마음의 동기를 유심히 살피신다는 것과 그에 따른 거룩한 동기가 그분의 마음에 닿았을 때 우리가 구하지도 않은 것까지 채워주시는 그분의 깊으신 배려하심을 엿볼 수 있다.

「하나님이 솔로몬에게 이르시되 이런 마음이 네게 있어서 부나 재물이나 존영이나 원수의 생명 멸하기를 구하지 아니하며 장수도 구하지 아니하고 오직 내가 너로 치리하게 한 내 백성을 재판하기 위하여 지혜와 지식을 구하였으니 그러므로 내가 네게 지혜와 지식을 주고 부와 재물과 존영도 주 리니 너의 전의 왕들이 이같음이 없었거니와 너의 후에도 이 같음이 없으리라」(대하 1:11~12)

반대로 응답을 구하여 필요가 채워졌을지라도 그 응답으로 기쁨이 일어나지 않는다면 그의 영혼은 초췌해지게 된다. 다시 말해 하나님은 그 응답을 통하여 그에게 하나님의 뜻하심을 깨달도록 유도하게 하신다. 시편에는 '여호와께서 저희의 요구한 것을 주셨을지라도 그 영혼을 파리하게 하셨도다.'(시 106:15)라는 말씀이 나온다. 자신의 야망과 사욕을 채우려는 요청 기도에 하나님께서 응답을 하시는 경우가 있을지라도 그 영혼은 파리하게 됨을 말한다. 응답이 주어졌다 하더라도 기쁨이 일어나지 않는 것이다. 결국 그 영혼은 그 응답 경험을 통하여 하나님의 뜻이 아님을 뒤늦게 알게 되고 후회하며 괴로움을 받게 된다.

또 다른 측면은 우리 자신이 정작 주님이 주실 것을 믿지 못하여 기도하기 전부터 준비와 착수를 먼저 하고나서 기도를 나중에 하는 경우가 있을 수 있다는 것이다. 하나님은 우리가 구하기 전에 우리에게 있어야 할 것(필요)을 아신다고 말씀하셨다. 이미 하나님께서는 우리가 필요로 하는 것을 알고 계신다는 것인데 이는 주님이 사람의 마음을 다 읽고 계신다는 것을 말하지 않는가! 얼마나 놀라운 사실인가.

성경은 주가 계신 곳 하늘에서 들으시고 사하시며 각 사람의 마음을 아신다고 말씀하신다. (열상 8:39) 오직 주님만이 우리의 마음을 읽으실 수 있다. (살전 2:4) 하나님만이 우리의 마음을 감찰하실 수 있으시다. 사탄은 결코 우리의 생각을 읽을 수 없다.

「주만 홀로 사람의 마음을 다 아심이니이다」(열상 8:39)

이 말씀으로 미루어 하나님은 우리의 기도를 낱낱이 들으시고 응답하실 때를 정하여 그분이 정하신 방식으로 응답을 나타내신다는 것을 알 수 있다. 또 기도하기 전부터 당신의 기도에 감동하시어 그에 따른 응답을 이미 전부터 준비하시고 계신다는 것을 알 수 있다. 하나님은 또 멋진 말씀을 우리에게 주셨다. 우리가 필요를 구하기전에 먼저 그의 나라와 그의 의를 구하면 이 모든 것을 우리에게 더하시겠다고 말씀하신다. (마 6:32~33)

「너희는 먼저 그의 나라와 그의 의를 구하라 그리하면 이 모든 것을 너희에게 더하시리라」(마 6:33)

하나님의 영광과 기쁨을 위한 일을 하게 되면 내 마음도 기쁨으로 충만하게 되어 항상 주님의 뜻에 따른 그의 나라와 그의 의를 먼저 구하게 된다. 그분의 뜻을 이루기 위해, 그분의 영광을 드러내기 위해 하나님은 당신이 필요로 하는 것들을 반드시 채워주실 것이다.

†하나님의 인도하심

하나님의 음성을 듣는 목적은 단지 응답을 받아내는데 있지 않고 그분이 품으신 뜻과 그분의 의중에 합당한 인도를 받기위해서이다. 아무런 죄도 없으신 예수님조차도 자신의 뜻대로 판단하지 않으시고 아버지의 뜻을 온전히 인도함을 받으시며 따르셨다. 예수님은 나의 뜻대로 하려 하지 않고 나를 보내신 이의 뜻대로 하신다고 말씀하셨다. (요 5:30)

「나는 네게 유익하도록 가르치고 너를 마땅히 행할 길로 인도하는 네 하나님 여호와라」(사 48:17)

하나님의 인도가 그분이 열어주시는 길을 따라가는 것에서 시작되진 않는다. 하나님은 본격적인 인도를 하시기전에 먼저 초기 응답을 해주실 때가 있는데 깨닫게 하기위한 '거부와 침묵'이 있을 수 있고 인내로 이루기 위한 '지체와 기다림'이 있을 수 있다. 하나님께서 나를 어떻게 쓰임받길 원하시는지 주님의 인도하심을 단계적으로 구하는 기도를 지속적으로 드려보라!

「나 여호와가 너를 항상 인도하여」(사 58:11)

한 가지 주의할 점이 있다면 그분의 인도하심에 대한 때와 방법에 대해 당신이 원하는 때와 미리 생각해둔 방식으로 응답해주시기를 은근히 기대하시 말라는 얘기다. 당신이 정한 때와 그것이 이루어져야 하는 방식이 정말 옳은 것이라면 왜 그분께 기도하여 구하는가? 내 생각대로 하나님께서 O.K 사인을 해주시길 바라는가? 기도의 응답에 대한 모든 주권을 하나님이 쥐고 계시다는 사실을 안다면 당신은 언제? 어느 때? 어떻게? 라는 응답의 '조건'들을 기도에 달지 않는다.

「사람이 마음으로 자기의 길을 계획할 지라도 그의 걸음을 인도하시는 이는 여호와시니라」(잠 16:9)

우리는 성령을 좇아(성령의 조명을 받아) 그분의 인도(이끄시는 방향)를 따라가야 한다. 우리 주변의 모든 환경에서 물질적인 것들조차 무언가의 인도(철로는 기차를, 극장은 관객을)를 받아 움직여 가고 있다. 부모는 자식을, 교수는 학생을, 작가는 독자를 인도하고 있는 것이다. 인생의 수많은 영역에서 알게 모르게 빈번한 인도가 끊임없이 일어나고 있다. 양이 목자의 인도를 받아야 하는 이유도 단순 명료하다. 양이 목자의 인도를 받지 않고 제멋대로 행동하면 어떤 불상사가 일어날지 예측할 수 없는 것처럼. 성경에는 맹인(소경)이 맹인을 인도할 수 없다는 것을 말하고 있다. 영적인 눈이 닫혀있으면 영적 성장을 이룰 수 없다. 우리는 지극히 정상적인 사람이나 눈뜬장님과도 같다. 눈은 떠 있지만 한 치 앞의 앞날에 어떤 상황이 벌어질지 전혀 알 수도 없기 때문이다.

「사람이 그의 장래 일을 능히 헤아려 알지 못하게 하셨느니라」(전 7:14)

하나님은 우리의 각자 모두에게 처한 상황을 아시고 계신 분이다. 하나님께서는 당신을 항상 인도하시며 메마른 곳에서도 당신의 영혼을 만족하게 하시는 분이다. (사 58:11) 척박한 환경과 암울하기만한 상황에서 당신의 필요가 무엇인지를 아시는 분이다. 그러므로 당신의 마음 안에 있는 모든 것을 그분 앞에 끄집어 내놓고 아뢰는 것이 무엇보다 중요하다. 당신의 필요를 세상적인 방식으로 해결하려고(따르겠다고 하는 것) 한다는 것은 이것만큼은 내 맘대로 하겠다는 것을 대변한다. 바꿔 말해서 그분의 인도를 옆으로 제쳐 놓는 것이다. 하나님이 나에게 확신의 응답을 주신다는 것을 믿지 못하는 것이다.

무엇보다 하나님에 대한 신뢰가 흔들리지 말아야 한다. 하나님을 신뢰한다함은 그분의 위상을 인정하고 내 결정의 주도권을 과감히 그분께 넘김으로써 그분의 뜻과 생각을 받아들이는데 이의를 달지 않겠다는 것이다. 그분에 초점을 두어 바라봄은 내 생각의 초점을 그분의 관점으로 교체하는 '새로 고침'이다.

하나님의 영을 내 안에 모시고 있다 하면서 내 생각대로 판단하고 결정하고 내 뜻대로 기도하면서 그분이 내 뜻에 허락해주길 원한다면 그분의 인도를 받고자 하는 마음이 전혀 없는 것과 다름이 없다. 즉 자신의 의시를 설대적으로 믿는 것이다. 하나님의 인도를 벗어나는 것만큼 어리석음이 없다. 하나님께서 인도하시는 길은 우리의 삶 가운데 그분의 뜻과 생각을 품고 있다. 자기중심적인 사고나 생각은 그분의 생각과 정면으로 상반된다. 내 욕구가 지나칠수록 내 생각의 지배력이 커진다. 물론 주님께서는 당신의 생각을 존중해주시며 당신이 그분의 코칭을 받겠다고 한다면 그 결과는 반드시 성령의 열매를 맺는다. 성령님의 인도는 그분의 뜻을 따르기 때문이다.

그러므로 성령의 열매는 주의 인도하심을 나타내는 결정적인 증거이다. 그 과정에는 영의 만족을 채우므로 기쁨이 살아나 영을 기쁨으로 충족시켜나간다.

「각 사람에게 성령의 나타남을 주심은 유익하게 하려 하심이라」(고전 12:7)

주의 인도하심은 그분의 계획(전능자의 뜻대로 이루려고 예정하신 그것)과 의도에 맞춰져 있다는 사실이다. 하나님의 의도는 궁극적으로 그분의 뜻 가운데 세워져 있으며 그분의 의도에 따라 우리는 그 일의 도구로 쓰임을 받는 것이다. 노련한 목수가 연장을 사용하려 할 때 그 일에 가장 적합한 도구를 사용하듯이 그분은 당신이 어느 곳에 가장 적합하고 어떤 일에 가장 기쁘게 임하는지를 아신다.

그러므로 필요한 곳에 적절한 시점을 택해 당신을 불러 사용하실 것이다.

그렇다면 성령님의 부르심에 의해 인도를 받아 시작된 일인지 내 생각에 의한 의도로 출발한 것인지를 어떻게 분별해낼 수 있는가? 바꿔 말하면 당신이 의도한 바에 의해 비롯된 실행이 아니라는 것을 어떻게 아는가? 자아로부터 온 생각은 영적 기쁨과 영적 교훈을 주지는 못한다. 반면 주의 인도하심에는 그 안에 생명력을 담고 있으며 교훈을 포함한다. 하나님은 우리에게 그 일을 이루기 위해 준비하도록 미리 훈련을 시키신다. 그 자체도 인도하심인 것을 알아야 한다. 하나님으로부터 온 음성인줄을 알아채는 것으로는 내적 확신, 담대함, 평안, 교훈, 책망과 훈계, 기쁨과 즐거움, 기쁨과 확신, 기쁨과 평강, 기쁨의 충만이 있다. 열거한 이것들은 성령님이 주시는 감동이다.

「저희가 기쁨과 즐거움으로 인도함을 받고」(시 45:15)

주의 인도는 영적인 이끌림으로 안내자, 제시자, 제안자로써의 역할을 하신다. 주님이 이끄시는 길이 당장 이해가 되지 않더라도 우리는 그분의 인도하심을 전적으로 신뢰하여야 한다. 왜냐하면 주님은 우리에게 미래와 희망을 주시는 분이기 때문이다.(렘 29:11)

†꿈을 통해서 확증을 응답받다

2018년 6월 초 나의 첫 번째 기독서적인「하나님과의 독대」집필을 완료했을 때 나는 잠시도 쉴 틈이 없이 내 원고를 책으로 출간해줄 출판사를 알아보느라 정신없이 찾아보고 또 찾아보는 일이 일과였습니다. 24일 동안 총 61군데의 기독서적 전문출판사들과 일반서적을 출판하는 14곳에 연락을 취해 이메일로 원고를 첨부하여 일일이 보냈습니다. 예상한대로 거의 대부분의 출판사들은 내 원고를 출간 방향이 맞지 않는다는 이유로 출간할 수 없음을 통보하는 답장메일을 보내왔습니다. 그렇게 시간이 흐르는 동안 많은 시간을 투자해 집필한 원고가 책으로 출간되지 못하고 사장되는 것은 아닌가 하는 절망감이 고개를 들기 시작했습니다. 하나님께서 허락하신 일이 끝자락에 와서 수포로 돌아가면 어쩌나 하는 생각이 나를 괴롭혔습니다. 그래서 나는 최종 이 문제를 기도제목으로 삼고 하나님께 직접 여쭙고 싶었습니다.

6월 21일 밤(11시경) 나는 주님께 나의 첫 번째 신앙서가 될「하나님과의 독대」집필을 완료한 것에 대해 감사 기도를 먼저 드렸습니다. 아울러 현재 원고가 일곱 군데 출판사에서 검토가 진행 중에 있으며 출간에 대한 확증을 구하고 싶다는 기도를 간절한 마음으로 드렸습니다. 기도가 끝난 후 잠자리에 들은 나는 모든 짐(확신할 수 없는 문제)을 주님께 다 맡겨드렸다는 안도감과 함께 조만간 응답해 주시리라는 믿음으로 염려를 내려놓고 취침에 들게 되었습니다. 7시간이 지난 다음날 22일 이른 아침(잠이 깨기 직전) 놀랍게도 주님은 꿈을 통하여 응답을 해주셨습니다. 제가 응답이라 확신할 수 있었던 것은 그 꿈이 기억에 선명할 정도로 남아 예사롭지 않다는 생각이 들었기 때문입니다. 나는 당시 꿈속에서 일어난 장면과 상황을 잠에서 깨자마자 노트에 기록해 두었습니다. 기록된 내용은 사실 그대로임을 밝혀둡니다.

"때는 2018년 6월 22일 평소 기상시간 보다 한 시간 정도 이른 아침시간이었습니다. 거의 기상시간이 될 무렵 꿈속에서 갑자기 내 눈앞에 세 개의 이름이 선명하게 횡으로 배열되어있는 것을 바라보는 광경이 저에게 일어났습니다. 그런데 세 개의 배열된 이름을 쳐다보는데 그중에 제 이름까지 적혀있었습니다. 내 이름은 맨 우측 세 번째에 위치해 있었습니다. 더욱 놀랐던 것은 그 순간 제 이름을 누군가가 작게 부르는 소리까지 듣게 되었다는 것입니다. 하나님께서 어린 사무엘의 이름을 잠자는 동안에 부른 상황이 저에게도 일어난 것입니다. 한 남자의 목소리가 꿈속에서 세미하게 전달되어 제 이름을 부른 것입니다. 그 음성은 외부에서 물리적으로 전달되어 들리는 소리가 아니었습니다. 전혀 다른 방식으로 깊은 내면을 통하여 들려오는 것 같았고 머리로 인식하는 분명하고도 또렷한 소리였습니다. 음성이 실제 상황처럼 생생하게 들려와 잠에서 깨어났습니다. 마치 아나운서의 목소리처럼 들려왔습니다. 나는 이내 잠에서 깬 후 꿈에서 본 그 장면이 무엇을 의미하는지 궁금해지기 시작했습니다. 꿈의 해석을 어떻게 해야 하는지 골

똘히 생각하던 중 가장 빨리 떠오르는 인상을 따라갔습니다. 제 이름 외에 다른 사람들의 이름들이 앞쪽에 함께 있었던 것은 마치 합격자 명단에 제 이름이 포함되어 있다는 것으로 암시해주는 인상을 강하게 받았습니다. 만약 제 눈앞에 이름들이 배열되어 있지 않고 제 이름만 부르는 것을 들었다면 단순히 나를 부르는 것으로만 혼동될 수 있었기 때문입니다. 그래서 그 혼동을 피하기 위해 그랬던 것 같다는 생각이 들었습니다. 저는 이 꿈이 성령님께서 보여주시는 확증을 나타내는 강한 인상을 받았습니다. 그래서 꿈을 꾼 뒤로 더 이상 책 출간에 대한 고민과 염려를 하지 않게 되었습니다.

이후 나는 몇 군데 기독서적출판사들에 원고를 더 보내게 되었습니다. 7월 9일이 되자 더 이상 원고를 보낼 출판사가 없었습니다. 이제 제가 할 일은 다 한 것입니다. 그런데 놀라운 일이 일어났습니다. 바로 그 다음날인 10일 한 출판사(선교횃불)에서 검토를 마친 후 책으로 내겠다는 연락을 보내온 것입니다. 총 75군데 출판사에 투고를 한 뒤 27번째로 원고검토를 마친 출판사에서 최종 확정을 받게 된 것입니다. 보통 기독서적은 출판사에서 매우 심사숙고하여 원고를 검토하므로 유명 목회자나 잘 알려진 선교사들이 아니면 책을 내기가 하늘의 별 따기 만큼 어렵습니다. 무엇보다 기뻤던 것은 객관적인 원고의 검토와 평가를 거쳐 출간이 확정이 되었다는 점입니다."(이후 대다수의 출판사들이 거부하였음에도 불구하고 계약 후 또 다른 두 군데 출판사에서 적극적인 출간 의향의 사인을 보내왔었다)

나는 이 일로 한 가지 분명한 사실을 깨닫게 되었다. 하나님께서 시작하신 일은 반드시 이루신다는 사실이다. 하나님께서 허락하신 일은 끝맺음까지 완전하게 이루신다. 정확히 말하면 하나님은 그 일을 이루시기 위해 허락하신 것이다!

† 기도 후 5분 뒤 주의 말씀을 응답받다

2018년 10월 25일 정각 새벽 1시였습니다. 그날따라 책을 읽느라 취침시간이 늦어져 주기도가 끝난 후 잠자리에 들기 전이었습니다. 나는 전부터 성경말씀 중 평생 나를 위한 말씀 한 구절이 있었으면 좋겠다는 생각이 늘 있어왔습니다. 그러던 그날 새벽 시간에 나는 "주님, 제 평생 간직할 주의 말씀 한 구절을 갖기를 간절히 원합니다. 꿈속에서라도 보여주시길 원합니다. 예수 그리스도 이름으로 기도드립니다. 아멘"이라고 간단한 추가 기도를 드렸습니다. 기도가 끝난 후 나는 잠자리에 누웠으나 내 눈은 말똥말똥 뜬 채로 아무런 생각 없이 어두컴컴한 천정을 바라만 보고 있었습니다.

그렇게 몇 분이 흘렀을까? 갑자기 내 마음 안에 말씀 한 구절이 떠오른 것입니다. 마치 내 눈앞에 풍선이 둥실둥실 떠오르듯 가벼운 작은 기쁨이랄까요. 나는 특별히 외우려고 하지 않았던 그 말씀을 머릿속에 저장해 두지 않은 상태라 미심쩍은 마음의 동요가 일어났습니다. 누워있는 상태에서 떠오른 말씀 구절을 소리 없이 아주 천천히 입으로 한 문자씩 또박또박 말해보았습니다. 지금 내 입으로 말하는 구절이 정확히 성경에 적혀있는 말씀과 일치하는 걸까? 하는 궁금증이 일어났습니다. 그래서 잠자리에서 얼른 일어나 불을 켜고 입으로 구술한 구절을 종이에 적어나갔습니다. 나는 평상시 그 구절이 시편에 있다는 것까지는 어렴풋이 알고 있었지만 시편 몇 장 몇 절의 말씀인지도 모르는 상태였습니다. 그래서 빨리 찾아보기 위해 예전에 다운로드해둔 모바일 성경 앱 에서 한 단어를 검색 후 성경을 펼쳤는데 그 구절은 시편 119편 105절의 말씀이었습니다.

「**주의 말씀은 내 발에 등이요, 내 길에 빛이니이다**」(시 119:105)

종이에 적은 말씀구절과 한 문자씩 비교한 결과 한 글자도 틀리지 않고 시편의 구절과 정확히 일치했습니다. 이때가 새벽 1시 5분! 주님은 나의 기도를 들으시고 정확히 5분이 경과했을 때 성령님을 통하여 내가 평생 간직할 말씀 한 구절을 응답해 주셨습니다.

제 5 장

하나님의 음성 : 인도

「너희가 오른쪽으로 치우치든지 왼쪽으로 치우치든지 네 뒤에서 말소리가 네 귀에 들려 이르기를 이것이 바른 길이니 너희는 이리로 가라 할 것이며」(사 30:21)

이제 당신에게 남겨진 숙제가 하나 있다. 그다지 어렵지 않은 숙제니 마음의 부담감을 내려놓자. 당신은 하나님께서 우리와 의사소통을 하기위해 어떤 방식으로 말씀을 전하시는지, 하나님의 음성전달을 막는 방해 요인들은 무엇이 있는지도 알게 되었다. 또 그분의 음성을 잘 듣기위해서는 어떠한 준비와 자세가 필요한지도 숙지하였다. 마음에 주입되는 여러 음성들 중에서 하나님의 음성을 분별해내는 방법과 그분의 뜻과 생각을 바라보는 영적인 눈까지 뜨이게 되었다. (예수께서 사울의 눈을 다시 보게 하시려고 성령으로 충만케 하여 그 즉시 그의 눈에서 비늘 같은 것이 벗어져 다시 보게 된 것처럼)

「내가 나의 영을 너희에게 부어 주며 내 말을 너희에게 보이리라」(잠 1:23)

위 잠언의 말씀처럼 당신의 잠자는 영을 살리시는 성령의 도우심을 힘입어 영적인 귀까지 열리게 하시는 그분의 만지심을 경험할 날이 올 것이다. 하나님의 음성이 어느 날 당신의 마음에 전해질 때 당신은 주께 무어라고 말씀드릴 수 있겠는가? 숙제는 바로 이것이다. 생각지도 않은 뜻밖의 날에 당신에게 들려온 음성이 주님의 음성임을 알아차렸을 때 그분께 화답해 드려야 하지 않겠는가? 주의 음성을 들었을 때를 대비해서 미리 화답을 위한 기도문을 준비해 보라. 친절하게 답까지 준비되었다. 이 점 한 가지는 빼놓지 말고 꼭 기도에 포함시켜 말씀을 드려보라! "제 귀를 열어주신 주님! 저의 기도와 간구를 들으시고 응답하여 주시는 주님! 주의 음성을 제가 이제 순종하여 듣겠습니다. 저는 제 기도의 응답이 다시 주님께 열매로 화답되어지는 기쁨을 갖기를 원하옵나이다. 하오니 저를 인도하사 주의 선하신 뜻에 따라 저의 발걸음을 한 걸음씩 인도하여 주옵소서. 이제야 제가 주님의 기뻐하시는 뜻을 알게 되었습니다. 제 안의 성령님께 깊은 감사를 드리며 예수님의 이름으로 기도합니다. 아멘."

「내 입에서 나가는 말도 이와 같이 헛되이 내게로 되돌아오지 아니하고 나의 기뻐하는 뜻을 이루며 내가 보낸 일에 형통함이니라」(사 55:11)

하나님의 음성으로 인도받는 삶

「너희는 기쁨으로 나아가며 평안히 인도함을 받을 것이요」
(사 55:12)

하나님께서 우리를 인도하시는 가장 보편적인 방식은 기록된 성경말씀에 의해서이다. 성경 말씀은 율법으로써 우리에게 지켜야할 계명을 담고 있으며 우리가 살아가는데 지침이 되어주는 하나님의 언약이시다. 성경은 인생 전반에 걸친 큰 틀은 제시하고 있으나 한 개인의 삶에서 일어날 수 있는 무수한 상황들에 대한 온갖 세부적인 지침을 담고 있지는 않다. 성경이 규범을 기록한 법전에 해당된다면 당신의 내면에 전달되는 하나님의 음성(성령의 내적 증거, 성령의 세미한 음성)은 한 개인을 인도하시는 지시등의 역할을 한다고 볼 수 있다. 본 절에서는 하나님의 음성인 성령의 목소리를 '성령의 지시등'으로 바꾸어 비유적으로 설명할 것이다. 그 이유는 곧 알게 된다.

이사야의 말씀(30장 21절)에 “너희가 오른쪽으로 치우치든지 왼쪽으로 치우치든지 네 뒤에서 말소리가 네 귀에 들려 이르기를 이것이 바른 길이니 너희는 이리로 가라 할 것이며”라는 말씀이 나온다. 우리 앞에 놓인 두 갈래의 길 중에 어느 길을 선택해야 할지(또는 진행해야 할지 멈춰야 할지)를 판단하는데 있어 ‘하나님의 음성’으로 ‘인도’를 받아야 함을 일러주고 있다. 하나님께서는 우리가 볼 수 없는 것을 보시고 우리의 생각이 이쪽으로 기울든지 저쪽으로 기울든지 당신의 뒤편(보이지 않는 곳)에서 그분의 음성이 들려 바른 길로 인도하신다는 것이다. 바른 길을 걷는 자는 그 걸음이 평안하나 미혹에 의해 굽은 길을 택한 자는 가다가 넘어지게 된다. 하나님의 보살핌은 그의 자녀가 올바른 판단과 선택을 할 수 있도록 응답하여 인도하시는 것에서 시작된다. 그러므로 하나님이 우리의 처진 삶을 견인하여 이끄실 수 있도록 하려면 내 자아를 ‘내려놓음’과 마음의 문을 활짝 열어 제키는 ‘허용함’이 필요하다. 하나님의 길은 당신을 인도하기 위해 그분의 의도와 계획에 초점이 맞춰져 있는 반면 우리의 길은 세상의 의도에 인정받는 것들을 취하는데 초점이 맞춰져 있다. 생명으로 인도하는 문은 좁고 길이 협착하여 찾는 이가 적다. (마 7:14) 따라서 자칫 내 생각과 판단에 쏠려 하나님이 인도하시는 좁은 문로 들어가길 마다하고 세상의 넓은 문으로 들어가려는 실수를 하지 말자.

「좁은 문으로 들어가라. 멸망으로 인도하는 문은 크고 그 길이 넓어 그리로 들어가는 자가 많고」(마 7:13)

| 하나님의 품으신 뜻과 생각을 엿보기 |

「나는 나의 뜻대로 하려 하지 않고 나를 보내신 이의 뜻대로 하려 하므로」(요 5:30)

하나님과의 친밀한 관계 속에서 주님이 주시고자 하는 것은 기쁨과 평안을 얻고 미래와 희망을 주는 것이다. (렘 29:11) 그분은 가장 좋은 길을 우리에게 보이시겠다고 약속하셨다. (고전 12:31) 그분은 우리가 온갖 구하는 것이나 생각하는 모든 것에 더 넘치도록 능히 하시는 분이시다. (엡 3:20) 주님은 우리를 시험하사 내 뜻과 내 양심을 단련하신다. (잠 17:3) 사람의 뜻은 육신의 생각을 쫓는 경향이 짙다. 육신의 생각은 사망이며 육신에 있는 자는 눈가림만 하여 사람을 기쁘게 하고 하나님을 기쁘시게 할 수 없다. (롬 8:6,8) 우리는 마음으로 하나님의 뜻을 행하여 지극히 선한 것(거룩한 것, 좋은 길)을 분간할 줄 알아야 한다. (롬 2:18) 하나님은 자신의 뜻을 사람에게 내보이신다.(암 4:13) 그분의 뜻을 확증하고 행해도 되는지를 알려면 내 안의 성령님의 인도하심에 따른 내적 확신, 평안으로 분별하여 내 스스로가 담대히 주장함으로서 알 수 있다.

「사람이 하나님의 뜻을 행하려 하면 이 교훈이 하나님께로부터 왔는지 내가 스스로 말함인지 알리라」(요 7:17)

하나님의 의사결정을 우리의 생각 수준으로 감히 비교해서는 안 된다. 그분은 우리의 지식과 지혜로는 도저히 따라갈 수 없는 능력을 갖추고 계시며 그분의 안목은 우리가 예측할 수 없는 끝을 보신다. 그분의 일하심은 장엄한 가운데 거룩함을 입혀 결실을 맺도록 우리의 뒤편에서 조용히 일을 펼쳐 가신다. 성경에는 우리를 향하신 하나님의 생각에 대해 이렇게 전하고 있다. 그분의 생각은 우리의 생각과 다르고 그분이 보이시는 길은 우리의 길과 다르며 높으시다. 또한 그 수가 헤아릴 수 없이 많으시다. (사 55:8~9)(시 139:17) 또한 그분의 생각은 보배로우시며 우리의 생각보다 심히 깊으시고 높으시다. (사 55:9) 그분의 생각과 그의 행하심(행하신 일들의 결과)은 너무나도 커서 감히 따라갈 수 없는 것이다.

「하나님이여 주의 생각이 내게 어찌 그리 보배로우신지요 그 수가 어찌 그리 많은지요.」(시 139:17)

「이는 내 생각이 너희의 생각과 다르며 내 길은 너희의 길과 다름이니라 여호와의 말씀이니라」(이 55:8)

「여호와여 주께서 행하신 일이 어찌 그리 크신지요 주의 생각이 심히 깊으시니이다」(시 92:5)

그럼에도 불구하고 나는 하나님께서 개입하시는 일들에서 그분의 생각이 어디에 초점을 두고 계시는가를 생각해보면 하나님이 그렇게 인도하신 배경에서 숨겨진 동기를 찾아낼 수 있다고 본다. 바꿔 말하면 하나님이 어떠하신 생각(의도)으로 이 땅에서 그분의 영광을 나타내시는지를 우리가 알 수 있게 된다. 그런 점에서 나는 이 흥미로운 주제를 가지고 하나님께서 오늘도 이 땅을 두루 살피시며 각자의 삶에 개입하여 어떻게 인도해 가시는가를 엿보고자 한다.

† 하나님이 품으신 뜻은 무엇일까?

예수님은 사람들에게 보이는 자신의 언행이 사람들처럼 나 스스로가 판단하거나 자신의 뜻대로 하지 않고 오직 자신을 보내신 이의 뜻에 따라 하므로 의롭다는 것을 분명하게 말씀하셨다. 이 말씀(요 5:30)에서 얻는 교훈은 예수님이 이 땅에 오신 것은 나를 보내신 하나님의 뜻을 행하려 함을 말하고 있다는 점이다. 우리가 하나님의 뜻을 잘못 받아들일 수 있는 오류중의 한 가지는 그분이 품으신 뜻이 너무나 커보여서 나로서는 감당할 수 없으며 내 뜻은 그분의 뜻에 비하면 너무나 볼품없고 초라해 보여 도저히 견줄 수 없다는 생각이다. 그리스도인조차 하나님의 뜻을 구하고자 할 때 미리부터 두려움을 갖거나 무겁게 받아들이며 어렵게 생각하는 이들이 의외로 많다. 바로 이 점이 하나님의 음성 듣기를 더욱 거북스럽게 받아들이는 작용(스스로 장벽을 세움)을 일으킨다. 예컨대 당신이 세운 뜻이 혹시나 그분에게 거절을 당하지나 않을까를 미리부터 염려하는 것이다.

그런 염려를 일으키는 한 가지 원인으로는 내 뜻은 나를 기쁘게 하는데 그 '동기'가 세워져 있는 반면 하나님의 뜻은 내가 아닌 하나님을 기쁘시게 하는데 있기 때문이다. 다시 말해서 내 뜻과 하나님의 뜻 가운데 부합되지 않은 부분에 대한 자신감이 떨어지는 것이다. 즉 주의 뜻과 내 뜻이 충돌하는(상충되는) 부분은 없는가이다. 동기가 중요한 이유는 어떤 선택과 결정을 내리는데 결정적인 역할을 하기 때문이다. 행위는 동기에서 비롯된다는 것이다. 탐심과 정욕, 음란과 부정, 불의와 악의, 질투와 시기, 비방과 교만은 모두 각자의 이기심에서 비롯된다. 하나님은 우리 중에 그러한 동기로 행할 때 회개케 하여 인도하신다. (롬 2:4) 따라서 기도에 담겨진 동기가 매우 중요함은 강조해도 지나치지가 않다. 우리가 각자 보기에는 자신의 동기가 순수하며 올바른 결정이라고 여길 수 있으나 주님이 보시기에는 그 동기가 다른 이유로 인해 감추어져 있음을 아신다. 우리의 마음을 감찰하실 수 있는 유일한 분이 하나님이시다. 우리는 이 점을 분명하게 인식하고 있어야 한다. 내 뜻대로 이루어지길 원하는 자기중심적인 기도가 아니라 성경말씀에 비추어 내 뜻이 온전한가를 살피고 기도의 동기가 주님이 보시기에 합당할 때 그에 따른 응답(허락하심)이 주어짐을 깨닫게 된다.

「너희는 이 세대를 본받지 말고 오직 마음을 새롭게 함으로 변화를 받아 하나님의 선하시고 기뻐하시고 온전하신 뜻이 무엇인지 분별하도록 하라」(롬 12:2)

그럼 그런 염려와 거북스러움을 떨쳐 버릴 수 있는 방법은 무엇일까? 너무 지나치게 무거운 생각을 갖지 말고 염려하지 말라. 하나님은 결코 우리에게 마음의 짐을 지우시는 분이 아니시다. 그 분의 뜻은 오히려 지극히 평범하시다. 그분의 '선하심'과 '기뻐하심', '온전하심'의 따르는 뜻에 합당한지를 내 스스로가 분별하고 범사에 늘 감사하며 우리의 마음을 거룩함으로 입으면 자연스레 그분의 뜻 가운데 내 뜻이 세워지게 된다. 그렇지 않은가? 당신의 뜻대로 강행하려면 굳이 기도할 필요도 없고 하나님께서 어떻게 보시든 상관하지 않을 것 아닌가? 당신의 뜻을 그분의 뜻 가운데 세울 수 있는가를 알려고 한다는 것은 그분의 허락하심을 받는다는 것이 얼마나 영광스러운 일인지를 당신이 잘 알고 있기 때문이다. 주께서 당신을 통하여 그분의 영광을 이 땅에 드러내실 때 그보다 더 큰 상급은 없다.

「손이 약하지 않게 하라 너희 행위에는 상급이 있음이라」
(대하 15:7)

하나님은 당신에게 내 뜻이 하나님의 뜻에 반하지 않음을 분별할 수 있는 방법의 힌트를 이미 주셨다. 포괄적인 말씀으로는 '너희는 열매 없는 어두움의 일에 참예하지 말라'는 것이다. (엡 5;11) 하나님의 뜻은 언제나 열매를 거두는 인도하심을 보인다. 기도의 그릇에 담긴 내 뜻이 주님의 마음에 비추어볼 때 책망할 것이 없고 그분이 기뻐하시고 온전함을 가진 뜻인지를 살펴보는 것이 중요하다. 즉 "하나님과 아무런 상의도 없이 오직 내 뜻을 관철시키기 위한 모든 노력은 하나님의 영광을 가리는 행위가 된다."는 사실이다. 내 주장, 내 생각대로, 내 뜻대로 되어야만 하는 당위성을 제기하는 것은 무모한 행위이다.

성경에는 하나님의 품으신 뜻과 지시를 거부한 채 도망치는 요나 선지자의 이야기가 나온다. 하나님과 요나간의 대화는 무척 흥미롭다. 요나는 하나님의 음성을 듣고서도 그분의 뜻을 거부한 채 도망을 치지만 하나님은 그를 끝까지 사랑으로 배려하여 그분의 뜻을 이루도록 인도하셨다. 요나가 왜 하나님의 품으신 뜻을 그토록 완강하게 거부했는지 알기위해서는 먼저 줄거리를 살펴봐야 한다.

『하나님은 요나에게 니느웨(앗수르의 수도)로 갈 것을 명하시고 그에게 니느웨의 멸망이 임박했다는 것(하나님의 심판)과 회개와 복음을 선포하라는 메시지를 전달하신다. 하나님이 니느웨를 특별히 주목하신 이유는 '피의 성'이라 불릴 정도로 니느웨 사람들이 잔인했고 다른 약소민족을 점령히여 무자비하게 죽이고 자기 민족 안에서도 피 흘림이 넘쳤기 때문이었다. (욘 3:1,19)(나 3:1,19) 그런데 하나님의 음성을 듣고서도 어찌된 심산인지 요나는 하나님의 낯을 피해 도망하려 욥바로 내려가 마침 다시스로 가는 배를 만나 몸을 싣게 된다.(욘 1:3) 그런데 그가 탄 배가 거센 풍랑을(하나님께서 폭풍을 일으키심) 만나게 된다. 배에 탄 사람들이 이 재앙이 누구로 인하여 일어난 것인지 제비뽑기를 하자했는데 얼토당토않게 요나가 뽑히게 된다. 배에 탄 무리들은 바다가 점점 흉용해지자 요나에게 어떻게 해야 바다가 잔잔해지겠느냐하며 묻고 이에 요나는 자신을 바다에 내던지라는 말을 건넨다. 결국 요나는 바다에 빠지게 된다. (욘 1:4~15)

하지만 하나님은 미리 예비하신 큰 물고기(고래?)로 요나를 삼키게 하여 뱃속에서 3일간 머무르게 했다. (다행히도 3일 동안 물고기의 뱃속에서 소화되지 않은 채 살아있었다) 요나는 물고기의 뱃속에서 자신의 죄를 뉘우치고 하나님께 회개기도를 하기 시작한다. 요나의 기도를 들으신 하나님은 물고기로 하여금 그를 바다가 아닌 니느웨 육지에 토하게 하신다.(하나님의 이끄심이 보이는 길로 나타나는 순간이다) 그리고 요나에게 다시 니느웨로 가서 명한 바를 선포하라고 지시하신다. 그가 니느웨에 도착하여 거리에서 선포하고 회개를 외치자 그 소문을 들은 앗수르의 왕이 옷을 벗어 베옷으로 갈아입고 금식하여 회개할 것을 선포한다. 그러자 니느웨의 백성들에게 각성(어떤 잘못이나 사실들을 깨달아 아는 것)과 부흥(쇠퇴하였던 것이 다시 일어남)의 불이 뜨겁게 일어나면서 회개하고 구원을 받게 되었다.』

흥미로운 점은 요나의 행적을 따라가 보면 하나님께서 도망치는 요나를 추적하듯이 끝까지 놓지 않고 줄곧 그를 따라가셨다는 점이다. 또 그렇게 하나님의 뜻을 완강히 거부했던 요나가 결국 그분의 뜻을 실행하도록 하나님께서 그와 함께 끝까지 동행하셨다는 점이다. 우리를 놀라게 한 또 다른 측면은 그가 하나님께 드린 두 번의 기도이다. 자신이 물고기의 뱃속에서 빠져나가지 못하고 죽을 운명임을 감지한 그는 하나님 앞에 마침내 회개하는 '절규의 기도'(구원은 여호와께 로서 말미암나이다)를 드렸다. 그의 기도가 끝나자 하나님은 요나를 삼킨 물고기를 니느웨 육지에 닿게 한 후 토하게 하여 그를 살려 놓으셨다. 그렇게 구사일생으로 살아나 니느웨에 도착한 요나는 결국 하나님의 사명을 완수하게 된다. 그런데 그가 이번엔 놀랍게도 하나님께 극도의 불만을 쏟아내는 '분노의 기도'를 드리게 된다. 자신을 철저히 낮추고 회개기도를 한 그가 정반대로 차라리 죽는 것이 낫다고 하며 자신의 생명을 취해달라는 기도를 거침없이 내뱉은 것이다.(욘 4:3)

그는 왜 하나님께 분노의 기도를 했을까? 그 이유는 이렇다. 처음부터 요나는 하나님의 은혜를 받을 자격이 못되는 니느웨의 사람들에게 하나님이 은혜를 베푸시려 한다는 것을 알고 극도의 불평불만을 품고 있었던 것이다. 이스라엘의 원수인 니느웨에 하나님께서 은혜를 베푸시는 것이 그에게는 큰 충격으로 다가왔다. 이런 점으로 미루어 볼 때 요나는 하나님 앞에 불순종과 불만의 태도, 반항심과 침묵하는 마음이 여전히 남아있었던 것이다. 또한 요나는 하나님의 음성을 듣고서도 도리어 그분의 영광을 가리는 행위로 점철되었고 하나님이 품으신 뜻을 조금이라도 헤아리고자 하는 마음이 없었다. 요나의 그런 불손한 태도에도 불구하고 하나님은 그를 끝까지 사랑으로 대하시며 그를 품으시고 그의 마음에 가득한 교만함과 자존심, 이기심과 이중적인 마음을 밖으로 드러내게 하셨다. 그가 처음부터 하나님의 뜻(40일 후에 하나님의 심판으로 니느웨가 멸망함을 전하고 회개할 것을 선포하는 것)에 순종하여 기도하며 자기에게 주어진 사명을 감당했더라면 하나님의 영광을 업고 선지자로서 큰 축복을 입었을 것이다. 그러나 요나는 하나님의 일을 기쁨으로 대하지 않고 마지못해 하는 식으로 하나님께서 시키신 일을 끌려가는 마음으로 수행하였다. 정리하면 요나의 이야기에서 우리는 하나님의 관점이 사람의 관점과 어떻게 다른지 또 그 깊이와 넓이, 높이에 대해 비교할 수 없다는 것을 알게 된다.

요나의 이야기가 주는 교훈은 세 가지를 들 수 있다. 첫째는 하나님께서 자신의 뜻을 이루기 위해 우리가 부르심을 받았을 때에는 우리의 생각과 고집(마음의 주장)을 내려놓고 그 소명을 높이 받들어 하나님의 목적하심에 따라가야 한다는 점이다. 둘째는 하나님의 뜻하심이 이 땅에서 임하시면(개입이 되시면) 반드시 그분의 뜻이 이루어지기 위해 사람을 통하여 어떤 상황과 환경을 거치든 열매를 맺도록(거두도록) 하신다는 점이다. 셋째는 하나님은 우리 각자의 마음상태를 아시고 교훈을 주고자 하실 때 우리에게 질문(깨닫도록 하는 질문: 욘 4:4,9)을 던지신다는 점이다.

† 하나님은 어떤 생각을 하실까?

'하나님은 어떤 생각을 하실까?'라는 주제로 들어가기 전에 인식해두어야 할 세 가지 사항이 있다. 첫째, 사람은 사람의 생각을 어떻게 읽는지 둘째, 하나님은 사람의 생각을 어떻게 읽으시는지 셋째, 우리는 하나님의 생각(뜻)을 어떻게 읽을 수 있는가에 대해서이다. 먼저 사람은 상대방의 음성을 통해서 전달되는 말에 의해 현재 어떤 생각으로 말하고 있는지를 파악할 수 있고 또 어떤 감정으로 말하고 있는지를 느낄 수 있다. 말은 생각을 풀어내어 대변하는 역할을 담당한다. 우리가 장황스럽게 말을 하는 것은 상대방의 이해를 구하기 위한 측면이 크다. 우리는 말을 끝까지 다 듣고 나서야 비로소 상대방의 의중을 파악할 수 있게 된다.

다음으로 하나님은 우리의 생각을 어떻게 아시는가? 하나님은 당신의 생각을 감찰하실 수 있는 분이라 당신이 그분께 말하지 않아도 당신의 생각과 뜻을 훤히 들여다보시고 아신다.(히 4:12)(시 139:1) 하나님은 나의 앉고 일어섬을 아시며 멀리서도 나의 생각을 밝히 아신다. (시 139:2) 하나님은 하늘에서 감찰하사 땅 끝까지 감찰하시며 온 천하를 두루 보시며 모든 인생을 살펴보신다.(욥 28:24)(시 33:13) 하나님은 사람의 길을 주목하시며 사람의 모든 걸음을 감찰하시는 분이다.(욥 34:21)

「내가 너희의 생각을 알고」(욥 21:27)

혹 하나님께서 당신의 생각을 아시고 계시다는 사실이 불편한가? 그래서 그분의 음성을 듣는 귀를 스스로 막고 있지는 않은가? 나는 주께서 나의 생각을 읽을 수 있으시다는 사실에 얼마나 다행스러운가를 생각해본다. 빈 말이 아니다. 주님은 내 혀의 말을 알지 못하시는 것이 없으시다.(시 139:4) 바꿔 말해 당신이 골방에서 조근 조근 말하거나 마음속으로 기도하여도 그분은 다 듣고 계신다. 만약 하나님이 당신의 생각(또는 마음)을 엿볼 수 없다면 당신이 마음속으로 드리는 기도는 무용지물이 되고 말 것이다. 당신은 기도할 때마다 그분의 귀에 들리도록 큰 목소리로 외치고 목이 쉴 정도로 부르짖어야 할 것이다. 조용한 기도의 골방도 웅변하는 무대와 다를 바가 없게 될 것이다. 남들의 눈에는 주님을 향한 당신의 부르짖음이 그분께 하소연을 하는 것처럼 보이게 될 것이다. 남들은 크리스천들의 기도를 경시할 것이다. 왜냐하면 그들은 그가 하나님께 그토록 부르짖어도 응답조차 제 때에 받지 못해 탄식하는 것을 매번 보고 있기 때문이다. 안타까운 심정으로 바라보기보다는 나약한 자들이나 저렇게 하나님을 찾는 것이라고 여기는 것이

다. (아인슈타인 박사는 실제 지인에게 전한 편지에서 신은 마음이 나약한 자들이 믿는 것이라고 썼다)

그러나 크리스천은 세상의 이목에 신경 쓸 필요가 없다. 크리스천이 그들과 다를 수밖에 없는 것은 하나님의 백성이기 때문이다. 하나님의 자녀는 하나님으로부터 주어진 특권을 가진 자이다. 그러므로 우리는 온전한 마음과 생각으로 그분께 초점을 두어 그분만을 바라보고 그분의 생각과 뜻을 가까이하는 매일 매일이 되어야 한다.

「주의 모든 일을 묵상하며 주의 행사를 깊이 생각하리이다」
(시 77:12)

또 하나님은 사람처럼 사람의 이해를 구하려 애쓰지 않으신다. 대신 당신이 순종하여 온전한 믿음으로 그분의 인도하심에 동행하기를 원하시는 분이다. 하나님은 우리에게 의사를 전달하는데 목적이 있지 않고 우리의 행함이 선함을 이루고 하나님의 영광이 내비치는 방향으로 인도하시는데 주안점을 두고 계시다. 그 선함은 궁극적으로 그분의 영광을 나타내기 위함이다. 우리는 그분의 진정한 생각(하나님의 의도)을 나중에서야 깨닫게 될 때가 많다.

그러면 우리가 '하나님의 생각을 얻기 위해서' 는 무엇을 어떻게 해야 하는가? 바꿔 말하면 내 마음의 수로를 터서 하나님께서 부어주시는 생각을 막힘없이 흐르게 하려면 먼저 해야 할 일이 무엇인가를 알아야 한다는 점이다. 그러려면 무엇보다 우리의 마음상태가 평안을 유지해야한다. 당신의 머리에서 쉼 없이 돌아가는 생각의 믹서를 꺼버려야 한다. 내 생각을 멈추어야 하는 것이다.

이 방해꾼(이 생각, 저 생각)은 내 안에서(마음이란 놀이터 안에서) 한시도 떠나지 않고 끊임없이 재잘거리는 특성을 보인다. 또한 우리를 힘들게 하는 문제나 해결해야만 하는 문제에 봉착해 있을 때 껌딱지 마냥 딱 달라붙어 떠나지 않는 경향이 있다. 당신의 실제 목소리가 아닌 또 다른 가상의 목소리(잠시도 쉬지 않고 일어나는 생각들)를 매일 듣고 있는 것이다. 그 목소리는 불안한 마음과 두려움, 근심과 걱정거리로 부정적인 에너지 흐름을 탈 때 더욱 가세한다. 이를 떨쳐버리려면 그 문제에 초점을 두고 있는 당신의 '주의'를 다른 곳으로(주님을 바라봄) 돌리는 것이다. 생각의 초점을 거두게 되면 마치 스크린을 비추던 영사기가 꺼지면서 영화장면이 사라지는 것과 같은 효과가 일어난다. 이제 마음이란 놀이터에서 재잘거리는 아이들(잡념과 집착하고 있는 생각들)은 모두 사라진 것이다. 극성스런 말썽쟁이가 자기 집으로 간 것이다. 당신은 하나님의 생각을 얻기 위해 내 생각을 잠재우는 한 가지 비책을 알게 되었다.

「너희는 가만히 있어 내가 하나님 됨을 알지어다」(시 46:10)

본론적인 주제인 '하나님은 어떤 생각을 하실까?'이다. 매우 흥미로운 주제가 아닌가? 좀 더 집약적인 표현으로 바꾸면 '하나님은 지금 당신을 향한 어떤 생각을 하고 계실까?'이다. 당신은 그 점이 정말 궁금하지 않는가?

결론부터 미리 말하자면 "하나님의 생각은 하늘의 일에 집중되어 있으시다."는 점이다. 의외의 답에 매우 섭섭한 기분이 들지 모르겠지만 사실이 그렇다. 그렇다면 당신의 형통함을 방관하시는 하나님이신가? 사람의 생각은 땅위의 것을 생각하므로 육신의 일에 도모하게 되어있다. 하지만 성경은 말하기를 육신의 생각은 사망이며 하나님과 원수가 된다고 말하고 있다.(롬 8:6~7) 육신을 좇는 자는 육신의 일을 생각하며 영을 좇는 자는 영의 일을 생각한다. (롬 8:5)

「네가 하나님의 일을 생각지 아니하고 도리어 사람의 일을 생각하는도다」(마 16:23)

성경말씀대로라면 현재 나의 안위와 돌봄은 전혀 생각밖에 있으시다는 말인가? 그건 아니다! 우리의 미래에 소망을 주려하시는 것이 그분의 선하신 생각이시다. 당신을 향한 하나님의 생각은 미래지향적(미래에 소망을 주려하심)이며, 합력하여 선을 이루는 방향으로 인도하시고, 희망을 가져다주어 시간이 지남에 따라 풍성한 열매(결실)를 맺도록 이끄신다는 점이다. 그것이 하나님께서 당신을 향한 뜻이시다!

「너희를 향한 나의 생각은 내가 아나니 재앙이 아니라 곧 평안이요, 너희 장래에 소망을 주려하는 생각이라」(렘 29:11)

하나님의 생각은 우리의 생각과는 확연히 다른 모습으로 비춰질 수 있다. 그분의 생각은 우리의 생각의 차원을 뛰어 넘는다. 어떤 면에서는 인간이 생각할 수 있는 범위로 당장 이해할 수 없는 뜻을 나타내실 때도 있으시다. 영으로 응답하시는 그분의 생각(그 분의 의도, 그 분의 뜻하심, 그 분이 보여주시는 길)을 우리는 즉각적으로 이해하는데 어려움이 있을 수 있다. 우리의 영적 둔감함을 아시는 하나님은 우리가 이해할 수 있는 세상적인 방식으로 전환시켜 그분의 뜻과 의도를 깨닫도록 여러 모양새로 응답을 나타내셔서 보여주신다.

| 하나님께 화답되어지는 기쁨! |

「만일 하나님이 저로 인하여 영광을 얻으셨으면 하나님도 자기로 인하여 저에게 영광을 주시리니 곧 주시리라」(요 13:32)

하나님께서 우리의 기도에 응답하여 주시기를 받기만하여 감사기도만을 드린다면 우리는 하나님을 대하기를 단지 도우시는 하나님으로만 편협하게 받아들이고 있는 것이다. 지금부터는 수동적인 입장관계에 머물러 있지 말고 그곳에서 유턴하여 하나님이 이끄시는 길을 따라가겠다는 그분의 '인도하심'에 눈을 밝혀 주목해야 한다. 그러기위해서는 전제조건이 하나 있다. 그분의 위대하심을 높이고 존중하여 신뢰함과 순종함으로 그분을 대할 것을 그분 앞에 엄숙히 약속해야 한다. 그런 후 하나님의 응답하심으로(또는 하나님의 음성을 통해서) 어느 방향으로 가야 할지를 분별하여 그 결과로 내가 그분께 기쁨으로 화답되어질 수 있는 것이 무엇일까를 깊이 생각해봐야한다. 만약 당신이 그분의 인도하심을 거부한다면(따라가지 않는다면) 당신은 육적인 생각대로 살게 된다. 이 말은 겉으론 하나님을 믿되 마음으로는 하나님과 별거상태에 있는 것과 다름이 없다.

「내가 네 갈 길을 가르쳐 보이고 너를 주목하여 훈계하리로다」
(시 32:8)

반대로 당신이 주님의 인도하심을 따르겠다고 결단을 내린다면 그분이 응답하시는 때와 방식에 대해서 조급함으로 초조해지지 않는다. 바꿔 말하면 하나님께서 은혜의 때에 맞춰 가장 적절한 시점에 응답해주시리라는 것을 믿게 된다. 아울러 내가 기대하고 원하는 맞춤형 응답을 내려놓게 되고 하나님이 나타내시는 응답을 기대하는 마음을 갖게 된다. 우리는 이 점에 대해 당연히 그렇게 해야 함에도 불구하고 은근슬쩍 나의 기대치와 내 생각과 판단을 버무려 그분께 간구하는 기도를 해왔다.

내가 말하고 싶은 것은 어떤 특정 조건을 내걸고 기도하며 특정 반응을 보이는 조건반사적인 태도를 거부하라는 것이다. 그분께 기쁨으로 화답되어지는 열매를 맺도록 포도나무(하나님)에 붙어있는 가지(나)가 되어야 한다. 하나님께 기쁨으로 화답되어진다는 것의 의미는 그분의 의를 성취시키는 열매(결실)를 거두는 것을 말한다. 성취의 열매를 맺기 위해서는 주를 가까이하여 그분이 내시는 길(뜻하심, 내비치시는 생각, 속마음)을 인도함 받아 따라가야 한다.

「하나님은 영영히 우리 하나님이시니 우리를 죽을 때까지 인도하시리로다」(시 48:14)

당신에게 한 가지 질문을 던져 보겠다. 그동안 당신이 겪어온 모든 경험들 중에서 당신에게 유익을 가져다 준 좋은 일들에 대해 하나님의 공로로 영광을 돌린 적이 몇 번이나 있었는가? 하나님은 지금 이 순간에도 당신에게 이렇게 말씀하신다. “나는 네게 많은 것을 주었고 네가 모르고 지나가는 좋은 것들에서 내가 행한 흔적을 너는 알아채지 못했다. 너는 그동안 나에게 무엇을 주었느냐?”라고 물으신다.

「스스로 말하는 자는 자기 영광만 구하되 보내신 이의 영광을 구하는 자는 참되니 그 속에 불의가 없느니라」(요 7:18)

나는 당신을 통하여 하나님의 영광이 드러나길 진정으로 원한다. 그럴 때 당신은 기쁨으로 그분께 화답하는 것이다. 그러면 하나님은 당신의 화답을 잊지 않으시고 놀랍게도 당신을 영광으로 영접하실 것이다! (시 73:24)

「주의 교훈으로 나를 인도하시고 후에는 영광으로 나를 영접하시리니」(시 73:24)

†하나님을 기쁘시게 할 것을 시험하다

당신은 기도를 드릴 때 주께서 기뻐하시는 것을 행하기 위한 동기가 내 마음 안에 있는가를 점검해본 적이 있습니까? 이 말은 내 마음을 담은 기도를 그분께 담대히 올리기 위해 자신에게 책망할 것이 없는가를 살피는 것을 포함합니다. 이는 내 뜻이 하나님의 뜻 가운데 세워지기 위해 기도의 동기가 모난 부분이 없는지 들여다보는 것과 같습니다.

「너희 안에 행하시는 이는 하나님이시니 자기의 기쁘신 뜻을 위하여 너희에게 소원을 두어 행하게 하시나니」(빌 2:13)

제가 하나님을 만날 수 있었던 결정적인 계기가 된 말씀구절은 바로 에베소서(5:10)에 나오는 '오직 하나님께 기쁘시게 할 것이 무엇인가 시험하여 보라'는 말씀이었습니다. 저에게 이 말씀은 큰 도전이 되었으며 확신을 주었습니다. 그 말씀구절은 하나님을 기쁘시게 할 진정한 동기로 시험하면 제게 어떤 반응을 보여주실 거라는 확약이 느껴지는 말씀이었습니다. 그런데 어느 날 그보다 먼저 선행해야 할 것이 이것이구나 하는 생각이 들게 되었습니다. 그 생각이란 지난날의 지은 죄들에 대한 용서를 구하는 회개기도였습니다. 하나님 앞에 난생 처음으로 밤마다 정해진 시간에 무릎을 꿇은 채 전심을 다해 회개기도를 했습니다. 그렇게 5일이 지났을 때 저는 하나님을 기쁘시게 할 동기로 중대 결단을 내리기로 최종 마음을 정했습니다.

그 결단이란 성경말씀의 연구와 기도의 실전에 관한 책을 집필하겠다는 목적으로 출간이 되면 복음을 전하기 위한 전도용 선물로써 나눠드리겠다는 방향을 설정했습니다. 그리고 하나님께 약속하는 서원을 작성했습니다. 그런 뒤 저는 제가 내린 결단을 추진하기 위해 하나님의 허락을 구하는 기도를 다음과 같이 간절한 마음으로 올렸습니다.

"하늘에 계신 아버지 하나님, 제가 주님을 기쁘시게 할 것으로 결단을 내리고 무릎 꿇어 기도드립니다. 제가 내린 결단은 성경말씀과 기도에 관한 연구의 성과로써 책을 집필하고자 합니다. 따라서 이를 허락하시는 것과 향 후 책으로 출간이 되면 믿음이 없는 분들에게 복음전도용 선물로써 책을 드리려고 합니다. 그리고 무엇보다 저의 기도가 응답받지 못한다면 책으로서의 가치가 상실되어 집필 도중이라도 언제든지 중단하고 덮겠습니다." 그만큼 제 마음은 결단과 함께 각오가 서있었습니다. 10일 동안 매일 밤 11시에 무릎을 꿇고 하나님의 허락을 구하는 기도를 드리면서 성경말씀을 읽어나가기 시작했습니다.

그렇게 2개월이 지난 어느 날 나는 하나님의 뜻에 관한 경건서적을 읽고 있는 중이었습니다. 몇 페이지를 읽고 다음 페이지를 넘기는 순간 제 눈을 번쩍이게 만든 문구를 보게 되었습니다. 그 문구는 눈에 잘 띄도록 빨간 색의 외곽선으로 처리되어 있었습니다. '당신이 하나님을 기쁘시게 할 동기로 결단을 내렸다면 성령님이 인도하신 것임이 틀림이 없다'는 유명한 기독교 변증가인 C.S. 루이스(Lewis)가 한 말이었습니다. 그 문구를 읽는 순간은 마치 화살이 과녁의 정중앙에 정확히 꽂히는 것처럼 확신을 부어주는 감탄을 일으켰습니다. 그것은 바로 하나님께서 제 기도에 최종 허락하심을 내보이시는 확증(응답)이었습니다.

저는 몇 분 동안 그 문구에서 눈을 뗄 수 없었습니다. 기쁨이 솟구치면서 가슴이 쿵쿵 뛰는 듯하며 온 몸에 전기가 흐르듯 충격의 도가니로 들어가는 느낌이었습니다. 전혀 생각지 못한 방식으로 하나님의 허락하심이 경건서적을 통해서 응답을 보내주셨기 때문이었습니다. 하나님의 허락하심과 인도하심의 확증을 얻게 된 내 마음은 어느새 담대함으로 채워졌습니다. 이후 저는 매 기도(묻는 기도)마다 초자연적인 방식으로 역사하시는 주님의 음성을 듣게 되었습니다.

주님의 응답하심을 통하여 제가 깨달은 두 가지는 하나님은 우리의 마음속을 너무나 잘 아신다는 점입니다. 정확히 말하면 우리의 마음을(생각을) 꿰뚫고 계십니다. 그러므로 당신은 기도할 때 그분께 솔직하게 터놓고 전심을 다해 경건한 자세로 구해야 합니다. 성경말씀에 '마음의 경영은 사람에게 있어도 말의 응답은 여호와께로부터 나느니라.' 하셨습니다. (잠 16:1) 또 다른 한 가지는 주님의 응답하심은 당신이 확신할 수 있도록 가장 적절한 방식으로 응답하신다는 점입니다. 설사 응답하시는 방식이 평범하게 임할지라도 그 응답의 과정은 '감탄'하게 만들며 당신의 마음을 '기쁨'으로 넘치도록 흡족하게 채워주신다는 점입니다.

† 차기작의 집필을 허락받은 기쁨

하나님께 화답되어진 또 다른 간증을 소개합니다. 저의 첫 신앙서인 '하나님과의 독대'가 2018년 10월에 출간되기까지 일 년 동안의 여정은 뜨거운 성령체험의 연속이었습니다. 주님께서 저에게 교훈을 주시려고 매 기도마다 응답으로 그분의 뜻을 알게 되는 귀한 시간이었습니다. 그해 7월 저는 최종 마무리된 원고를 출판사에 넘긴 후 책이 출간되기까지 석 달간의 쉼의 시간이 주어졌습니다. 그러던 어느 날이었습니다. 내 머릿속에 불현 듯 하나님의 음성에 대한 보다 깊이 있는 연구가 필요하다는 생각이 일어났습니다. 길을 걷다가도 그 생각이 제 머릿속에 맴돌 때마다 제 마음 안에서 기쁨이 일어나곤 했습니다. 시간이 흐를수록 그 기쁨은 저에게 차기작을 집필하기 위한 결단을 내리도록 고무시켰습니다. 또 한 권의 책을 완성하기 위한 무거움이 저의 어깨를 짓누를 줄 알았는데 정반대로 매일 기쁨의 연속과 마음의 가벼움을 피부로 느낄 정도였습니다. 좀 쉬고 싶은 생각이 있었으나 곧바로 차기작을 집필하기 위한 구상에 들어가기로 마음을 정했습니다.

7월 16일, 저는 먼저 차기작으로 「하나님의 음성으로 인도받는 삶」이란 책을 집필하기위한 제 뜻을 주님께 전하고 주님의 허락을 구하기 위한 기도에 들어갔습니다. 매일 밤 기도를 드리던 10일째 되던 날(25일) 전도서 5장 20절에 나오는 말씀 구절이 어렴풋이 생각났습니다. 그 구절은 "이는 하나님이 그의 마음에 기뻐하는 것으로 응답하심이니라"라는 말씀이었습니다. 저는 그 즉시 주님께 감사하는 마음으로 감사의 기도를 올렸습니다. 사실 주님은 제가 기도하기 전부터 이미 저의 생각과 뜻에 매일 기쁨으로 응답을 해주셨던 것입니다. 그것을 깨닫게 되자 저도 모르게 제 눈에 눈물이 글썽거렸습니다.

기도를 마친 후 나는 성경 앱을 통하여 나도 모르게 기쁨이란 단어로 검색을 하게 되었는데 갑자기 내 눈을 사로잡는 말씀 구절을 발견하게 되었습니다. 그 구절은 디모데후서(1장 4절)의 "네 눈물을 생각하여 너 보기를 원함은 내 기쁨이 가득하게 하려 함이니"라는 말씀이었습니다. 이 구절을 보자마자 또 가슴이 벅차오르면서 내 눈에서 글썽였던 눈물이 이제는 뺨으로 흘러내리기 시작했습니다. 하나님은 나의 기도에 응답하사 기쁨의 눈물을 성경말씀으로 확증을 시키셨습니다.

'기쁨'이 찾아오는 것은 바로 하나님께서 응답을 확증시키는 전조현상입니다. 하나님은 저에게 적극적인 후원자(힘이 되어주심)가 되어 주셨습니다. 하나님은 기도로써 선포한 나의 서원을 간과하지 않으셨고 끝까지 동행해주시기를 원하는 나의 간절한 소망을 받아들이셨습니다.

저는 하나님의 부르심을 경험하면서 한 가지를 깨닫게 되었는데 그분으로부터의 부르심은 힘겨운 멍에(무거운 짐)가 아니라 기쁨(가벼움, 즐거움)이 된다는 것입니다.

「이는 내 멍에는 쉽고 내 짐은 가벼움이라 하시니라」(마 11:30)

| 성령님의 인도하심의 손길 |

하나님의 음성을 듣는 것보다 더 큰 기쁨은 없다. 그분의 음성은 그리스도의 자녀에게만 비치는 것은 아니다. 놀랍게도 하나님은 아직 말씀이 비치지 않은 비 기독교인에게도 어느 날 갑자기 역사하셔서 인도하시는 경우가 있다. 그들이 성령의 음성을 들은 이후에는 영혼이 거듭남으로 인해 그들의 삶이 완전히 변화되는 모습을 보게 된다. 이처럼 하나님의 인도하심의 시작은 우리의 생각을 초월하여 비상식처럼 보일 때가 종종 있어왔다. 왜냐하면 하나님에게는 외모(겉으로 드러나는 것들; 명예, 지위, 권세 등)가 중요치 않으며 이를 중시하지 않으신다.(골 3:25) 사람은 외모를 중시하나 하나님은 마음의 중심을 보신다.(삼상 16:7) 사람은 외모를 보고 선택하나 하나님은 증인이 될 자를 택하여 부르신다. 그분의 택함은 우리의 지식과 지혜, 명예와 명망, 지위와 권세로 좌우되지 않는다. 그것들은(외모) 그분에게 아무런 영향을 끼치지 못한다.

「하나님께서는 외모로 사람을 취하지 아니하심이니라」(롬 2:11)

성령님이 인도하시는 방법은 이끄심이 진행되어지는 과정에서 엿볼 수 있다. 하나님의 리더십(인도하시는 방법)은 세상이 말하는 리더십과는 분명 다르시다. 세상에 속한 리더십은 목표 지향형을 따르므로 어떤 리더십이 다른 분야에도 똑같이 적용되어 효과를 발휘하지 않는다. 단지 각 분야에 맞는 리더십만이 필요할 뿐이다. 그들의 리더십은 강박감을 주입하고 때로는 압박하며 별난 방식으로 시스템화하여 그 속에 집어넣으려 한다. 그러나 하나님의 리더십은 '목적 지향형' 이시다. 성경은 '모든 목적과 모든 일(또는 단위 목표)이 이루어질 때가 있음이라'고 전하고 있다. (전 3:17) 목표를 앞세우면 그것이 성취되어도 후회할 수 있다. 반대로 하나님이 기뻐하시는 동기와 목적을 분명하게 세우고 그에 따른 목표를 수립하면 그 길이 험난하고 고되더라도 기쁨의 여정이 늘 함께 하여 지치지 않는다.

「모든 목적이 이룰 때가 있나니」(전 3:1)

당신이 그것에 대한 성령님의 허락하심과 인도하심을 구하고자 할 때 다음에 열거하는 세 가지를 확실하게 정하라. 그 다음으로 기도문을 작성하라. 그리고 기도를 시작하라. 세 가지란 다음과 같다. 첫째, 당신이 그렇게 하고자하는 동기가 무엇에 있는지를 먼저 정하라. 하나님은 작은 동기라 할지라도 주의 깊게 보시는 분이다. 둘째, 그것을 추진하고자 하는 목적이 무엇을 위한 것인지를 정하라. 셋째, 그 목적한 바가 지향하고 있는 방향을 확실하게 설정하라. 그리고 기도문을 작성한 후〔마태복음(6:33)말씀을 포함시켜라〕하나님과 한 영이 되도록 전심을 다해 무릎 꿇어 기도하라.

그러면 하나님은 당신의 기도를 접수하여 그분의 소인(하나님의 답장임을 증명하는 성령의 인치심)이 찍힌 답장(응답)을 그분이 정하신 때에 그분이 정하신 방식으로 틀림없이 받게 될 것이다.

† 성령의 인도하심을 받으려면

성령님의 인도하심을 받으려면 두 가지의 필수조건이 충족되어야 한다. 첫째, 성령의 충만함을 입어야 한다. 성령의 충만함을 입는다는 것은 내안의 계시는 성령님의 다스림(성령의 지배를 받음)을 온전히 받아들임을 뜻한다. 내 생각대로 결정하려는 의사결정권을 그분에게 전적으로 맡겨드리는(위임) 것이다. 즉, 나의 모든 행사의 지휘권을 그분께 인계하는 것이다. 그렇다고 해서 내 자신이 꼭두각시처럼 그분에게 조종당하는 것은 아닌가 하는 오만한 편견에 빠져들지 않도록 주의하라. 염려하지 마라. 성령님께서 당신의 자유의지를 침해하면서까지 인도하시리라 생각하지 마라. 그분은 당신의 위대한 스승이시다. 언제든지 궁금한 점이 있거나 힘들 때 도움을 요청하면 아무런 대가의 바람도 원하지 않고 당신에게 필요한 것을 가르쳐 줄 것이다.

성령의 충만함을 입게 되면 우리가 미처 깨닫지 못하는 것을 깨닫게 하고 모르는 것을 알게 하시며 재능과 기술을 발휘하도록 지혜와 총명, 지식과 여러 가지 재주와 기술로 그 일을 하게 하신다.(출 31:3~5) 이 얼마나 놀라운 특전을 우리에게 부어주시는 하나님이신가? 이처럼 성령님은 보이시지 않는 가운데 당신에게 힘(지혜와 명철)을 보태시고 전에는 할 수 없었던 일을 가능하게 하시며 당신의 길을 최상의 길로 인도하시는 조력자 역할을 하신다. 성령님은 내가 하고 싶은 것을 막는 분이 아니라 내 갈 길을 최선의 선택으로(가장 좋은 것으로) 도움을 주시는(바른 길로 인도하시는) 분이시다. 그러므로 우리는 성령님께 순종하는 자세로 훈련되어야 한다. 시편 (32편 9절)에 "너희는 무지한 말이나 노새같이 되지 말지어다. 그것들은 재갈과 굴레로 단속하지 아니하면 너희에게 가까이 가지 아니하리로다."라는 말씀이 나온다. 천방지축의 야생마를 길들이기 위해 베테랑 조련사는 말이 주인의 명령을 잘 듣도록 순종시키는 훈련을 하지 않는가?

「우리가 말들의 입에 재갈을 물리는 것은 우리에게 순종하게 하려고 그 온 몸을 제어하는 것이라」(약 3:3)

잠언 3장 5절~6절의 말씀으로 되돌아가면 당신에게 말씀하시는 그분의 확고한 약속(인도하심의 약속)을 엿볼 수 있다. "너는 마음을 다하여 여호와를 신뢰하고 네 명철을 의지하지 말라 너는 범사에 그를 인정하라 그리하면 네 길을 지도하시리라"이 구절에서 우리에게 전하시는 뜻은 세 가지이다. [1]첫째는 전심을 다하여 하나님을 신뢰하라는 것은 순종의 길을 뜻한다. 하나님의 약속을 믿으라는 것이다. 눈곱만치도 의심하지 말라는 것이다. [2]둘째는 내 명철에 의지하지 말라는 것은 자신의 지혜에 전적으로 의존하는 것을 피하라는 뜻이다. [3]셋째는 범사에 그를 인정하라는 것은 모든 일과 환경에서 주님의 섭리가 작용하고 있음을 인정하라는 것이다. 그리하면 당신의 길을 지도하시겠다고 하신다. 당신의 갈 길을 인도하시겠다는 약속을 전하시는 것이다.

둘째, 우리는 성령을 좇아 행해야 한다. (갈 5:16) 성령을 좇아 행한다는 것은 무엇을 의미하는가? 우리가 하나님께 의지하고 성령으로 살면 성령으로 행하게 된다. (갈 5:25) 성령의 충만함을 입어 당신의 행사를 그분께 맡기는 것이다. 그리하면 당신의 경영하는 것이 이루어질 것이다. (잠 16:3) 당신이 범사에 그를 인정하면 당신의 갈 길을 그분이 지도하신다. (잠 3:6) 당신은 그동안 자신이 주관하여 처리하는 선택과 결정에 익숙해온 터라 성령님의 행사에 전적으로 맡긴다는 것에 회의심(염려와 초조함)이 일수 있다. 심적인 거부반응(두려움)이 나타날 수 있다는 점이다.

「네 길을 여호와께 맡기라 그를 의지하면 그가 이루시고」
(시 37:5)

이는 육신적인 생각에 사로잡혀 있을 때 나타나는 일시적인 증상이다. 당신은 믿음과 순종으로 나아가 육신의 생각(마음의 균형을 무너뜨리는 충동을 일으키는 생각들)에 사로잡히지 않아야(오염되지 않아야) 한다는 것이다. 당신이 하나님의 부르심을 받게 되면 그분은 먼저 당신에게 부푼 꿈(희망, 비전)을 주신다. 기록된바 하나님은 자기를 사랑하는 자들을 위하여 예비하신 모든 것 - 눈으로 보지 못하고 귀로 듣지 못하고 사람의 마음으로 생각하지도 못하였다 말씀하신다. (고전 2:9) 하나님께서 예비하신 축복은 당신의 상상을 초월할 것이다. 그분의 말씀은 불변의 약속이시다. 그분의 말씀은 오류가 없으시다. 듣기 좋은 말씀으로 끝나는 것이 아니다. 말씀이 말씀으로 그치지 아니하고 반드시 열매(결실)를 맺게 하신다. 한 가지 조건이 있다. 열매를 맺기 위한 과정이 온전하게 이루어지려면 그분의 의를 구하고 그분을 전적으로 신뢰(온전한 믿음을 가짐)해야 한다.

† 성령의 인도하심인가를 분별하라

내 생각을 따라간다는 것(내 생각에 이끌린다는 것)은 어떤 것인가? 자신의 판단을 중요시할 때 이번엔 내 방식(세상적인 방법)이 틀림없이 맞는다고 여기기 때문에 하나님 앞에서 슬며시 숨어버리거나 뒷걸음질 치는 경우이다. 요나처럼 잠시 하나님의 낯을 피해 후진기어를 넣고 슬그머니 방향을 바꾸어 튈 준비를 하는 것이다. 자신의 경험치를 신뢰하고 여기에 이성적인 사고방식이 더해지면 방향전환을 하기위해 슬며시 핸들을 꺾게 된다. 당신이 그렇게 하기로 결정을 내려 행동으로 옮길 때에는 이미 상황판단이 그쪽으로 기운 상태이다. 후진을 해야 할 아무런 이유가 없는데 사탄의 미혹에 넘어가 엉뚱한 방향으로 행동하게 만드는 것이다. 그것이 사탄의 미혹이건 내 생각에 미혹을 당한 것이건 보이는 공통점이란 늘 마음속에서 요란을 떠는 것과 정신적 압박감을 유발시킨다는 점이다. 또 조급함과 성급함을 수반하며 시간이 흐를수록 조바심이 생겨 결과에 지나치게 집착하도록 만든다는 것이다. 때문에 내 생각은 시간이 흘러도 언제나 무겁게 느껴지며 사탄이 주입한 생각은 늘 시간에 쫓기게 만든다.

사탄의 이끌림은 한 눈에 봐도 아주 매력적으로 보인다. 속임수로 위장을 하고 마음을 획책하게 하여 감쪽같이 넘어오게 만든다. 사탄은 당신이 세상적인 성공(육신적인 정욕의 만족)에 눈이 어두워져 푹 빠져있길 바라고 있다. 무슨 말일까? 당신이 세상적인 욕구충족을 위해 고군분투하고 있다면 사탄은 대대적인 환영을 표할 것이다. 사탄은 세상의 일에 열중하도록 교묘한 말(당연히 당신은 성공의 길로 가야해)로 부채질한다. 사탄은 그래야만 자신의 목적인 하나님과 당신사이가 멀어지는 관계(혹은 단절된 관계)를 이룰 수 있기 때문이다. 일예로 사탄은 욥을 하나님과 떼어놓기 위해 모의를 궁리한 끝에 하나님의 전에 찾아가 그를 시험대에 올려놓는데 성공했다. 사탄은 욥을 빙자하여 하나님까지 시험대에 올려놓았다. 물론 하나님은 이를 다 아시고 계셨다. 그럼에도 불구하고 하나님께서 사탄의 꼬드김을 허락하신 것은 욥이 하나님의 백성으로써 하나님을 경외하는 자임을 보이려 했던 것이다. 그러나 사탄은 자신의 목적을 쟁취하고자 또 다른 계략을 꾸며 하나님께 다가가 허락을 받고 또 한 차례 시험을 하게 된다.

하나님께서 원하시는 성공은 세상적인 성공을 말하는 것이 아니다. 하나님의 우선순위가 뒷전으로 밀리는 그런 성공은 하나님께 영광을 돌리는 성령의 열매가 아니다. 사탄은 언제나 당신에게 멋져 보이고 당신의 성취욕을 고취시켜 결과를 빨리 쟁취하게끔 서두르게 만든다. 잘못된 결정이라고 생각되지 않게끔 유도한다. 그러기 위해서 처음엔 사실과 부합되는 그럴듯한 거짓말로 유인한다. 그러나 그 이끌림은 패망으로 가는 길이다. 사탄의 전략은 패망의 목전에 다다르기 전까지는 영적 시야를 흐리게 하기 위해 매순간 그럴듯한 장면을 보여준다는 사실이다.

성경에는 하나님이 날마다 우리의 짐을 기꺼이 지고 가시는 분이시라고 기록되어 있다. (시 68:19) 하나님께서 목적지까지 어떻게 운전을 하시는가를 지켜보며 따라가라는 뜻을 포함한다. 당신의 짐을 하나님께 맡겨 버리라! (시 55:22) 이 말씀은 가볍게 출발하라는 말이다. 처음부터 무거운 짐을 지려고 하지 말라. 내 짐을 하나님께 맡긴다는 것은 내 의지대로 행하지 않고, 내 판단대로 결정하지 않으며, 내 생각대로 하려고 하지 않는다는 것을 의미한다.

오늘날 하나님은 우리들에게 주로 말씀과 성령으로 인도하신다. 기록된 성경의 말씀이 그 대표적인 증거이며 당신 안에 내주하시는 성령님이 주시는 감동(내적확신, 평안, 담대함, 감동, 감화, 기쁨, 깨달음)과 뜻하심(교훈, 위로, 자유, 용서)의 좇음이 그것이다. 그 분의 음성은 말씀과 성령의 인도하심 외에도 상황과 환경을 통해서, 설교를 통해서, 사람을 통해서, 예언을 통해서, 꿈과 환상을 통해서, 양심을 통해서, 치유의 역사하심으로도 그때그때 그분의 섭리대로 인도하신다. 가장 일반적이고 보편적인 인도는 양심에 의한 것이다. 양심은 순수한 물과 같아 영과 긴밀한 관계를 가진다. 우리가 양심에 찔리는(그르치는) 뭔가를 잘못하게 되면 이내 거부반응의 경보가 발령된다. 그리스도인이 세상 사람들과 분명히 다른 점은 각자에게 성령님이 계시어 각 사람의 영에 그분의 마음을 매우 자연스럽게(부드럽게) 전하신다는 점이다. 우리는 그 점을 익히 알고 우리의 영에 거주하시는 그분을 인격적으로 대하고 그분이 주시는 담대함, 내적확신과 평안을 인지함으로써 인도함을 받아야 한다.

하나님의 인도하심을 최종 분별(확증)하는 것으로 '확인'을 받기 위함과 '확신'을 얻기 위함이 있다. 전자(확인)는 내가 세운 뜻과 판단을 하나님께 최종 승인을 받고자 하는 것으로 그분의 뜻과 생각에 비추어 허락하심(전적인 동의, 전폭적인 지원)을 구하는 것이라 볼 수 있다. 후자(확신)는 내 선택과 결정이 그분이 허락하셨다는 것을(그렇게 해도 좋다는) 확신케 하는 담대함과 평안이 주어지는 것(내적 증거)을 말한다. 하나님의 허락하심은 나의 갈망이 그분의 인정을 받았음을 말한다. 또한 하나님은 당신이 추진하는 일에 축복을 베푸시는 은혜를 내려주셔서 그것을 이 땅위에 확증으로 보여주신다. 하나님을 기쁘시게 할 동기로 내려진 당신의 뜻(길-동기, 목적, 방향)이 하나님으로부터 허락하심을 받았다면 그에 따른 응답을 받게 된다. 바로 내 안의 성령님이 내보이시는 확증의 기쁨이 일어나게 하여 감화와 함께 평안과 담대함이 주어질 것이다.

확인과 확신의 좋은 예로 기드온은 자신이 듣게 된 음성이 하나님께서 정말 자신을 부르시는 것인지 '확인'하고 싶어 했다. 그는 주님께 "내가 주께 은혜를 얻었사오면 나와 말씀하신이가 주되시는 표징을 내게 보이소서."라고 청한다. (삿 6:17) 그가 확인을 받고자 낸 아이디어는 가시적인 방법으로 표적을 선택하여 시험하는 '양털 시험' 이었다. 자신에게 맡겨진 하나님의 지시가 정말 성공적으로 이룰 수 있는지 확신을 얻고자 두 번에 걸친 양털시험으로 그는 하나님의 음성에 의한 계시임을 '확신'할 수 있었다. (삿 6:37~39)

| 성령의 지시등을 따라가라! |

「사람의 영혼은 여호와의 등불이라 사람의 깊은 속을 살피느니라」(잠 20:27)

[1]우리 안에 내주하시는 성령님은 우리의 영의 등불(나침반, 지시등)이시다. 어둠에 드리워진 우리의 영을 환히 밝게 비추시는 분이다. 성경에는 "사람의 일을 사람 속에 있는 영외에 누가 알리요 이

와 같이 하나님의 일도 하나님의 영외에는 아무도 알지 못한다."고 하셨다. (고전 2:11) 이 말씀은 곧 우리 안의 성령을 통하여 하나님의 마음을 살펴볼 수 있다는 것이다. 즉 영적인 일은 영적인 것으로만 분별할 수 있다는 것을 말한다. (고전 2:13)

²이 말씀으로 비추어 우리의 영은 하나님과 교통하는데 필요한 통로임을 알 수 있다. 성령은 마음과 교통하는 것이 아니라 우리의 영을 통하여 말씀하시며 마음으로 전달받아 그분의 말씀하심(음성)을 이해하도록 하신다. 성령은 우리가 주의 음성을 들을 수 있도록 하는 수신자(안테나) 역할을 하시는 동시에 송신자 역할도 담당하신다. 우리는 누구나 할 것 없이 늘 자신의 목소리(생각)를 매일 듣고 산다. 그런 가운데 믿음의 성도는 성령의 목소리를 듣기 위해서 자신의 생각을 비우고 내려놓는다. 하나님의 음성에 집중하기 위해서는 영적 주의력이 필요하기 때문이다. 하나님의 자녀들은 그리스도의 영으로 인도함을 받는데 내면의 두드리는 울림(내적증거)을 영적으로 인지할 수 있다. 하나님은 어느 시점에 그러한 증표(확신이 드는 것)를 당신에게 살짝 나타내어 보이실 것이다. 그럴 때 당신은 성령님의 운행(신호를 켜심)에 예의주시하면서 그 흐름을 타고 가라!

「무릇 하나님의 영으로 인도함을 받는 그들은 곧 하나님의 아들이라」(롬 8:14)

그 울림은 세미하나 직감으로 와 닿는 그런 내적인 인지함에 속한다. 그것은 분명 오감을 통하여 느끼는 반응의 감각에 의존하지 않으며 이성적인 생각을 통한 마음의 상태와도 다른 '영의 내적증거'이다. 겉 사람에 속한 사람은 내 생각과 느낌에 마음이 쏠리나 속사람에 속한 사람은 성령의 목소리에 귀를 기울인다. 느낌으로 인도받으려는 자는 믿음을 거부하며 세상적인 방식을 따르려 한다. 이제 자신의 느낌과 생각을 거부하고 성령의 지시등을 따라가라!

[3]주의 길을 따르겠다는 증표는 전적으로 그분께 순종하겠다는 결연한 마음의 의지를 나타낸다. 주의 뜻을 받아들이겠다는 결정은 하나님께서 나의 삶에 개입하여 내시는 길로 인도받겠다는 것(따라가겠다는 것)을 말한다. 그럼 하나님께서 현재 나의 삶을 인도하시고 계시다는 확증을 무엇으로 알 수 있을까? 하나님은 마음의 무거움을 설렘으로 가볍게 하시며, 조급함과 성급함을 평안함과 담대함으로 채워지게 하신다. 또 하나님은 기쁨으로 그 모든 어려운 상황에서 시련을 견디게 하시며 참아내게 하신다. 그와 반대로 내 뜻을 밀어붙일 때에는 나의 의지가 반영된 것이기에 기쁨과 평안이 지속적으로 주어지지 않는다. 만일 내 뜻이 강하여 하나님의 인도가 거부된다면 하나님은 당신의 뜻대로 행동하게끔 내버려 둘 것이다.

「기쁨으로 모든 견딤과 오래 참음에 이르게 하시고」(골 1:11)

하나님께서 열어주시는 길(내시는 길)은 보여 지는 길(현실화되어 나타내어지는 길)과 보이지 않는 길(눈에 보이지 않는 과정, 흐름)의 두 가지 형태로 나뉜다. 보이지 않는 길(흐름)은 나중에 보여 지는 길로 인도받기 위해 먼저 나타나는 길이다. 그리고 보여 지는 길은 상황과 환경이 이에 속한다. 즉 벌어지는 일, 만나는 사람들, 진행되고 있는 순간들을 말한다. 우리는 주께서 그 길을 여실 때까지(하나님이 미리 정하신 때까지) 잠잠히 상황을 지켜보며 기다릴 줄 아는 오래 참음과 인내가 필요하다.

「너희 믿음의 시련이 인내를 만들어 내는 줄 너희가 앎이라 인내를 온전히 이루라 이는 너희로 온전하고 구비하여 조금도 부족함이 없게 하려 함이라」(약 1:2~4)

기다림이라고 해서 무작정 하염없이 무료한 대기상태를 말하는 것이 아니다. 오히려 그분의 때를 묵묵히 기다릴 수 있음은 그만큼 내적인 확신과 담대함이 주어져 있기 때문이다. 당신이 본격적으로 움직일 시기에(움직일 준비가 완료되었다고 보는 때)다다르면 문이 열리는 신호가 곳곳에서 나타날 것이다.

「우리가 선을 행하되 낙심하지 말지니 포기하지 아니하면 때가 이르매 거두리라」(갈 6:9)

그때는 시일(언제)과 시간대(어느 때)에 관련한다. 하나님의 때는 그 일이 무르익는 시점에 맞추어 일어나기 시작한다. 마치 안개가 서서히 걷히면서 나아갈 길이 훤히 보이는 그 순간처럼. 뚜렷한 변화의 조짐이 나타나거나 극적인 반전이 일어나기 직전이다. 하나님의 때는 우리의 눈에 완벽하게 들어맞는 것처럼 나타난다. 그 분은 절대 서두르시지 않는다. 이 말을 느긋하심으로 해석하지 말라. 하나님께서 서두르지 않으심은 그분이 정하신 때(은혜의 때)에 맞추어 일어나기 위해서이다. 당신의 눈앞에 펼쳐질 모종의 일들이 질서 있게 해결되고 하나님의 뜻하신 계획(선하신 동기)이 최종적으로 완성되는 때이다.

† 기적의 3분! 성령의 목소리를 듣다!

나는 항공기(여객기)의 추락 사고를 다룬 해외 TV 다큐멘터리를 몇 차례 시청한 적이 있다. 이 프로그램은 가장 안전한 교통수단으로 알려진 여객기의 대형 참사사건들을 다루는 다큐물이다. 추락 사고를 일으킨 원인을 파헤치는 이 프로그램은 아무리 안전하다고 하는 항공기라도 기상의 악화, 기체의 결함과 사람의 실수로 언제든지 사고가 발생할 수 있다는 것을 보여주고 있다. 이륙 전 정비사가 정비하는 과정에서 실수로 마감하는 것을 잊는 바람에 기체가 통제 불능상태로 들어가 수많은 인명을 앗아간 경우라든지 비행 중 긴박한 상황에서 조종사의 판단오류로 인해 여객기가 곤두박질하여 추락한 경우도 있었다. 물론 비행 조종실에는 위급 상황에서 비상시에 대처하는 대응 매뉴얼이 있지만 이마저도 조종사의 통제를 벗어나는 비상상황에서는 속수무책일 수밖에 없다. 즉 매뉴얼을 벗어나는 예외적인 상황이 발생할 수 있다는 것이다. 비단 항공기 추락사건 뿐만 아니라 이런 긴박하고 위험천만한 상황이 우리의 삶 도처에서 실제 일어난다는 사실이다. 그럴 때 우리는 어떤 대처를 해야 하는가? 실제 극도로 위험한 상황에 직면한 가운데 극적으로 현장을 빠져나가 수많은 생명을 구한 기적적인 일이 일어난 사건이 있었다.

이 사건의 주인공은 인도네시아 바틱 항공사 소속의 리코스타 마펠라(Ricosetta mafella)기장이다. 2018년 9월 30일 오후 쿠알라룸푸르로 가는 항행일정을 취소하고 그는 자신의 체험담을 두타 BIP 교회에서 간증을 통해 그때 당시의 상황을 소상하게 설명했다. 그의 놀라운 체험의 간증은 전 세계로 퍼져나가 화제로 떠올랐다. 그는 승객들의 목숨이 걸린 절체절명의 상황에서 여객기를 예정된 비행 스케줄 보다 먼저 이륙시켜 140여명의 목숨을 구했다. 진도 7 이상의 강진이 터지기 직전에 리코스타 마펠라 기장은 어떻게 사전에 인지하고 수많은 생명을 일촉즉발의 위험한 상황으로부터 건질 수 있었을까? 당시 어떤 일이 벌어졌는지 사건 당시로 들어가 보자.

2018년 9월 29일 인도네시아에서 진도 7.5의 초강력 대지진이 발생하였다. 정부의 공식적인 발표(10월 9일)에 의하면 이로 인해 무려 2,000명의 사망자와 10,000명의 부상자가 속출하였다고 한다. 때는 9월 28일로 강진이 발생하기 직전 술라웨시 섬 팔루 공항에서 일어났다. 당시 너비 5㎞, 길이 18㎞의 좁은 협만 안쪽에 있는 팔루 지역엔 하늘은 맑았지만 세찬 바람이 불고 있었다.

마펠라 기장은 그날따라 알 수 없는 불안에 시달렸고 불안감을 떨치기 위해 큰소리로 찬송가를 불렀다고 한다. 그는 부조종사가 조종실에 들어오기 전까지 찬송가를 계속 불렀다. 그런데 팔루 공항에 착륙하기 전 그의 마음 속 깊은 곳에서 '한번 선회하고서 착륙하라'는 성령의 목소리를 듣게 된다. 팔루 공항은 두 개의 산을 끼고 있어 죽음의 골짜기로 불리며 이 때문에 착륙할 때에 매우 조심을 해야 하는 지리적으로 위험한 곳에 위치해있다. 성공적으로 공항에 착륙한 마펠라 기장은 팔루 공항에 착륙한 직후 '가능한 신속하게 떠나라'고 말하는 성령의 목소리를 또 듣게 된다.

여객기를 착륙시킨 후 그는 최대한 빨리 공항을 빠져나가기 위해 필요한 모든 조치를 일사분란하게 취했다. 그는 당시 상황에 대해 "저는 그 목소리에 이끌려 이륙 준비를 서둘렀습니다. 30초만 늦었어도 비행기가 공항을 뜨지 못했을 것입니다. 승무원들에겐 20분간만 짧은 휴식을 취하라고 지시를 했습니다. 나는 조종석을 떠나지도 않았습니다. 또 관제탑에는 예정된 스케줄을 최대한 앞당겨 3분 먼저 출발할 수 있게 해달라고 허가를 요청했습니다."라고 말했다.

출발 예정시각은 오후 5시55분 이었다. 이어 관제탑의 허락(바틱 6231편, 33번 활주로로 이륙하십시오!)이 떨어졌다. 예정된 출발 시각보다 3분 전인 5시 52분에 문을 닫았다. 이륙시간을 3분 앞당겨 출발시킨 것이다. 부기장이 해야 할 임무절차를(이륙할 때 속도를 올리는 임무) 위반하면서까지 출발을 서둘렀다. 문이 닫히자마자 마펠라 기장은 항공기의 속도를 올려 오후 6시 2분에 이륙을 완료했다. 그런데 이륙하기 전(활주로를 내달리는 동안) 비행기의 기체가 이상하게 좌우로 크게 흔들리기 시작했다. 기체가 심하게 요동하자 부기장은 겁에 질린 표정으로 소리를 질렀으나 마펠라 기장은 이에 전혀 동요하지 않았다. 그의 시야에 들어온 광경은 끔찍했다. 공항 활주로의 아스팔트가 마치 바람에 날려가는 헝겊마냥 휘말리는 광경이 그의 눈앞에 펼쳐진 것이다. 이미 이륙할 당시 지진이 시작된 것이다. 그는 나중에 말하기를 활주로 표면이 고르지 못한 탓으로 여겼을 뿐 지진이 팔루 공항을 강타한 사실을 몰랐다고 밝혔다. 마펠라 기장이 여객기 이륙 직후 관제탑과 교신을 시도했지만 답변은 돌아오지 않았다. 강진으로 이미 관제탑이 무너졌기 때문이다. (마펠라 기장에게 교신을 마지막으로 남긴 스물한 살의 관제사는 팔과 다리, 갈비뼈 등에 골절상을 입고 병원으로 후송됐으나 치료 도중 사망했다) 그는 또 비행 당시 2,000피트(609m) 상공에서 바다를 내려다보니 주변 해역에 이상한 모양의 파도가 치는 것을 확인했다고 한다. 목적지였던 남(南) 술라웨시 주 마카사르 공항에 무사히 착륙한 뒤에야 엄청난 피해를 일으킨 강진(규모 7.4~7.7)을 아슬아슬하게 피했다는 사실을 알게 되었다. 강진은 비행기가 뜬 시각인 정확히 오후 6시 2분에 팔루 공항을 강타했던 것이다.

그리스도인인 마펠라 기장은 간증에서 자신은 '성령의 목소리'에 귀를 기울였을 뿐이라고 말했다. 그는 '하나님의 음성'에 민감해야 한다는 중요성을 강조하면서 다음과 같이 말했다. "어떤 상황이 벌어지더라도 절대 동요(당황)하지 말고 침착해야 합니다. 그래야 성령님을 통한 하나님의 음성을 더 선명하게 들을 수 있기 때문입니다."

† 내적확신을 통한 신호지시등 켜기

우리가 성령님의 인도를 받을 때 주의할 점은 너무 정확한 것을 성령님께 요구하지 말라는 것이다. 당신이 그분의 도움을 받아 인도하심을 받는 입장이지 그것을 내가 더 잘 알기에 성령님께 '이렇게 해주세요, 저렇게 해주세요.'하는 입장은 아니지 않는가? 성령님은 당신의 자유의지에 따른 선택과 결정을 존중하시지만 당신의 판단과 결정이 그르치지 않도록 기꺼이 충고하기를(또는 도움을 주시기를) 마다하지 않으시는 분이다. 당신이 언제든지 성령님께 겸손히 나아와 묻는다면 그분은 하나님의 뜻대로 성도를 위하여 간구하신다. (롬 8:27)

핵심은 당신 안에 내주하시는 성령님께서 전달하시는 음성 신호를 어떻게 해석해야 우리가 알아들을 수 있는(읽을 수 있는) 메시지로 변환될 수 있는가이다. 내가 신호라는 단어로 비유한 이유는 그분의 음성을 너무 복잡하고 무겁게 받아들이지 말고 단순화시켜 전하시는 뜻을 금방 이해할 수 있도록 하기 위해서이다. 우리가 생각하는(고민하는) 모든 문제들의 최종 판단은 단순화로 집약되어 정리되어야 한다. 목적지로 가기위해 여러 갈래의 길을 거쳐 가야할 때 도로안내 표지판을 통해서 그때그때 진행방향을 안내받는 것처럼 그분께 여쭈어보는 당신의 질문도 단순 명료해야 한다. 그래야 그분의 음성(답변)을 해석하는데 따른 분별력(무슨 말씀을 전하시는지에 대한 판별)이 향상될 수 있다. 만약 들려온 음성을 복잡하게 해석하고 있거나 오락가락한다면 그 음성은 성령님으로부터 온 음성이 아니다.

성령님의 음성을 '신호지시등'으로 바꾸어 생각해보자. 내 생각에서 전달받는 신호체계(육적인 생각의 신호)는 내가 나서서 임의로 조작하는 방식이다. 이 신호는 불확실한(확신할 수 없는) 상태에서 희미함과 불투명함을 보인다. 반면 성령님이 제어하시는 신호체계는 그분이 부어주시는 '내적 확신'을 통하여 명확함과 선명함을 가진다. 내적확신이란 성령님이 내보이시는 확증하심의 목소리를 말한다. 성령님이 보내오시는 신호가 내적확신을 부어주실 때 이를 '내적증거'라고 한다. 바꿔 말하면 내적증거는 성령의 세미한 음성신호가 내적확신에 이르게 함으로써 지시등(신호등 역할)에 불이 켜지는 것을 말한다. 성령님의 음성신호가 내적확신에 이르는 순간 당신은 이를 감지하게 되며 당신의 마음은 그분의 음성신호를 해석하여(성령님께서 이런 마음을 주시는구나) 생각으로 받아들이게 된다.

이제 성령의 세미한 음성신호를 '마음의 등불'이 켜지는 것으로 받아들이자. 덧붙여 이 등불을 삼색 신호등(파랑, 빨강, 노랑)이라 정하자. 이 신호체계를 조정하시는 분은 성령님이시다. 성령님께 당신의 판단의 주권을 위임하여 드리자. 당신이 어떤 환경과 상황에 대해 판단이 서지 않을 때 성령님께 여쭈어보라. 어느 순간 성령님께서 당신의 영에 세 가지 신호등 중 한 가지를 켜실 것이다.

예를 들어 파랑색 신호등이 켜짐은 기쁨, 평강, 담대함, 생명력 등이 솟아나는 것을 말하며 당신이 시작, 착수, 준비, 진행을 결행해도 좋다는 매우 긍정적인 신호이다. 두 번째 빨강신호등은 슬픔, 불안, 근심, 낙담, 위축을 나타내는 것으로 정지, 잠시 멈춤, 대기, 기다림, 인내, 오래 참음, 견딤, 벗어남이 필요하다는 신호이다. 세 번째 노랑신호등은 잠시 멈춤, 예정, 주의, 속도를 늦춤, 정지 예고, 우회, 되돌림, 후진을 뜻하는 중립의 신호이다. 한 가지 당신에게 말해두고 싶은 것은 이들 각각의 신호등이 좋음, 나쁨, 지연을 뜻하는 게 아니라 모두가 당신에게 꼭 필요한 신호라는 점이다.

「그리스도의 평강이 너희 마음을 주장하게 하라」(골 3:15)

문제는 성령의 지시등이 켜진 것인지 아닌지의 분별을 어떻게 알아내는가이다. 답은 육적인(혼적인)것과 영적인 것과의 차이점을 알면 분별이 쉬워진다. 성령님의 신호인 영적인 내적증거를 당신의 느낌이나 육감, 오감, 감정의 상태와 혼동하지 말아야 한다는 것이다. 내 생각에서(이성적인 생각, 내 목소리) 켜지는 지시등은 자신의 느낌과 감정을 따라가며 수시로 바뀌는 특성을 보인다. 왜냐하면 어떤 문제에 대해 생각할 때(바라볼 때) 이성적인 논리의 생각은 그 결과가 긍정적일지 부정적일지를 미리 예측해보려는 성급함이 발동하기 때문이다. 반대로 성령님의 지시등은 일단 불이 켜지면 불변이며(수시로 바뀌지 않으며) 일관성을 내보인다. 성령님이 부어주시는 영의 생각은 당신의 감정신호에 파묻히지도 않으며 섞이지도 않는다. 이 둘 사이의 차이점을 통해서 현재 당신이 감정(또는 느낌)의 신호에 기울고 있는지 아니면 성령님이 부어주시는 내적확신의 지시등(마음의 등불)을 따르고 있는지 알 수 있게 된다.